AUFSTIEG AUS DER BLECHLIGA

Peter Mertens, zuletzt Technik-Vorstand bei Audi, investiert heute in Start-ups und die Zukunft des Autos. Er beteiligt sich an Firmen wie Recogni (autonomes Fahren), VHOLA (Elektrosmogkontrolle) oder Circunomics (Recycling von Autobatterien). Der promovierte Ingenieur blickt auf eine internationale Karriere in leitenden Positionen bei Daimler, Opel, GM sowie Volvo zurück und kennt die Automobilbranche wie kein Zweiter.

PETER MERTENS

AUFSTIEG AUS DER BLECHLIGA

So hat unsere Autoindustrie eine Zukunft

CAMPUS VERLAG
FRANKFURT/NEW YORK

ISBN 978-3-593-51468-0 Print
ISBN 978-3-593-44895-4 E-Book (PDF)
ISBN 978-3-593-44894-7 E-Book (EPUB)

Das Werk einschließlich aller seiner Teile ist urheberrechtlich geschützt. Jede Verwertung ist ohne Zustimmung des Verlags unzulässig. Das gilt insbesondere für Vervielfältigungen, Übersetzungen, Mikroverfilmungen und die Einspeicherung und Verarbeitung in elektronischen Systemen.
Trotz sorgfältiger inhaltlicher Kontrolle übernehmen wir keine Haftung für die Inhalte externer Links. Für den Inhalt der verlinkten Seiten sind ausschließlich deren Betreiber verantwortlich.
Copyright © 2021 Campus Verlag GmbH, Frankfurt am Main.
Umschlaggestaltung: Verena Bönniger, Delicious Layouts, Hilden
Umschlagmotiv: Verena Bönniger unter Verwendung eines Motivs von JLStock/Shutterstock.com
Unter Mitarbeit von: Anne Jacoby
Satz: Publikations Atelier, Dreieich
Gesetzt aus: Minion und Barlow
Druck und Bindung: Beltz Grafische Betriebe GmbH, Bad Langensalza
Beltz Grafische Betriebe sind ein klimaneutrales Unternehmen.
Printed in Germany
www.campus.de

Inhalt

Einleitung: Und sie bewegen sich doch 7

I. KLIMA

**Warum klimagerechte Autos eine gute Idee
für Deutschlands Autobauer sind** 25

Klimadebatte: Der Wind hat sich gedreht 26
Eins zu null für den Elektromotor 39
Warum wir Wasserstoff nicht vergessen sollten 59
Der CO_2-Preis ist spielentscheidend 68
Fazit: Mehr Nachhaltigkeit fahren 71

II. WELTMARKT

**Warum Deutschlands Autobauer in China gewinnen –
und wie sie dabei unter die Räder kommen können** 77

Der deutsche Markt war schon immer zu klein 78
Wie China den Weltmarkt aufrollt 89
Die chinesische Kunst der Autostrategie 94
Fazit: Für ein neues Selbstbewusstsein 105

III. WERTSCHÖPFUNG

Warum unsere Zulieferketten vor der Zerreißprobe stehen 109

Daten sind das neue Öl: Die neuen Geschäftsmodelle 110
Wie globale Lieferbeziehungen entstanden sind
und sich verändern 112

»Microelectronics and Software first« stellen
die Automobilindustrie auf den Kopf 126
Fazit: Die Automobilindustrie neu denken 138

IV. DIGITALISIERUNG

Warum wir mit Open Source gemeinsam weiterkommen 141

Wie Autobauer die Macht über Bits und Bytes
zurückgewinnen 142
Wie das Auto zum Smart Device wird 147
Warum wir nur mit Open Source aufholen 158
Wo wir jetzt Quantensprünge brauchen 165
Fazit: Das neue Paradigma heißt »Microelectronics first« 178

V. AUTO

Warum wir Auto und Fahrer komplett neu denken müssen 183

Jetzt kommt die Variantenvielfalt wieder ... nicht 184
Die neue alte Zukunft der Mobilität 191
Vom Driver zum User: Welche Mobilitätskonzepte
für Autobauer erfolgreich sind 198
Fazit: Für eine individuelle
und klimagerechte Mobilität 203

AUSBLICK

Aufbruch in eine neue Welt 209

Anmerkungen 211

Quellen 232

Einleitung:
Und sie bewegen sich doch

Es war knapp. Ganz kurz vor Aufprall. Noch im Frühjahr 2020 sah es bei Deutschlands Autobauern zappenduster aus. Digitale Transformation? Zu langsam. Elektromobilität? Kam nicht in die Gänge. Umsätze, Absätze, Gewinne? Horror. Und dann auch noch Corona. Ein Jahr später, im Frühjahr 2021, sind Deutschlands Autobauer zurück. Volkswagen, Daimler und BMW zeigen beeindruckende Geschäftsergebnisse und, wichtiger noch: Sie rollen gigantische E-Offensiven aus, bieten dem kalifornischen Rivalen Tesla die Stirn. Endlich! Lange Zeit schien es fast so, als hätte Deutschlands Benzin-im-Blut-Branche zu lange zu gute Zeiten gehabt, um erkennen zu können, dass es blutig wird.

Einige konnten es nicht sehen. Etliche wollten es nicht sehen und bauten einfach weiter am noch besseren Verbrennungsmotor, transportierten Kabelbäume um den Globus und zauderten mit zukunftsweisenden Partnerschaften, während sich das Auto andernorts längst in ein *Device* verwandelt hatte, das elektrisch, vernetzt und autonom durch smarte Städte steuert.

Ein Device, das man nicht *besitzen* muss, um es zu nutzen. Dass man nicht *fahren* muss, wenn man sich fahren lassen will. Das immer weniger Auto ist – und immer mehr mobiler Möglichkeitsraum zum Arbeiten und Erholen, ein Raum für Information, Kommunikation und Entertainment. Mechanisch einfach, softwareseitig hochkomplex und komplett fokussiert auf den wichtigsten Part der Wertschöpfungskette, den Deutschlands Autobauer kaum kennen, und mit dem längst andere Player Geschäfte machen: den User.

Um diesen User geht es. Und wenn Deutschlands Autobauer überleben wollen, müssen sie sich weiter radikal umstrukturieren, sowohl mental als auch real. Sie müssen mehr tun, und sie müssen es schneller tun. Zukunftsfähig werden nur diejenigen sein, die mehr Nachhaltigkeit wagen – damit ihr User überhaupt eine Zukunft hat. Die sich stark machen für mehr europäische Souveränität in der globalen Automotive-Industrie und sich öffnen für Kooperationen innerhalb und außerhalb der Branche, um ihrem User smarte *und sichere* Mobilität bieten zu können.

Es braucht einen Zusammenschluss von Wirtschaft, Politik und Wissenschaft für eine europäische Automotive-Open-Source-Strategie, damit Autobauer für ihre User genau die Autos bauen können, die sie sich wünschen, und das zu marktfähigen Preisen. Es braucht ein neues Verständnis dessen, was ein Auto überhaupt ist. Und es braucht einen neuen Blick auf die neue Vielfalt der Fahrer, die in Stuttgart andere Bedürfnisse haben als in Shanghai, die als junge Städter eine andere Mobilität brauchen als ältere Eigenheimbesitzer auf dem flachen Land, und nicht zuletzt auf die Fahrerinnen mit ihren oft hochkomplexen Mobilitätsprofilen und Wünschen an das, was ein Auto leisten muss.

Dabei ist es nicht so, dass Deutschlands Autobauer alle völlig blind in die Zukunft stolpern. Im März 2021 überraschte VW mit neuen Plänen für eine noch höhere E-Auto-Quote, für sechs Batterie-Gigafabriken in Europa und neuen Ideen zur Ladeinfrastruktur. VW-Chef Herbert Diess will Europas größtes Industrieunternehmen in einen IT-Konzern verwandeln, die VW-Softwaresparte Cariad auf 10 000 Mitarbeiter aufstocken und sie damit auf Platz zwei der Softwarehäuser setzen – direkt hinter SAP. Audi und

Daimler stoppen die Verbrennerentwicklung, um mehr Ressourcen in die Elektromobilität fließen zu lassen, und BMW bringt fünf neue Fahrzeuge mit elektrifiziertem Antriebsstrang an den Start. Die nachhaltige Trendwende zur Elektromobilität in Europa ist da – und Deutschlands Autobauer sind dafür gut aufgestellt. Zumindest die großen Marken.

Schon vor Jahren sahen viele Hersteller klar, dass sie sich ändern müssen, wenn sie aus der Liga der Blechbieger aufsteigen wollen. Viel wurde geredet von Veränderungsfähigkeit und Zukunftssicherheit (ein Paradoxon), von Ambidextrie (effizient *und* flexibel!) und der Notwendigkeit der tiefgreifenden digitalen Transformation, von Disruption und von Tesla, Tesla, Tesla.

Immer wieder Tesla, die legendäre Elektroauto-Company, die erst 2003 gegründet wurde und die aktuell mehr wert ist als die drei großen Autobauer Deutschlands zusammen. Genauer: mehr als doppelt so viel. Das, schreibt Ullrich Fichtner im *Spiegel*, sei so unglaublich, dass man es drei Mal lesen müsse. »Und erst nach der dritten Lektüre dämmert es einem, dass die Welt, in der die Deutschen die längste Zeit so gemütlich lebten, bereits untergegangen ist.«[1]

Halt, nicht so schnell. Die Rede vom »Untergang« stimmt so nicht: Die Gewinne fließen, wenn auch nur deshalb, weil man weiter Verbrenner verkauft und weil das Geschäft mit China blüht. Doch man pendelt zwischen dem guten alten Gefühl, als deutscher Dauermeister bei den ganz Großen mitzuspielen und der unguten neuen Erfahrung, im Spiel um das Auto abgehängt werden zu können. Mit dem Umsteuern tut sich mancher Hersteller immer noch schwer, die vielen Zulieferer noch viel schwerer, und das hat etwas mit der langen Geschichte der deutschen Automobilindustrie zu tun. Stichwort Pfadabhängigkeit.

Mit Pfadabhängigkeit meine ich die in gut 100 Jahren gewachsenen Beharrungskräfte der einstmals glänzenden und nun quasi in den eigenen Lieferketten gefangenen Automobilbranche. Ich meine Hersteller mit technisch ausgereiften Produkten, mit brillanter

Produktionskompetenz und hoher Relevanz für den Industriestandort Deutschland. Ich meine gut 800 000 Führungskräfte und Ingenieurinnen, Mitarbeitende bei Zulieferern, in Autohäusern und Werkstätten, die sich mit ihrer Branche und ihrem Verbrenner durch und durch identifizieren. Ich meine Autofahrerinnen und Autofahrer, die ihre Lebensgewohnheiten und ihr Selbstbild über Dekaden eng verknüpft haben mit dem Besitz von Autos – Stichwort »Heilig's Blechle«. Und ich meine eine Politik, die ebenfalls über Dekaden Hand in Hand mit der Automobilindustrie gearbeitet hat: mit Beteiligungen, Subventionen, Prämien. Wir haben es mit einem langsam gewachsenen und hochkomplexen Feld zu tun, das sich nicht einfach über Nacht neu beackern lässt.

Dazu kommen kognitive Verzerrungen (englisch: bias). Um nur wenige Beispiele zu nennen: Manch ein Entscheider schätzt jede Veränderung des Status quo als Verlust ein (Status-quo-Bias), schreckt aus Kostengründen vor radikalen Kurswechseln und Abschreibungen zurück (Sunk-Cost-Bias) und hält die Produkte für besonders wertvoll, die das eigene Unternehmen produziert hat (IKEA-Effekt). Das gilt auch für neue Services: Wenn man diese überhaupt anbietet, dann bevorzugt unter der eigenen Marke, möglichst exklusiv, am besten allein.

Wie stark Pfadabhängigkeiten und Biases wirken, zeigt sich an diversen Stilblüten der Technikgeschichte, häufig unmittelbar vor einer bevorstehenden Disruption: Eines der großartigsten Segelschiffe erlebte seinen Stapellauf in dem Moment, in dem Dampfschiffe den Markt übernahmen; die imposantesten und besten Dampfloks wurden am Ende des Dampfzeitalters gebaut und die gigantischsten Öltanker Mitte der Siebzigerjahre, als der Suezkanal wiedereröffnet wurde – durch den sie ihrer Größe wegen nicht manövrieren konnten. Es lässt sich noch nicht sagen, welches Verbrennermodell rückblickend in dieser Reihe stehen wird.

Der iPhone-Moment für die Autoindustrie

Sicher: Die großen Hersteller sind aufgewacht und starten jetzt mit neuen Konzepten durch. Für viele wird es trotzdem blutig, und das quer durch die Bank. Große Player tun sich schwer mit der Fahrzeugvernetzung, kleinen Playern fehlt für die digitale Transformation das Geld und neue Player aus angrenzenden Tech-Branchen reiben sich längst die Hände. Es scheint nur eine Frage der Zeit zu sein, bis er kommt: der entscheidende Kipp-Moment, an dem für Deutschlands Autobauer nichts mehr geht außer Blechbiegen. Die Branche spricht schon vom iPhone-Moment für die Autoindustrie, der genauso gut Kodak- oder Nokia- oder Blackberry-Moment heißen könnte. Das Prinzip ist immer das gleiche: Jede Disruption macht wenige Vorreiter zu Gewinnern und alle zu Verlierern, die für den Sprung ins nächste Zeitalter zu spät Anlauf genommen haben.

Dass jetzt höchste Zeit ist, um Anlauf zu nehmen, das hat sich unter Deutschlands Autobauern herumgesprochen. Dass die globale Automotive-Branche radikal aufbricht, und das entlang aller Stufen der Wertschöpfungskette, liegt auf der Hand. Die Nervosität ist hoch. Der Überlebenswille sowieso. Nur: Wohin springen wir, um den Abstieg zu verhindern? Das ist alles andere als klar.

Unstrittig ist zwar, dass weltweite Trends zu schnellem Umdenken und konsequentem Handeln zwingen. Doch wie jeder einzelne Trend einzuschätzen ist, darüber wird auf eine Weise gestritten, die so emotional aufgeladen ist wie wohl selten in der gesamten Geschichte der Automobilindustrie. Globalisierung oder Deglobalisierung, Urbanisierung oder Zurück-aufs-Land, SUVs zwischen Absatzboom und öffentlicher Anfeindung, der Elektromotor als Heilsbringer oder Mogelpackung, Carsharing als Geschäftsmodell der Zukunft oder rollender Virus-Superspreader. Nicht nur auf Kundenebene, sondern auch auf der Ebene der Unternehmer und sogar in der Wissenschaft stehen sich polarisierte Interessengruppen und Überzeugungsfilterblasen zunehmend feindselig gegenüber. Das macht die gemeinsame Reflexion schwer bis unmöglich, und mehr noch: So lassen sich keine gemeinsamen Lösungen für die zunehmend drängenden Probleme entwickeln. Dabei kommt es genau jetzt genau darauf an: klimaverträglichere Autos, Autos aus lokaler europäischer Produktion, neue Zuliefer- und Partnernetzwerke, softwarebasierte Fahrzeugkonzepte auf der Basis von Open Source, neue Infrastrukturen für Mobilität und eine grundlegend neue Idee von Mobilität.

»Der Rahmen ändert sich, nicht nur das Bild«

Vernetzung, Elektrifizierung, Automatisierung und »Sharing« sind erst der Anfang einer neuen Ära der Autoindustrie: Eine Ära, in der Autos nicht mehr vom Motor her gedacht werden, sondern ausgehend von Bits und Bytes. Eine Ära, in der Unternehmen nicht mehr von ihrem Standort aus gedacht werden, sondern ausgehend von ihren Beziehungen über Zulieferer und Start-ups, Branchen und Kontinente hinweg. Eine Ära, in der Städte nicht mehr von der Straße aus gedacht werden, sondern ausgehend vom vernetzten Menschen mit all seinen ökonomischen und ökologischen, seinen singulären und sozialen Bedürfnissen.

Bits und Bytes, Beziehungen, Bedürfnisse – so geht Business heute, so läuft Mobilität heute. Es geht darum, größer zu denken. Weiter zu denken. Für andere längst Realität. Beispiel Consumer Electronics Show, Las Vegas 2020:

- Deutschlands Autobauer stellten Konzeptfahrzeuge vor, boten Ausblicke auf Designs und Antriebe der Zukunft und zeigten schöne Meilensteine auf dem Erfolgskurs des eigenen Unternehmens. Fokus: das Auto.
- Toyota dagegen präsentierte den Prototyp einer neuen Stadt, in der autonome Autos sicher fahren, in der Gebäude und Menschen miteinander vernetzt sind und wasserstoffbetriebene Brennstoffzellen Energie liefern. Fokus: der User.

Schon diese Gegenüberstellung spricht Bände. In der Vergangenheit haben wir nicht nur etliche Züge verpasst, wir standen auch manches Mal am falschen Bahnhof. Oder, wie es der legendäre Technikkritiker Marshall McLuhan schon 1964 formulierte: »Der Rahmen selber ändert sich mit einer neuen Technik und nicht nur das Bild im Rahmen.«

Kampf der Welten: Davids gegen Goliaths

Der Strukturwandel der Branche ist radikal, und so wird er auch beschrieben. Von einem »Kampf der Welten« spricht etwa Wirtschaftsprofessor Stefan Bratzel, Direktor des Center of Automotive Management (CAM). Andere beschwören den Kampf zwischen »David und Goliath« hinauf, wobei mit dem klugen und wendigen David Deutschlands Autobauer gerade nicht gemeint sind.[2]

Mit ihren teuren Fabriken, ihren kompetenten Entwicklern und Hunderten Steuergeräten, komplexen Marketingaktionen und ihrem riesigen Geflecht an Vertriebshäusern und After-Sales-Services hielten sich die großen OEMs (Original Equipment Manufacturer) lange Zeit für unbesiegbar, und damit lagen sie nicht einmal falsch.

Doch dann verrutschte der Rahmen. Plötzlich stand nicht mehr die Kompetenz rund um den Verbrenner im Zentrum, nicht mehr die perfekten Spaltmaße der Karosserie, nicht mehr die unzähligen präzise verschweißten Teile und das gigantische Händlernetz.

Plötzlich war Auto einfach: ein einziger Zentralcomputer im Kern, unten ein Chassis mit Batterie, vorne ein Bildschirm, Karosserie obendrauf, fertig. Der US-amerikanische Hersteller Tesla buchstabiert seit fast 15 Jahren das Auto in diesem Sinne neu: als Smart Device und Datensammelplattform. Und es geht weiter: Heute bietet der taiwanesische Konzern Foxconn, bekannt als Fertigungsbetrieb für Apple-Produkte, komplette »Skateboards« für jeden an, der ein Auto bauen will. Verschiedene Längen, verschiedene Leistungsklassen, ganz nach Wunsch. Die Kosten sind niedrig, die Entwicklungszeit kurz, sind 100 Jahre Autokompetenz überflüssig geworden?

Was nun entbrennt, ist ein völlig neuer Kampf: der Kampf um die Kundenschnittstelle. Es ist der Kampf um das aus Apps, Abos und Accounts bestehende, virtuelle Ökosystem jedes einzelnen Users. Sprich: der Kampf um die Daten. Und an dieser Stelle drängen Player aus anderen Games ins Spiel.

- Die Google-Mutter Alphabet hat das Betriebssystem »Android Automotive« entwickelt, das über das Infotainment hinaus auch Klimaanlage oder Sitze steuert. Dieses System bietet Google für Hersteller kostenlos an. PSA, General Motors, Renault-Nissan und Volvo machen mit wegen der hohen Einsparungen – Kundendaten und Geschäfte mit digitalen Services gehen so allerdings an Google. Parallel dazu schickt Google über seine Tochterfirma Waymo autonome Autos auf die Straße.
- Apple geht möglicherweise 2024 mit einem eigenen Auto an den Start. Unter den Zulieferern wird mit hoher Wahrscheinlichkeit der etablierte Apple-Partner Foxconn sein. Apple selbst hat sich zu seinem »Project Titan« noch nicht offiziell geäußert.
- Amazon mischt sich mit den beiden Töchtern Rivian und Zoox in den Wettbewerb um das neu gedachte Auto ein. Darüber hinaus lässt der Online-Handelsriese seine digitale Assistentin Alexa über die Connected Services bei mehreren Markenherstellern auftreten und bietet jedem Fahrer die Möglichkeit, sein Auto mit dem Zusatzmodul »Echo« nachzurüsten.
- Microsoft kooperiert mit verschiedenen Autobauern in den Bereichen Produktion, Data Insights für Customer Experience, Clouddienste und Autonomes Fahren.

So viel zur US-amerikanischen Riege. Im Osten hat sich die gleiche Mannschaft spiegelbildlich aufgestellt:

- Der Baidu-Konzern – das chinesische Google-Äquivalent – kooperiert mit dem Software-Unternehmen Blackberry. Ziel ist, die hochauflösenden Karten von Baidu auf dem Betriebssystem von Blackberry laufen zu lassen. Baidu nutzt die sogenannte QNX-Technik als Basis für seine offene Plattform für autonomes Fahren.[3]
- Huawei plant die Produktion von Elektrofahrzeugen unter seiner eigenen Marke. Grund ist ein durch US-Sanktionen ausgelöster Strategiewechsel des weltgrößten Telekommunikationsausrüsters.[4]
- Der chinesische Internethändler Alibaba hat bereits 2016 den Smart-SUV Roewe RX5 von SAIC mit YunOS ausgestattet, einer Betriebssystem- und Applikationsplattform, die Navigation, Entertainment und darüber hinaus das Bezahlen via Alipay ermöglicht.

Vom chinesischen Microsoft-Pendant Red Flag Linux sind meines Wissens keine Pläne in Richtung Automotive bekannt – aber wer weiß schon, was hier noch kommt? Facebook und das chinesische Pendant Tencent könnten in Richtung Automotive vorstoßen, Mobilitätsanbieter wie Uber und Didi haben es bereits getan – Uber baut ein eigenes E-Shuttle mit dem britischen Spezialisten Arrival;[5] Didi lässt von BYD Autos für die eigene Flotte bauen.

Daneben haben sich Player der »alten« Automotive-Garde zusammengeschlossen, um gemeinsam IT-Systeme zu entwickeln: zum Beispiel Mazda, Ford und Toyota rund um »SmartDeviceLink«. Und neue Anbieter wie der Karten- und Navigationsanbieter HERE, der Grafikprozessor- und Chip-Entwickler Nvidia oder der Roboterauto-Experte Aurora bauen an Komponenten und Plattformen für automatisiertes Fahren.

Sony hat schon 2020 ein Auto vorgestellt – und es spricht nichts dagegen, dass es in Zukunft weitere Anbieter geben wird, an die wir heute noch nicht denken. Jeder technische Umbruch bringt neue Player ins Feld – in der Automobilindustrie geschieht das nicht zum ersten Mal: Die Polyphon Musikwerke, seit 1893 in Wahren, hatten 1905 auf der Leipziger Messe den Motorwagen »Polymobil« neben ihrer Schreibmaschine »Polygraph«, Sprechapparaten und Schallplatten ausgestellt. 1907 schon präsentierten sie das weiterentwickelte »Polymobil Nr. 2« mit Komplettausstattung für die Reise, inklusive Hupe, Laternen und Werkzeug für 3330 Mark.[6] Was zeigt: Entertainment, Office und Autos waren schon vor 100 Jahren in einer Hand. Und in Umbruchzeiten gewinnt oft der Schnellste. Nicht der Perfekte. Siehe Tesla.

In der Spitzenliga spielen heute jedenfalls IT-Giganten und Hersteller aus den USA, aus China, Taiwan, Korea und Israel, die uns mehrere Jahre voraus sind. Und Deutschlands Autobauer sind trotz der jüngsten Erfolge nicht davor gefeit, in der Versenkung zu verschwinden. Wenn Auftragsfertiger wie Magna auf der Plattform von Foxconn massenhaft Autos für Apple oder Sony bauen, wer braucht dann noch BMW, Daimler, VW oder gar einen Opel? Ist das das Ende?

Ich sage: Nein. Deutschlands Autobauer sind zurück im Spiel: Volkswagens E-Modelle ID.3 und ID.4, Audis Q4 E-Tron und A6 E-Tron, BMWs i3 und i8 und Mercedes EQS – um nur einige wenige zu nennen – erregen wieder weltweit Aufmerksamkeit. Europäische Hersteller wie Renault, der schon mit dem Modell Zoe Maßstäbe gesetzt hatte, haben neue Markenzeichen auf den Weg gebracht. Und das Volvo-Geely Joint Venture Polestar hat mit seinem Elektroauto Polestar 2 einmal mehr das gezeigt, wofür die europäische Autoindustrie für mich schon immer stand: die optimale Balance von technischer Innovation und perfekter Proportion.

Trotzdem steht die Autobranche vor gigantischen Herausforderungen: Profite werden immer noch mit alten Konzepten gemacht und viele elektrische Fahrzeugmodelle sind negative

Business Cases. Entscheidende Komponenten wie etwa die Feststoffzelle sind zwar in der Entwicklung, aber immer noch sehr teuer. Strategisch wichtige Produktionskapazitäten – Halbleiter, Batterien, grüner Wasserstoff – werden zwar aktuell aus dem Boden gestampft, sind aber vielerorts noch nicht wettbewerbsfähig.

Ich arbeite seit mehr als 30 Jahren in der Autoindustrie und nenne mich mittlerweile selbst einen *Automotive Industry Veteran*. Und ich habe in meiner ganzen Laufbahn noch nie eine Zeit erlebt, in der sich die Ereignisse in der Branche, in der Wirtschaft und in der Weltpolitik derartig überstürzt haben wie in den Monaten zwischen Dezember 2020 und Mai 2021, als dieses Buch entstanden ist. Die Veränderungen waren so tiefgreifend, dass ich meine ursprüngliche Einschätzung – »Es wird blutig« – revidiert habe und jetzt sage: »Das Imperium schlägt zurück.« Mit einer gigantischen Kraftanstrengung sind unsere Autobauer nun wieder da. Es knirscht zwar noch in vielen Bereichen, und wie man in der Zukunft Geld verdient, wissen wir erst in vier bis fünf Jahren. Aber die neuen Strategien sind da. Eine neue Denke. In allen Dimensionen.

Um diese Dimensionen geht es in diesem Buch: Beginnen wir mit der globalen Dimension – Klima –, gehen wir weiter zum Thema globale Geopolitik, dann auf die Ebene der Konzerne, schauen wir uns das Thema Software näher an, die neue Vielfalt der Automodelle und schließlich die der Fahrer:

I. Klima: Der Klimawandel ist kein Wandel, sondern Krise. Steigende Temperaturen, zerstörerische Extremwetter und eine horrende Luftverschmutzung haben zu einer Situation geführt, in der die weitere Nutzung fossiler Brennstoffe nicht mehr zu verantworten ist. Im Einklang mit den Zielen der Pariser Klimakonferenz hat sich Deutschland verpflichtet, seinen CO_2-Ausstoß drastisch zu reduzieren. Bis 2050 will die Europäische Union Klimaneutralität erreichen. Das heißt, dass kaum mehr CO_2 in die Atmosphäre abgegeben wird, als im Gegenzug gebunden werden kann.

Das erste Kapitel zeigt, wie Elektromobilität auf das Klima wirkt. Es stellt die Alternative Wasserstoff vor, diskutiert die CO_2-Preis-Frage und sagt, wie sich OEMs zum Thema E-Mobilität, Batterie und Ladeinfrastruktur aufgestellt haben.

II. Weltmarkt: Staaten reagieren mit rigiden Verboten: China reduziert die Zahl der zugelassenen Benziner ab sofort, Norwegen stoppt die Zulassung von Verbrennern im Jahr 2025, Indien und Japan ab 2030, Großbritannien voraussichtlich ab 2035, Frankreich ab 2040, zehn von 50 US-Bundesstaaten zwischen 2035 und 2050, China 2060 und Deutschland … diskutiert noch.[7] Doch weil die Absatzmärkte wegbrechen, steuert auch die hiesige Industrie langsam um.

Das zweite Kapitel fragt: Wie sieht es aus mit Europas Souveränität zwischen USA und China? Und was heißt das für die Autobauer?

III. Wertschöpfung: Die Senkrechtstarter steigen woanders auf: Es war der US-amerikanische Hersteller Tesla, der nicht nur Elektromobilität und Software als Erster konsequent zum Ausgangspunkt seiner Unternehmensstrategie und Produktpalette machte, sondern der auch die Produktion radikal vereinfachte und den (Online-)Vertrieb integrierte. In jüngster Zeit sorgen Meldungen aus der IT-Branche für Nervosität unter den traditionellen Autobauern: Apple, Google und C. bauen am Auto der Zukunft. Alle haben das, was Deutschlands Autobauer nicht haben: den direkten Zugang zum smarten User, und wichtiger noch, zu dessen Daten.

Das dritte Kapitel blickt auf die Wertschöpfungsketten der Autoindustrie. Wie und wo sind neue Kooperationen mit der IT-Branche oder untereinander möglich? Warum brauchen wir mehr vertikale Integration? Und wie funktioniert Wertschöpfung via Services – die in Zukunft 30 bis 40 Prozent der Gewinne erwirtschaften sollen?

IV. Digitalisierung: Systemarchitekturen, Connectivity, Mirroring – immer mehr Kunden wollen ihr Erlebnis mit dem Smartphone aufs Auto übertragen. Das Auto wird nicht übers visuelle Design, seine PS- oder kW-Zahlen und sein Blech definiert, sondern über das Design des Nutzens. Apps eröffnen neue Geschäftsfelder. Deshalb muss sich die Software-Architektur des Autos ändern. Deshalb läuft ohne Mikroelektronik – also Chips – gar nichts mehr.

Diese neue Perspektive verändert unsere Vorstellung von der Benutzerschnittstelle zwischen Fahrer und Auto, unsere Erwartung an das Fahrerlebnis und an die Möglichkeiten der Kommunikation zwischen unserem Auto und anderen Autos, zwischen Autos und Ampeln, Straßen, Ladesäulen und Parkplätzen. Sicherheitsanforderungen (siehe kommende EU-Bestimmungen), aber auch neue Geschäftsmodelle in der Mobilität fördern das automatisierte bis autonome Fahren. Deshalb muss sich die elektrische und elektronische Architektur des Autos ändern.

Das vierte Kapitel sagt, warum diese Änderung in Europa heißen muss: »Open Source first«. Es zeigt die Entwicklungen verschiedener Hersteller, nimmt private und staatlich gesteuerte Clouds unter die Lupe und stellt die Frage nach einer europäischen Sicherheitsstrategie.

V. Auto: Unsere überkomme Vorstellung davon, was ein Auto überhaupt ist, hat sich mit der immer kreativeren Differenzierung der Fahrzeugtypen ohnehin schon aufgelöst. Das fünfte Kapitel stellt die neuesten Entwicklungen vor und skizziert das Auto als Servicemaschine, das Usern mit jedem Update neue Möglichkeiten eröffnet – und das ganz ohne Werkstattbesuch.

Der Autofahrer oder die Autofahrerin der Zukunft sind nicht mehr nur als offensiv und sportlich Lenkende eines möglichst PS-starken Rennschlittens zu sehen. Sie können genauso gut im abonnierten Wagen arbeitende Pendler sein. Oder diejenigen, die sich nach einem anstrengenden Tag von ihrem autonom und defensiv agierenden Robotaxi keimfrei und entspannt in ihr Smarthome chauffieren lassen, das ihnen die unterwegs begonnene Serie nahtlos weiter vorspielt.

Dieses Kapitel zeigt die neuen Dimensionen des Fahrvergnügens, des Mitfahrens und des Gefahrenwerdens und fragt nach den Implikationen für Deutschlands Autobauer.

Klar ist: Die Systemdynamiken der genannten Dimensionen zwingen Deutschlands Autobauer zu einer Neudefinition ihrer Geschäftsmodelle – weg von der Produktfixierung, hin zur Serviceorientierung. Dabei müssen sie nicht nur die Kundenbedürfnisse neu denken, sondern auch ökologische und geopolitische Rahmenbedingungen, ihre Wertschöpfungsketten, jegliche Facette neuer Mobilität und das, was sie als ihren Markt kannten. Wettbewerber von Daimler sind nicht mehr nur BMW und Audi, sondern auch Apple und Google. Kooperationspartner können aus der Gaming-Branche kommen oder aus der Smartphone-Zulieferindustrie. Neue Geschäftsfelder eröffnen sich möglicherweise in der Medizintechnik oder im Energiemarkt. Hier passiert schon sehr viel.

Ich sage: Es muss noch viel mehr passieren, und es muss schneller passieren. Dann haben Deutschlands Autobauer eine reale Chance. Nicht nur die Hersteller, auch die Zulieferer.

Was aus jedem Einzelnen von ihnen wird – wer weiß? Auch wenn der automobile Strukturwandel jetzt endlich in den Startlöchern steht: Es werden harte Jahre. Die meisten werden sich neu erfinden müssen. Nicht alle werden die Transformation überleben. Es wird eine Konsolidierung geben und eine Neuordnung. Und am Ende des Tages sehen wir möglicherweise Airbus als Anbieter fliegender Taxis, Toyota als Betreiber smarter Städte und entdecken Continental, Bosch und ZF im Verbund mit Nvidia und Recogni, Faurecia und Valens als neue Treiber von »Vorsprung durch Technik« mit Innovationen, die heute noch jenseits unserer Vorstellungskraft liegen. Die Zukunft ist das, was wir daraus machen. Mit der Betonung auf *machen*.

Mit diesem Buch möchte ich Deutschlands und auch Europas Autobauer ermutigen, neue Wege zu gehen. Wege hin zu einer digitalen, vernetzten europäischen Automobilindustrie, die sich noch stärker in Richtung Elektromobilität aufstellt. Eine Industrie, die selbstverständlich vorn mitspielt in der Liga der globalen Player und die eine klimafreundliche, individuelle Mobilität für alle möglich macht – und zwar unabhängig von brancheninternen und ideologischen Grabenkämpfen.

In diesem Sinne wünsche ich Ihnen viel Vergnügen und Inspiration bei der Lektüre,

Dr. Peter Mertens

I.
KLIMA

Warum klimagerechte Autos eine gute Idee für Deutschlands Autobauer sind

Die jüngste Geschichte der Automobilindustrie liest sich wie ein hastig umgeschriebenes Hollywood-Drehbuch. Erste Fassung: »Titanic«. Wie aus dem Nichts tauchen vor dem Bug einer vermeintlich unsinkbaren Automobilindustrie gefährliche Hindernisse auf: Die kalifornische Umweltbehörde etwa, die 2015 den Dieselskandal bei Volkswagen auslöst. Das schwedische Mädchen Greta Thunberg, das sich 2018 mit einem »Schulstreik-fürs-Klima«-Pappschild vor das Parlament setzt und den Anfang der globalen »Fridays for Future«-Bewegung markiert. Zehntausende fahrradfahrende Protestler, die 2019 die Traditionsmesse IAA blockieren. Eine tödliche Seuche, die 2020 um den Globus fegt. Und dann noch die EU-Kommission, die in Brüssel über die kommende Euro-7-Abgasnorm diskutiert und Ende 2021 einen Entwurf vorlegen wird, der die Zulassung von Dieseln ab 2025 vermutlich unmöglich macht. Halten die Autobauer an ihrer Verbrennerpalette fest, können schon jetzt Strafzahlungen von insgesamt mehr als 80 Milliarden Euro auf sie zukommen. Das ginge an die Substanz.

Strafzahlungen, Anti-Auto-Revoluzzer, Verluste durch die Coronapandemie, Vollbremsung für Verbrennermotoren – es ist der explosivste Cocktail, den unsere hundertjährige Autoindustrie jemals zu schlucken hatte. Bricht unsere Automobilindustrie jetzt auseinander? Im Gegenteil. Im März 2021 wacht die angeschlagene Autobranche auf und präsentiert einen neuen Plot: Deutschlands Autobauer sind wieder da. Wie ist das passiert? Dieses Kapitel

- stellt die Klimadebatte in den »Das Imperium-schlägt-zurück«-Kontext,
- es wirft einen kritischen Blick auf den steilen Aufstieg des Elektromotors,
- es fragt, wo die Debatte um den Wasserstoffantrieb geblieben ist und
- diskutiert die spielentscheidende Rolle eines CO_2-Preises.

Klimadebatte: Der Wind hat sich gedreht

Ein Paukenschlag als Livestream: Als VW-Chef Herbert Diess am 15. März 2021 seinen ersten »VW Power Day« feiert, wird klar, wie stark Deutschlands Autobauer sich zurückmelden im Gerangel um die Vormachtstellung im globalen Automarkt. Der »Power Day« ist die Antwort auf Elon Musks »Battery Day« im Herbst 2020, laut dem Tesla in den kommenden Jahren eine Produktionskapazität für Batteriezellen in Höhe von 3 000 Gigawattstunden (GWh) aufbauen will. Diess bringt dagegen bis 2030 sechs neue europäische Batteriefabriken mit insgesamt 240 GWh in Stellung – das ist zwar nur ein Bruchteil der geplanten Tesla-Power, aber sechs Mal mehr, als Teslas Gigafactory 1 derzeit in Nevada liefert. Zum Vergleich: Ein Kernkraftwerk kommt auf eine Nennleistung von etwa 1,4 Gigawatt.

Der Verkauf elektrifizierter Autos soll im gleichen Zeitraum auf über 70 Prozent gesteigert werden. Im Jahr 2020 betrug die Zahl der Auslieferungen rund 9,3 Millionen Fahrzeuge, gemessen am aktuellen Absatz wären das also rund 6,5 Millionen Autos. Tesla verkauft aktuell nur eine knappe halbe Million Stromer, will jedoch noch vor 2030 jedes Jahr 20 Millionen E-Autos bauen. Volkswagen treibt mit einem 73-Milliarden-Projekt die eigene »Teslafizierung« voran.[1] Tesla hat im Jahr 2020 überhaupt nur 26,46 Milliarden Umsatz gemacht – VW: 222,9 Milliarden –, ist aktuell an der Börse aber fast fünf Mal so viel wert wie VW (Stand Mai 2021). So viel zum aktuellen Spielstand im Kampf um den Aufstieg.

Es ist ein globaler Kampf der Giganten, im dem auch BMW, Daimler, Ford, Toyota, Renault (Motto: »Renaulution«) und Jaguar Land Rover (Motto: »Reimagine«) den Beginn einer neuen Ära inszenieren: In Zukunft soll fast alles, was das Werk verlässt, elektrisch fahren. Große Bühnen, großes Comeback.

Das Imperium schlägt *jetzt* zurück. Nicht 2025.

Schon die erste Story – Titanic – ist das Ergebnis eines narrativen Shifts. Galt es in einigen Industriebranchen vor gut fünf Jahren noch als üblich, den Klimawandel zumindest infrage zu stellen und jeden, der sich öffentlich für ökologische Regulierungen einsetzte, als »Klimaideologen« abzustempeln, hat sich in dem Moment der Wind gedreht, als die Europäische Kommission den »Green Deal« in das Zentrum ihrer Politik rückte. Das war 2019. Wer seine Einstellung bis dahin noch nicht aus Überzeugung geändert hatte, der switchte spätestens jetzt um auf »grün«, um an den milliardenschweren EU-Programmen zu Wasserstoff, Batterie und Co teilzuhaben.

Bis Ende 2021 will die Europäische Kommission nun einen neuen Vorschlag für Autos vorlegen: die Abgasnorm Euro 7 mit neuen Emissionsgrenzwerten. Vor 2025 wird diese Norm voraussichtlich nicht in Kraft treten, und sie wird nur für Neuwagen gelten. Deutschlands Autobauer haben also eigentlich viel Zeit, sich anzupassen. Aber nur »eigentlich«. Wer die Modellzyklen der deutschen Autobauer kennt, der weiß: Entwicklungszyklen dauern rund drei bis vier Jahre, die Lebenszyklen einzelner Modelle und Modellreihen sechs bis acht Jahre. Und das ist der Grund, warum »das Imperium« *jetzt* zurückschlägt – und nicht erst 2025.

Die neue politische Stimmung in Brüssel hat die Konfliktlinie verschoben: Deutschlands Autobauer wettern nicht mehr gegen Greta und Co, sondern stellen sich global neu auf im Wettkampf um den Markt der sauberen Autos. Was auch heißt: Sie stellen sich auf gegen den ersten und erfolgreichsten Macher von Elektroautos, den »Technoking of Tesla« – so Elon Musks offizielle neue Jobbeschreibung. Und sie stellen sich auf gegen die neue Macht aus dem Osten: die chinesischen Autobauer, die den europäischen Markt mit Marken wie BYD, Nio, Aiways, Lynk & Co und Xpeng aufrollen werden. Ein Spiel mit klar definieren Kontrahenten, so wirkt es auf den ersten Blick. Einer wird gewinnen, die anderen absteigen, könnte man meinen. Aber so einfach ist es nicht.

Konkurrieren, kooperieren, Klima retten? Es ist kompliziert.

Während Deutschlands Autobauer im harten Wettbewerb um ihren traditionellen »Vorsprung durch Technik« konkurrieren, haben sich quer zu diesen Konfliktlinien längst gegenseitige Beteiligungen und verschiedene Formen der Kooperation eingespielt:

- Die chinesische Zhejiang Geely Holding Group hatte schon im Jahr 2010 die Marke Volvo gekauft, und zwar von der damaligen Besitzerin Ford. Geely und Volvo werden in einem Gemeinschaftsunternehmen zukünftig gemeinsam Motoren bauen, darunter Verbrenner und Hybridantriebe. Volvo wird außerdem das After-Sales-Geschäft der Geely-Tochtermarke Lynk & Co in Europa managen.
- Die Geely-Holding des chinesischen Milliardärs Li Shufu (genauer: Tenaciou3 Prospect Investment Limited) ist mit rund 10 Prozent Aktienanteilen maßgeblich am deutschen Autobauer Daimler beteiligt und auch als Kooperationspartner aktiv. So soll der neue, elektrische Smart ab 2024 von Geely in China gebaut werden.

- Im Juli 2019 kam die chinesische BAIC Group mit 5 Prozent Stimmrechten als Daimler-Aktionär dazu. BAIC ist einer der wichtigsten Daimler-Partner in China und betreibt über Beijing Benz Automotive Co. Mercedes-Benz-Fabriken in Peking.
- Chinesische Hersteller errichten längst eigene Batteriefabriken in Deutschland: CATL hat den Aufbau einer Zellfertigung in Thüringen begonnen – fertig 2022. Svolt baut im Saarland eine 24-GWh-Batteriezellenfabrik – fertig 2023. Kunden werden mit Sicherheit europäische Autobauer sein, auch wenn diese jetzt selbst beginnen, neue Batteriefabriken aus der Erde zu stampfen.[2]
- Daneben kooperieren deutsche Autobauer auch mit Tesla: Der schwäbische Zulieferer Dürr etwa hat unter anderem den Zuschlag für Lackierroboter im Berliner Tesla-Werk erhalten. Sogar Jenoptik ist mit an Bord als Zulieferer von Fertigungszellen für Karosserieteile.[3]
Schon 2017 wurde Grohmann Engineering mit Hauptsitz in Prüm (Eifel) von Tesla übernommen. Der Zulieferer stellt zum Beispiel Montagemaschinen her und heißt seit 2020 Tesla Automation GmbH.

Dieses Setting sieht eher nicht aus nach »Das Imperium schlägt zurück«, die Spielregeln sind sehr viel komplexer. Tatsächlich setzen Deutschlands und Europas Autobauer auf einige taktisch interessante Spielzüge: aus technischer Sicht brillant, mit dem Fokus auf Geschäftsergebnisse fraglos überwältigend, aus Perspektive des Klimaschutzes teilweise suboptimal.

Spiel über die Bande: Im November 2020 kündigt BMW das Ende für die Verbrennerfertigung in Deutschland an.[4] Bis 2024 soll die Produktion von München nach Großbritannien und Österreich umziehen. Auch Daimler will gemeinsam mit dem chinesischen Hersteller Geely weiterhin Verbrenner produzieren – in Europa und China. Das Auslaufmodell Verbrenner wird also festgehalten, aber zum Teil über die EU-Grenze geschoben.

Mehr Klasse, mehr Masse: Motoren sind in den vergangenen 50 Jahren immer leistungsfähiger und immer effizienter geworden. Schon Mitte der Neunzigerjahre kam ein Auto mit 4 Litern Diesel aus – vielleicht erinnern Sie sich an die Mercedes A-Klasse, für die ich damals verantwortlich war. Das Auto hatte einen hervorragenden Motor, wurde aber aus einem anderen Grund unfreiwillig weltbekannt: Stichwort »Elchtest«. Der Schock saß tief, der Konzern hat daraus trotz allem eine Stärke gemacht: Die A-Klasse wurde zum Kultauto.

Derartig sparsame Autos hätten eigentlich viel mehr zum Klimaschutz beitragen können. Haben sie aber nicht. Weil parallel zur steigenden Treibstoffeffizienz der Motoren Größe und Gewicht der Fahrzeuge rasant anstiegen und damit jeglicher Positiveffekt verpuffte. Ein Toyota Starlet P6 zum Beispiel wog 1980 rund 735 Kilo, ein Mercedes W 123 im gleichen Jahr 1 390 Kilo.[5] Ganz anders 2019: Das durchschnittliche Gesamtgewicht *aller* neu zugelassenen Pkw liegt bei 2 037 Kilogramm.[6] Dazu kommen die zum Teil ungünstigen Luftwiderstandswerte sehr hoher Fahrzeuge, die zu erhöhten CO_2-Emissionen führen.[7] Hier haben wir es mit einem typischen Rebound-Effekt zu tun: Technische Fortschritte für mehr Energieeffizienz werden mit Rückschritten in Sachen Energiesparsamkeit zunichtegemacht. Gleichzeitig ist es kein Geheimnis, das Deutschlands Autobauer ihren Gewinn kaum mit Kleinwagen einfahren – sondern mit SUVs. Wie gesagt: mit Blick auf die Kundenpräferenzen und gesetzlichen Vorgaben rund um Leistung, Komfort und Sicherheit sowie mit Blick auf die Geschäftsergebnisse richtig, wegen des höheren Ressourcenbedarfs in der Produktion und im Betrieb für das Klima aber vergleichsweise suboptimal. Daraus folgt, und das ist für mich ein wichtiger Punkt, gerade *nicht*, dass es nun keine SUVs mehr geben darf. Im Gegenteil: Es folgt daraus, dass wir *andere* SUVs brauchen.

Wir brauchen SUVs mit elektrischen Antrieben, die von Strom aus regenerativen Quellen angetrieben werden. Es folgt daraus, dass diese Antriebe nicht auf maximale Reichweite ausgelegt sein sollten, sondern auf die realistisch gefahrene Reichweite. Und es folgt daraus, dass sie nicht auf Spitzengeschwindigkeit hin optimiert werden sollten, sondern auf ein Tempo, das zu der Realität unserer Autobahnen passt.

Mit einem Tempolimit von 150 km/h, so meine ich, kommen wir zügig voran, und das mit deutlich weniger Stress und weniger Unfällen. Damit ist abhängig von den einzelnen Marken eine Drosselung auf 180 km/h eine vernünftige Entscheidung. Kommen wir zum nächsten Punkt.

Rechenspiele: Einerseits überzeugen Hersteller wie Volvo mit genauen Klimabilanzen, zum Beispiel für den Volvo XC40 Recharge P8 AWD. Jedes einzelne Bauteil wurde untersucht, beginnend bei der Rohstoffgewinnung über Logistikkette, Produktion und Montage bis hin zur angenommenen Laufleistung von 200 000 Kilometern und schließlich zum Recycling des Fahrzeugs. Ergebnis: Nach 47 000 Kilometern Laufleistung ist das Elektromodell der Ottomotor-Version im Hinblick auf seine CO_2-Emission überlegen. Wenn der Ladestrom aus erneuerbaren Energien kommt, dann emittiert der E-Wagen 27 statt 58 Tonnen CO_2. Eine enorme Leistung und ein entscheidender Klimaschutzbeitrag. Mit dem heutigen Strommix sieht die CO_2-Einsparung weniger positiv aus, ist aber immer noch signifikant.[8] Andererseits: Nicht mitgezählt wird in dieser Rechnung die CO_2-Emission der Infrastruktur: Autobahnen, Parkplätze und so weiter. Dieser Wert ist zwar für Verbrenner- und E-Modelle der gleiche, er unterscheidet sich aber im Vergleich zu *intermodalen oder multimodalen Mobilitätslösungen.* Kurz zur Erklärung:

- *Multimodaler* Verkehr bezeichnet die Nutzung verschiedener Verkehrsmittel für unterschiedliche Wege.
- *Intermodaler* Verkehr meint einen Weg, auf dem verschiedene Verkehrsmittel so kombiniert werden, dass aus individueller Sicht eine optimale Lösung erreicht wird.

Es geht mir an dieser Stelle nicht darum, Deutschlands Autobauer an den Pranger zu stellen. Im Gegenteil. Es geht mir um ein Mehr an Verständnis für das Big Picture: Zwischen dem ersten Plot (»Titanic«) und dem zweiten Plot (»Das Imperium schlägt zurück«) ist eine Menge passiert. Deutschlands Autobauer sind aufgestanden, sie sind jetzt bereit für die »Grün«-Phase. Aber viele sind immer noch viel zu langsam, zu egozentrisch und viel zu wenig konsequent. Die Zeit drängt. Ziehen wir das Bild größer auf.

Die Klimawende ist zu schaffen. Eigentlich.

Extremwetter sind heute an der Tagesordnung. Im Nordatlantik gab es mehr Stürme als je zuvor, an den US-Küsten so viele Wirbelstürme wie noch nie. Große Flächen in den USA und Australien, in Brasilien und Sibirien standen über Wochen in Flammen. Die Klimakatastrophe passiert direkt vor unserer Haustür: Laut dem Deutschen Wetterdienst (DWD) ist die Zahl der heißen Tage in Deutschland seit 1951 um 170 Prozent gestiegen und die Zahl der Schneetage um 42 Prozent gesunken. Die Vegetation beginnt drei Wochen früher, die vertrocknenden Wälder ächzen unter dem Borkenkäfer und in Cuxhaven steht die Nordsee 40 Zentimeter höher als 1843. Deutschland ist zwischen 1881 und 2018 um 1,5 Grad wärmer geworden – statistisch gesichert.[9] Der Klimawandel ist real.

Und: Nein, das ist kein Zufall. Das Tempo des Temperaturanstiegs und seine Auswirkungen rund um den Globus – tauender Permafrostboden und Eisschmelze an den Polen, lebensgefährliche Hitzewellen am Äquator[10] – sprechen eine klare Sprache. Sie sprechen für die These, dass unsere massiven CO_2-Emissionen die Atmosphäre so stark geändert haben, dass dies Auswirkungen auf das globale Klima haben *muss*.[11]

Ändern wir nichts am eingeschlagenen Weg, erwärmt sich die Erde um rund 5 Grad. Für meinen hessischen Heimatort heißt

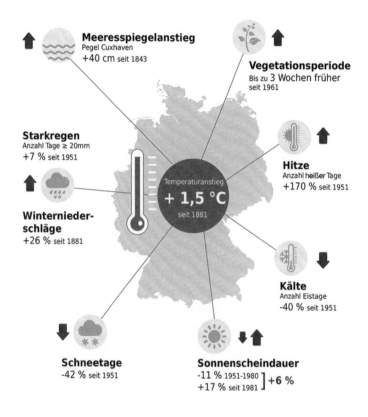

Abbildung 1: Der Klimawandel in Deutschland ist bereits heute Realität.

das: im Hochsommer statt angenehmer 25 Grad dann 30 Grad. Im Schnitt. Das wirkt erst einmal wenig dramatisch. Doch global betrachtet, führt das kippende Klima zu gigantischen Migrationsbewegungen und militärischen Konflikte um Land, um Nahrung, Wasser und Luft – das ist eine konkrete Gefährdung unseres

Wohlstands und nicht zuletzt unserer Industrie, die niemand wollen kann.

Reduzieren wir die globalen CO_2-Emissionen kurzfristig um 50 Prozent – bezogen auf die Industrieländer heißt das minus 80 Prozent – stehen wir immer noch vor einem Temperaturanstieg um 2 Grad. Laut DWD wäre das ein stärkerer Anstieg als jegliche Klimaschwankung der vergangenen 10 000 Jahre – würde aber unsere Lebensgrundlage *nicht* zerstören. Erstaunlicherweise klingt der DWD sogar zuversichtlich, wenn er schreibt: »Der globale, auch von Menschen gesteuerte Klimazug rollt. Er ist nicht mehr aufzuhalten. Aber immerhin: Wir sind in der Lage, die Fahrt genau zu beobachten, daraus unsere Schlüsse zu ziehen und uns zu beraten. Wenn alle Verantwortlichen ihre Anstrengungen vereinen, können wir die Reisegeschwindigkeit beeinflussen und vielleicht einen sicheren Bahnhof erreichen. Nutzen wir diese Chance.«[12]

Und? Nutzen wir diese Chance? Ja, durchaus: Die Industrie ist aufgestanden und baut um. Faurecia hatte schon 2019 angekündigt, bis 2030 Klimaneutralität anzustreben und war mit diesem Thema einer der Vorreiter der Zulieferindustrie.[13] Neben Valeo engagieren sich weitere Zulieferer wie Bosch, der bereits seit Anfang 2020 auf klimaneutral umgestellt hat (Scope 1 und 2 gemäß Greenhouse Gas Protocol) und Continental, der ab 2040 CO_2-frei produzieren will. Kurz: Hier tut sich was. Aber noch lange nicht genug.

Auch weltweit haben sich etliche Regierungen das Ziel gesetzt, auf lokal emissionsfreie Mobilität umzusteigen.[14] Doch konkrete Aktionspläne gibt es häufig nicht, und wenn es sie doch gibt, greifen sie viel zu langsam. Was fehlt, ist außerdem ein messbarer Rückgang der Auto- und Lkw-Emissionen. Denn aller Anstrengungen und sogar dem Pandemie-Brake zum Trotz sinkt der Ausstoß klimaschädlicher Gase nicht, sondern steigt sogar weiter: vor allem im Güterverkehr und im Flugverkehr, wo Jahr für Jahr mehr Kilometer zurückgelegt werden. Das Ende der Entwicklung ist hier längst nicht erreicht: Experten zufolge wächst das Transportaufkommen bis 2050 noch einmal um 35 Prozent.[15] Eine Studie des International Transport Forums (www.itf-oecd.org) von 2017 prognostiziert sogar einen eine so massive Zunahme des Gesamtverkehrs zu Lande, zu Wasser und in der Luft, dass mit einem CO_2-Anstieg um 70 Prozent bis 2050 zu rechnen sei. Laut dieser Studie führt selbst das optimistische Szenario dazu, dass die 2015 in Paris vereinbarten Klimaziele nicht erreicht werden.

Wichtig zu wissen: Der Verkehr liegt beim Thema Treibhausgas-Emissionen in Deutschland auf Platz 3 hinter der Energiewirtschaft und dem Bereich Gebäude. Er trägt also eine entsprechend hohe Verantwortung, einen messbar positiven Klimabeitrag zu leisten. Dies umso mehr, als sowohl die gefahrenen Transportstrecken als auch die individuelle Mobilität in Zukunft voraussichtlich eher zu- als abnehmen werden.

Die Verbesserung der energieeffizienten Verbrenner wird also nicht ausreichen. Es braucht andere Motoren, es braucht leichtere Autos, es braucht von der Software aus gedachte, vernetzte bis hin zu autonomen Autos und es braucht neu gedachte Mobilität. Wir müssen mehr neue Chancen nutzen.

Aufstiegschancen für Deutschlands Autobauer

Rund um das Thema Klimaschutz bieten sich neue Perspektiven für Deutschlands Autobauer. Um nur einige Beispiele herauszugreifen:

Photovoltaik: Im Projekt »Skale« kooperieren Bosch und Power Innovation Stromversorgungstechnik mit dem Karlsruher Institut für Technologie (KIT), um ein skalierbares Ladesystem zu entwickeln. Das System besteht aus einer Photovoltaikanlage, einem stationären Lithium-Ionen-Speicher und einem Mittelspannungs-Netzanschluss, damit es nicht nur Strom erzeugt, sondern zusätzlich Lastspitzen verhindert und das Stromnetz stabilisiert. Dieser Ansatz, so Professor Marc Hiller vom Elektrotechnischen Institut

(ETI) des KIT, »soll eine zukunftsweisende Infrastrukturlösung für beliebige Parkflächen mit einer Vielzahl an Ladepunkten bieten und dezentrale Energiequellen effizient einbinden.«

Noch konsequenter hat das Münchner Start-up Sono Motors gedacht: Mit »Sion« bietet der innovative Autobauer ein außen komplett mit Solarzellen vollgepacktes, geräumiges Elektroauto, das sich selbst auflädt, sobald es in der Sonne steht oder fährt. Der Sion kann bis zu 245 Kilometer – durchschnittlich wohl 112 Kilometer – pro Woche zusätzliche Reichweite durch reine Sonnenenergie gewinnen. In der Vergangenheit hatten die Gründer mit technischen und finanziellen Herausforderungen zu kämpfen. Doch aktuell gibt es einen neuen Hauptinvestor (Swedbank Robur) und eine neue Entwicklungspartnerschaft mit Ex-Formel-Weltmeister Nico Rosberg und seinem Team Rosberg Engineering (TRE). Die Produktion soll nun im vierten Quartal 2022 anlaufen – dann zeigt sich, ob sich die Sono-Idee behaupten kann. Diese Idee umfasst auch Sharing Services und die Möglichkeit, dass Besitzer ihren Sion als Ladestation für andere Autos anbieten.[16] Ich meine: Das klingt spannend. Ob sich dieses Konzept aber in der Praxis bewährt, sehen wir in frühestens zwei Jahren.

Das Auto als mobiler Stromspeicher: Volkswagen baut derzeit ein neues Geschäftsmodell rund um »bidirektionales Laden« auf. Dahinter steht die Idee, Stromspitzen aus dem öffentlichen Netz in die Fahrzeuge zu laden (»grid to vehicle« = G2V) und bei Bedarf wieder in das öffentliche Netz zurückfließen zu lassen (»vehicle to grid« = V2G). Insgesamt nennt sich diese Idee Smart Grid, also intelligentes Stromnetz. Autobesitzer sollen eine Aufwandsentschädigung erhalten. An ähnlichen Projekten arbeiten auch Nissan, Hyundai, Stellantis, BMW und Audi.[17] Außerdem das Technologieunternehmen »The Mobility House« mit Standorten in Zürich, München und Belmont (CA). Das 2009 gegründete Start-up verbindet die Automobil- und Energiebranche, indem es mit intelligenten Lade- und Energielösungen Fahrzeugbatterien ins Stromnetz integriert. Damit fördert es den Ausbau erneuerbarer Energien, stabilisiert das Stromnetz und macht Elektromobilität günstiger. »The Mobility House« baut Ladeinfrastrukturen auf und kooperiert dabei als neutraler Anbieter mit vielen Partnern.

Mobilität: Fahren bedeutet schon heute nicht mehr nur »Auto fahren«. In den kommenden Jahren werden wir Mobilität immer mehr als individuell zusammenstellbares Angebot von *intermodalen* und *multimodalen* Reiseketten verstehen. Hier braucht es übergreifende Serviceanbieter, es braucht neue Apps und Accounts, smarte Abos und geschmeidige Bezahlsysteme, die vom Sportwagen über die Bahnstrecke bis zum elektrischen Tretroller inklusive Versicherung, Streckenplanung und Entertainment alles aus einer Hand bieten.

Die Berliner Verkehrsbetriebe zum Beispiel haben mit Jelbi eine App für alle Mobilitätsdienste entwickelt: E-Scooter, Leihfahrrad, Autos und öffentlicher Nahverkehr lassen sich über Jelbi buchen. Auch private Anbieter bieten heute neben Leihwagen auch Fahrräder und E-Scooter an: Die BMW Group und die Daimler Mobility AG zum Beispiel betreiben mit der gemeinsamen Tochtergesellschaft Moovel Group die Mobilitätsplattform Reach Now – ein Ökosystem-on-Demand, das Grenzen zwischen den verschiedenen Transportmitteln überwinden soll. Daneben bieten sie mit Free Now eine App an, mit der sich Taxis bestellen, und Mietwagen, E-Scooter, E-Roller oder Carsharing buchen und bezahlen lassen.

Was bei etlichen Angeboten fehlt, ist der Brückenschlag zwischen privaten Angeboten und öffentlichem Nahverkehr – oftmals ausgelöst durch den Unwillen lokaler Fahrbetriebe und Behörden, sich auf Public-private-Partnerships (kurz PPP) einzulassen. Hier fällt das 2014 gegründete Start-up Wunder Mobility positiv auf, das auf der einen Seite Software und Hardware anbietet, Car-, Bike- und Scooter-Sharing und Carpooling. Auf der anderen Seite tritt

Wunder Mobility auf als Partner für Unternehmen, Städte und Gemeinden, indem es die eigene Software in Lizenz vertreibt.

Fazit: Von Sonnenenergie bis Mobilitäts-App – entlang der neuen Wertschöpfungsketten rund um klimafreundliche Geschäftsmodelle entstehen jede Menge neue Chancen für Deutschlands Autobauer. Wer jetzt schnell umsteuert, kann hier teilhaben. Und wer meint, ein Verbrenner-Zulieferer könne sich nicht von heute auf morgen in etwas ganz anderes verwandeln, der erinnere sich kurz daran, dass Mannesmann im 19. Jahrhundert für Stahlrohre stand – und heute für Telekommunikation. Opel baute in den 1860ern zunächst Nähmaschinen und ab den 1880er-Jahren »Sicherheits-Niederräder« – das Volksfahrrad nach der elitären Hochrad-Ära. Wer weiß heute noch, dass Opel in den Zwanzigerjahren der größte Fahrradhersteller der Welt war? Bereits um 1930 hatte GM das Unternehmen Opel vollständig übernommen, nach dem Zweiten Weltkrieg folgte der Aufstieg; der Höhepunkt des Erfolgs lag in den Neunzigerjahren. Seitdem ging es bergab mit Opel, und auch die Kampagne »Umparken im Kopf« (2014) führte statt zu einem Aufbruch eher zum Abstellplatz. Aktuell entwickelt sich Opel zu einer Werkbank für Stellantis. Die Aufgabe der Eigenständigkeit ist in diesem Fall die einzige Form der Rettung. Blackberry dagegen bewahrte sich selbst vor dem Untergang, indem es von Tastentelefonen auf Autosoftware umschwenkte.

Ich sage: Die Fähigkeit, sich immer wieder radikal zu verwandeln, gehört zu den Grundkompetenzen jedes erfolgreichen Industrieunternehmens. Deutschlands und Europas Autobauer haben das Zeug dazu, sich in den neu entstehenden Märkten erfolgreich aufzustellen. Und ein Blick auf die Börsenwerte zeigt: von Untergang keine Spur. Das »Imperium« steht glänzend da und war in seiner Geschichte wohl noch nie so wertvoll wie gerade jetzt, im Frühjahr 2021.

Gleichwohl sind die Hausaufgaben in Sachen Klimaschutz noch längst nicht erledigt. Und das Ziel bleibt: CO_2 muss raus aus den

Abgasbilanzen – so schnell wie möglich und so viel wie möglich. Was viele nicht sehen: Diese Aufgabe ist kein Sprint, es ist ein Marathon. Es geht dabei nicht um den Sieg eines »Imperiums« gegen andere Marken aus anderen Kontinenten, es geht ums Ganze. Es geht um alles für alle. Deshalb braucht es hier keinen Kampf gegeneinander, sondern vernünftige Kooperationen für das gemeinsame Klimaziel. Es braucht vor allem kein Lamento darüber, dass Elektrofahrzeuge erst dann »richtig grün« seien, wenn sie grünen Strom tanken. Klar! Ist bekannt! Und das spricht *nicht* gegen neue Formen der Antriebstechnik, sondern *für* ihre weitere Entwicklung.

Eins zu null für den Elektromotor

»The battery has won the race.« Das stellt Herbert Diess gleich zu Beginn des VW Power Days im März 2021 klar und das ist die Marschrichtung, in die er Volkswagen in den kommenden Jahren führen wird. »Die Batterie hat gewonnen« – der Satz schlägt ein. Dass das Rennen so ausgehen würde, damit hatte nicht jeder gerechnet. Auch ich nicht. Ich sage es ganz offen: Ich habe die notwendige Entwicklung von Lithium-Ionen-Akkus einige Jahre lang unterschätzt. Europas Autobauer hätten hier sehr viel früher Know-how aufbauen müssen. Nun: Wir haben aus der Vergangenheit gelernt. Gerade noch rechtzeitig.

Im Jahr 2021 werden in Deutschland erstmals mehr Stromer und Hybridautos als Diesel verkauft. Ein deutliches Zeichen. Aber Diess Ankündigung bedeutete nichts weniger als die Abkehr von einer Strategie, die unter Deutschlands Autobauern lange Zeit als ausgemacht galt: die »Fächerstrategie«.

Soll heißen: Solange unklar ist, welche Technik am Ende gewinnt, treibt man alle Antriebsarten gleichermaßen voran: Verbrenner mit klassischem Treibstoff, mit E-Fuels und auf Wasserstoffbasis, Brennstoffzellen, Hybridantriebe, Batterie. Eine

KLIMAGERECHTE AUTOS

teure Idee, zu der immer weniger Hersteller bereit waren – die sich andererseits aber bis heute auf ihre Fürsprecher in der Politik verlassen kann. Warum das so ist, dazu später. Beginnen wir mit der Begeisterung für Elektromobilität. Die ist, um es gleich zu verraten, riesig. Auch ich bin ein großer Befürworter dieser Antriebstechnologie. Dabei haben Elektroautos derzeit noch etliche Nachteile. Für die Kunden: Sie laden relativ lang und fahren relativ kurz. Für die Hersteller: Gewinn macht man damit eher wenig oder gar nicht. Wie haben sich die Hersteller positioniert?

Tesla befindet sich mit seinen mittlerweile rund 34 000 in Deutschland zugelassenen Wagen auf Erfolgskurs, aber noch lange nicht im Endspurt. Tatsächlich ist mit mehr als 38 000 angemeldeten Autos noch immer das DDR-Modell Trabant verbreiteter als Elon Musks E-Car.

Um die Entwicklung weiter zu pushen, will Volkswagen nun die beiden größten limitierenden Faktoren für Stromer beseitigen: die Abhängigkeit von Batterien aus Fernost und das immer noch nicht flächendeckende Ladesäulennetz. In beiden Themen hat VW Großes vor: Batterien sollen langfristig um die Hälfte billiger und der lästige Ladevorgang beschleunigt werden. Damit steht die Batteriezelle bei VW jetzt da, wo seit mehr als 80 Jahren der Verbrenner stand: im Zentrum von Forschung, Entwicklung und Produktion. Ab 2023 soll eine »Einheitsbatterie« produziert und so kostengünstig in möglichst alle Modelle der VW-Gruppe (alle Marken) verbaut werden, dass diese auch ohne Kaufprämie billiger werden als vergleichbare Diesel und Benziner. Was da aus Wolfsburg kommt, ist keine Evolution – es ist eine Revolution.

Und die Wettbewerber schlafen nicht: Neben Tesla und VW treten im Gerangel um die neue Vormachtstellung auf dem Stromermarkt auch Ford, GM, Volvo und elf weitere Autobauer an, die allesamt das Ende der Verbrenner einläuten und weltweit Millionen von Stromern verkaufen wollen. BMW plant bis 2030 den Absatz von mindestens 50 Prozent elektrischer Fahrzeuge – und ist damit der konservativste Hersteller in der Umsetzung der Elektrifizierung. Daimler konstruiert seine Fahrzeuge zuerst als elektrisches Modell, erst im nächsten Schritt werden Hybridantriebe entwickelt.[18]

Ford will eine Milliarde US-Dollar in seinen Kölner Standort investieren, um dort Elektrofahrzeuge zu entwickeln und zu produzieren. Eine gute Nachricht für die Region, aber auch für VW: Im Jahr 2019 hatten sich beide Konzerne eine Kooperation in Sachen Elektromobilität vereinbart. So wird Ford seine Stromer auf den modularen Elektrobaukasten MEB von VW aufsetzen – Volkswagen verdient also mit. Ab 2026 will Ford in Europa ausschließlich Pkw mit Batterie- oder Hybridantrieb verkaufen, ab 2030 dann nur noch rein batterieelektrische Fahrzeuge.[19] Nutzfahrzeuge werden noch länger mit Verbrenner laufen, mit Ausnahme eines elektrischen »Transit Custom«, der ab 2023 in der Türkei vom Band laufen wird.

Soweit ein aktueller Blick in die Strategieabteilungen und Werkshallen der hiesigen Hersteller. Dass es gut aussieht, bestätigt der *Index Elektromobilität* des Entwicklungsdienstleisters Fka und der Unternehmensberatung Roland Berger. Der Index vergleicht jedes Jahr die sieben großen Automobilnationen im Bereich Elektromobilität. Im Ranking des Jahres 2021 hat sich Deutschland um einen Platz auf Rang zwei gesteigert, in der Kategorie Markt sogar von Rang fünf auf den Spitzenplatz nach oben. Grund war der Anstieg der E-Car-Verkaufszahlen um über 250 Prozent.[20]

Wie es weitergeht, beziffert McKinsey: Die Unternehmensberater prognostizieren einen auf 29 Prozent im Jahr 2024 wachsenden Anteil deutscher Hersteller an der globalen Produktion von Elektrofahrzeugen. Mit mehr als 1,7 Millionen Fahrzeugen könnte Deutschland bereits 2021 zum Weltmarktführer in Sachen Elektroautos aufsteigen und damit sogar China überholen. Nicolai Müller, Seniorpartner im Kölner McKinsey-Büro: »China bleibt weiterhin der größte Markt in der Welt, das Angebot lokaler chinesischer Produkte ist deutlich gestiegen. Allerdings hat in Europa die Nachfrage sprunghaft angezogen. Weitere Dynamik ist zu erwarten –

nämlich durch das steigende Produktangebot, mit dem die Hersteller die CO_2-Grenzwerte erreichen wollen.«[21] Anreizsysteme wie der »Umweltbonus« hatten allein in Deutschland bis Mai 2021 insgesamt 593 978 Förderanträge ausgelöst, wobei sich die mit Abstand größte Zahl auf den Volkswagen e-Up! (20 115 Anträge) und auf den Smart EQ fortwo (17 385 Anträge) bezogen.[22]

Die Verkäufe von Elektro- und Plug-in-Hybridautos sind in Europa zwischen 2018 und 2019 um 44 Prozent gestiegen, auf mehr als 600 000 Fahrzeuge. Doch das reicht noch nicht: Um Strafzahlungen an die EU zu vermeiden, müssen die Autobauer bis 2021 mehr als zwei Millionen Elektrofahrzeuge auf den Markt bringen. Aus diesem Grund erklärt McKinsey Europa schon jetzt »zum künftigen Hotspot der Elektromobilität«.[23]

Kurz: Wir erleben Aufbruchstimmung in der Autobranche, eine neue Entschlossenheit. Trotzdem steht die Elektromobilität immer wieder im Kreuzfeuer der Kritik. Und dafür gibt es handfeste Gründe: technische und politische. Beginnen wir mit der Politik.

Problemzone Politik: Warum E-Mobilität im Kreuzfeuer steht

Mit Kritik hatte Herbert Diess gerechnet: Dass in den kommenden beiden Jahren bis zu 5 000 Stellen gestrichen werden – sozialverträglich, ohne Kündigungen – hören Arbeitnehmervertreter nicht gern. Und Klimaaktivisten wollen sehr schnell umsteuern – nicht nur schrittweise bis 2030 und schließlich bis 2045, wenn die Bundesrepublik gemäß Klimaschutzplan komplett treibhausgasneutral aufgestellt sein und die Automobilindustrie zu 100 Prozent auf Stromer umgesteuert haben will. Warum aber feuerte die Politik anfangs so vehement gegen VWs Elektrokurs?

Weil sie einen anderen Weg im Blick hatte: Wasserstoff. Vordergründig, weil andere führende Wirtschaftsnationen wie etwa China auch nicht nur auf die Batterie setzen, sondern auf Antriebsvielfalt. Der Hintergrund der Kritik war aber ein anderer: Wasserstoff kann per Elektrolyse von Wasser mithilfe von (regenerativem!) Strom gewonnen und zu strombasierten Kraftstoffen weiterverarbeitet werden, genannt E-Fuels oder Power-to-X. Mit diesen synthetischen Kraftstoffen, so die Idee, wäre der Verkehr damit endlich CO_2-frei. Um es gleich vorwegzunehmen: Für die breite Masse der Autos funktioniert dieses Konzept nicht, weil wir für die Wasserstoffproduktion zu wenig regenerative Energie haben. Für Industrieanwendungen und Lkw-Verkehr kann Wasserstoff aber eine Option sein. Wir schauen uns das Thema Wasserstoff im nächsten Kapitel genauer an.

Vor diesem Hintergrund jedenfalls will Deutschland bis 2030 eine Wasserstoffproduktion im Umfang von zunächst 5 Gigawatt und bis 2040 von 10 Gigawatt aufbauen – das entspricht zehn Atomkraftwerksblöcken. Im Zeitraum 2016 bis 2026 fließen 1,4 Milliarden Euro Fördermittel in Wasserstofftechnologien. Hier kommt dem windreichen Küstenland Schleswig-Holstein eine besondere Rolle zu: Das nördlichste Bundesland sieht sich mit seinen Häfen, Speichern und Pipelines als zukünftiges Drehkreuz für Wasserstoffimporte. Einem Gutachten zufolge könnte Wasserstoff hier bei 2030 kostendeckend produziert werden. Das Land unterstützt die Technologie mit 20 Millionen Euro Fördergeld, konkreter: den von E.ON, Hansewerk und Covestro geplanten Bau von Elektrolyse-Anlagen. Hansewerk betreibt schon heute in Kooperation mit Wind2Gas eine Wasserstofftankstelle in Brunsbüttel und testet den Transport von grünem Wasserstoff via Erdgasnetz.[24]

Kurz: Der Norden macht jede Menge Wind und setzt große Hoffnung in das Thema Wasserstoff. Da wundern allergische Reaktionen vonseiten der norddeutschen Politik nicht, wenn Konzerne der Größenordnung VW einen ganz anderen Weg einschlagen und alle Kräfte auf ein einziges Thema ausrichten: Elektromobilität. Global. Ich meine, diesen konsequenten Fokus braucht es jetzt. Vieles wurde in der Automobilindustrie längst verstanden, in der Politik aber noch nicht. Ich meine, wenn es um individuelle, klimaneutrale Mobilität geht, läuft die Politik im Moment der Wirtschaft hinterher. Dass immer noch an Konzepten festgehalten wird, von denen sich die OEMs längst verabschiedet haben, lässt sich nicht anders erklären. Schauen wir uns jetzt die technischen Herausforderungen rund um das Thema Batterie an.

Dauerbrenner Batterie: Blick zurück nach vorn

Es war höchste Zeit. Europa musste sich dringend unabhängiger von Asien machen und ist mit den sechs von VW geplanten Produktionsstätten endlich auf einem guten Weg. Bis es zu diesem Schritt gekommen war, hörte man, wenn es um den Aufbau von Batteriefabriken in Europa ging, ausschließlich Pläne aus Asien: So sprach der südkoreanische Batteriebauer SK Innovation vom Bau einer dritten Fabrik in Ungarn (30 GWh); der ebenfalls südkoreanische Konzern LG Chem baut bereits in Polen aus (65 GWh), die schon erwähnten chinesischen Hersteller CATL und Svolt bauen in Erfurt und in Heusweiler und Überherrn an der französischen Grenze.[25]

Nach Einschätzung des Fraunhofer ISI werden asiatische Zellhersteller zwischen 2025 und 2030 in Europa insgesamt Produktionskapazitäten von 250 bis 300 GWh/a errichten. Diesen Kapazitäten stehen mittlerweile Pläne europäischer Zellhersteller gegenüber, die durchaus mithalten können: Wenn alles so kommt wie geplant, wird Europa bis 2030 eine jährliche Batteriepower in der Größenordnung 500 bis 600 GWh haben. Zwar verfügen die Hersteller aus Asien noch über ein Plus an Erfahrung in der Batterieproduktion. Doch Fraunhofer ISI gibt sich zuversichtlich: Perspektivisch können höhere Energiedichten, Schnellladefähigkeit, geringere Kosten und eine nachhaltige Produktion, etwa durch den Einsatz erneuerbarer Energien, doch noch die ersehnten Wettbewerbsvorteile bringen.

Fakt ist: Die Platzhirsche in der Batterietechnologie sind global gesehen asiatische Unternehmen wie Panasonic, LG, Samsung oder eben CATL. In Europa ist das Know-how zur Batteriezelle erst rudimentär verfügbar. Aus industriepolitischer Sicht war es keine gesunde Entwicklung, dass wir uns so lange ausschließlich von chinesischen und koreanischen Herstellern abhängig gemacht haben. Wir haben hier alle ein bisschen geschlafen und das Thema Batterie unterschätzt. Mit Ausnahme von Northvolt im schwedischen Kiruna: Der Unternehmensgründer und ehemalige Tesla-Manager Peter Carlsson geht das Thema Batterie schon seit fünf Jahren ökologisch korrekt an. Zum einen setzt Northvolt auf Wasser- und Windkraft, zum anderen baut es die Rohstoffe möglichst umweltschonend vor Ort in Schweden ab und produziert auch dort. Diesen Schritt finde ich wahnsinnig mutig. Gut also, dass die Branche jetzt durchstartet. Warum eigentlich so spät?

Die Antwort heißt Pfadabhängigkeit. Deutschlands Autobauer fuhren sehr lange extrem erfolgreich auf dem Verbrennerweg. Schon den Diesel hatten die Hersteller überhaupt erst so stark gemacht, weil Druck von außen kam: Grenzwerte. Die aktuellen Vorstöße in Richtung Elektromobilität sind in den meisten Fällen ebenfalls nicht hausgemacht, sondern wieder eine Reaktion auf immer schärfere Emissionsgrenzwerte. Dass sich jetzt das Pendel mehr in Richtung Elektromobilität neigt und weniger in Richtung Brennstoffzelle, ist den Entwicklungsfortschritten in Sachen Lithium-Ionen-Zelle zu verdanken. Diese Batterie lässt uns nicht nur das Auto komplett neu denken, sondern das komplette Ökosystem um das Auto herum, vom Hersteller über den Zulieferer bis hin zum Cloudanbieter, Ökostromproduzenten und Batterieverwerter.

Nur geht das Denken schneller als das Umsetzen. Von früheren Paradigmenwechseln in der Technologie wissen wir, dass große Wechsel sehr, sehr lange dauern. Beispiel Schifffahrt: Als Anfang des 19. Jahrhunderts die ersten Dampfschiffe aufkamen, investierten die Anbieter von Segelschiffen noch einmal so intensiv, dass sich die neue Technologie erst mit einer Verzögerung von 100 Jahren durchsetzte. Beispiel Beleuchtung: Der Wechsel vom Gaslicht (ab 1785) zur Glühlampe (ab 1880) erforderte nicht nur eine neue Technologie, sondern auch neue Geschäftsmodelle und ist noch immer nicht abgeschlossen. Berlin verfügt mit einer Anzahl von rund 42 000 heute über mehr als die Hälfte der noch funktionierenden Gaslaternen der Welt. Was heißt: Technische Entwicklungen verlaufen in vielen Fällen weder schnell noch geradlinig. So auch beim Auto.[26]

Um 1900 waren in den USA fast doppelt so viele Motorkutschen mit Elektrobetrieb unterwegs als Benziner. Die damaligen Batterien waren zwar schwer, schwach und teuer – aber immer noch praktischer als die frühen Verbrenner, aus denen mitunter gefährlich heißes Öl spritzte und die sich nur per Handkurbel starten ließen, aber auch nur mit viel Kraft und Erfahrung. Wer die nicht hatte, der brach sich gelegentlich die Hand.[27] Abhilfe brachte der elektrische Anlasser, eine Erfindung aus dem Jahr 1911. Damit konnten auch ungeübte Fahrer starten, und mehr noch, sie konnten ankommen, denn die Reichweite der Verbrenner war schon damals höher als die der Batterieautos. Der Verbrenner setzte sich also durch. Trotzdem forschten Autobauer immer wieder zum Thema Batterie.

Im Jahr 1972 präsentiert BMW beim Olympia-Marathonlauf das elektrische Modell 1602e als Führungsfahrzeug.[28] Mit seiner 350 Kilo schweren Blei-Säure-Batterie hielt es die 42,4 Kilometer lange Marathonstrecke ordentlich durch, länger hätte die Power aber auch nicht gereicht. Erst 25 Jahre später, 1997, kam dann aus Japan der allererste, in Großserie gebaute Hybridmotor: Der Toyota Prius brachte es im reinen Elektromodus auf 75 Stundenkilometer und schaffte so eine Distanz von fünf Kilometern.[29] Fünf! Ein Anfang. Wieder ganze zehn Jahre später packte ein gewisser Elon Musk stapelweise Laptopbatterien ins Auto. Kaum einer der etablierten Autobauer nahm ihn damals ernst: 7 000 Batterien? Das schien zu komplex, zu anfällig, konnte eigentlich nicht funktionieren.[30] Funktionierte aber doch. Heute strampelt die Old School um ihren Aufstieg aus der Blechbiegerliga, während der Newcomer seinen ersten Flug zum Mars vorbereitet.

Ab 2008 kamen die Erfolgsmeldungen Schlag auf Schlag: Zuerst ging der Tesla Roadster an den Start, 2009 der Mitsubishi i-MiEV und 2010 der NISSAN Leaf. Dazu kamen Konzeptautos wie der von BMW 2009 gebaute MINI E und der BMW ActiveE aus dem Jahr 2011. Wirklich »cool« statt nur smart und öko wurde Elektromobilität allerdings erst mit sportlichen Boliden wie dem Nio EP9 von NextEV, die ab 2016 vorgestellt wurden[31] und die mit ihrer Emissionsfreiheit, Laufruhe und Dynamik derartig neue Maßstäbe setzten, dass jetzt auch hartgesottene Verbrennerfans hellhörig wurden. Und reihenweise Teslas testeten. Wie die Tesla-Story weiterging, ist bekannt.

Tesla machte das Rennen. Bis ins Jahr 2019 lag der kalifornische Autobauer mit seinen Modellen S, X und vor allem mit Model 3 auf Platz eins der meistverkauften Elektroautos in Europa – mit Abstand. Doch dann holten Europas Autobauer auf. 2020 bereits setzte sich Renault mit seinem Kleinwagen Zoe an die Spitze, auf Platz drei nach Tesla steht jetzt VW mit seinem neuen Elektro-Volksauto ID.3. Laut UBS-Analysten haben die Wolfsburger sogar das Zeug dazu, Tesla abzuhängen.

Unterdessen geht die Suche nach der Superzelle weiter. Im Rampenlicht stehen derzeit Batterie-Start-ups wie Quantumscape, ein Unternehmen, das an der Entwicklung der Feststoffbatterie arbeitet; VW hat mehr als 300 Millionen Euro in das kalifornische Start-up gesteckt und hält 20 Prozent der Anteile.[32]

Nun warten die Wolfsburger und mit ihnen die ganze Branche händeringend auf technische Durchbrüche. Der Wunsch: die Energiedichte um 50 oder gar 100 Prozent erhöhen, und das bei gleicher Anzahl von Ladezyklen. Das langfristige Ziel geht bei VW und sicherlich auch bei anderen Herstellern noch weit darüber hinaus. Die Rede ist von der Festkörperbatterie. Die jetzt gängige Konstruktion mit flüssigem Elektrolyt wäre damit Vergangenheit – und sehr viel mehr Leistung der neue Standard. Konkret: 30 Prozent mehr Reichweite, zehn Minuten Ladezeit für 450 Kilometer Fahrleistung. Die Feststoffblocks brauchen außerdem keine externe Kühlung, weniger Platz, weniger Rohstoffe und bieten nicht zuletzt eine höhere Sicherheit. Weil fest, statt randvoll mit Flüssigelektrolyt. Die Brandgefahr ist hier deutlich gebannt. In Zukunft können Festkörperbatterien auch als Strukturelement des Fahrzeugs genutzt werden. Schwere Metallwannen für Batteriemodule werden in diesem Fall überflüssig, was zu einer merklichen Kosten- und Gewichtsreduktion des Fahrzeugs führt, und auch zu mehr Reichweite.

Zum Thema Reichweite: Als eines der Hauptargumente gegen Elektromobilität gilt die vergleichsweise geringere Reichweite pro »Tankfüllung«. Hier haben alle Hersteller so weit aufgeholt, dass zu »Reichweitenangst« nur noch wenig Anlass besteht: Ein Radius von 300 bis 400 Kilometern ist heute eher üblich, Deutschlands Oberliga-Player zielen jetzt auf die 700-Kilometer-Marke, Tesla und Lucid auf 800. Schon jetzt scheint es kaum vorstellbar, dass die durchschnittliche Reichweite noch 2015 bei 200 Kilometern lag. Ein beachtlicher Fortschritt, nicht zuletzt angestoßen durch rund 500 europäische Unternehmen, die 2019 und 2020 insgesamt 85 Milliarden Euro in das Thema Batterie gesteckt haben.

Nur: Stellen wir hier eigentlich die richtigen Fragen? Geht es denn um immer mehr Reichweite, um immer mehr Leistung? Wir haben es mittlerweile mit einem Reichweitenfetisch zu tun. Schluss damit. Wir können die Sache auch ganz anders sehen: Hauptkostenfaktor im Fahrzeug ist heute die Batterie. Dabei braucht nicht jeder jeden Tag eine Reichweite von 350 Kilometern und auch keine Spitzengeschwindigkeit von 250 km/h. Der Normalverbraucher müsste im Alltag gut mit 150 Kilometern Reichweite auskommen und mit einer Spitzengeschwindigkeit von 150 km/h. Das würde die Fahrzeuge sehr viel günstiger machen. Bei einem solchen Konzept ist der Engpass nicht die Batterie, sondern die Ladeinfrastruktur. Es ist unerträglich, dass es immer noch nicht genügend Ladestationen gibt. Ich meine, wenn jeder Firmenparkplatz mit genügend Ladepunkten ausgestattet wäre, dann sollten auch kleinere Batteriekonzepte alltagstauglich sein.

Ob kleinere oder große Batterie – sicher ist: Der Batterie-Zug ist für Europa noch nicht abgefahren. Wir müssen aufholen – nicht zuletzt beim Thema Ladeinfrastruktur – und dürfen uns nicht verzetteln. Die Lithium-Ionen-Batterie ist meiner Einschätzung nach bereits in der zweiten Lebenshälfte angekommen. Die Feststoffbatterie feiert vielleicht noch in der ersten Hälfte dieser Dekade ihren Durchbruch; laut Handelsblatt will Volkswagen mit Quantumscape ab 2023 in einer ersten Pilotanlage serienreife Akkus produzieren,[33] Toyota hofft auf den Launch seiner Batterien noch vor 2025,[34] BMW ab 2030.[35] Momentan spielt die Musik also in den USA (Quantumscape) und Japan (Toyota). Ich frage: Warum findet das nicht in Europa statt?

Immerhin kommen die Dinge in Bewegung: Ein neues Projekt namens ASTRABAT, finanziert von der Europäischen Union, soll zum Beispiel die Entwicklung von Festkörperbatterien unterstützen. Und es passiert noch mehr: Die Europäische Kommission genehmigte Anfang 2021 das zweite europäische Großvorhaben zur Batteriezellfertigung mit dem Titel »European Battery Innovation – EuBatIn«. Von insgesamt 42 Unternehmen aus 12 Mitgliedsstaaten erhalten in Deutschland elf Unternehmen eine Förderung. In die seit 2019 laufenden Großprojekte werden insgesamt 13 Milliarden Euro investiert. Das Bundeswirtschaftsministerium fördert das Thema Batterie mit drei Milliarden Euro und rechnet mit mehreren tausend qualifizierten Arbeitsplätzen. Konkret fließen aus deren Topf Gelder in die Batterie-Vorhaben von elf Playern der Autobranche: ACI Systems, Alumina Systems, BMW, Cellforce Group, ElringKlinger, Liofit, Manz, Northvolt, SGL Carbon, Skeleton Technologies und Tesla.[36]

Ziel der gigantischen Förderaktion ist ein funktionierendes Ökosystem für die Batterieinnovation und -produktion entlang der kompletten Wertschöpfungskette: von der Rohstoffaufbereitung über die Produktion bis zum Recycling. Mit der Integration weiterer Batterie-Projekte in Spanien, Frankreich, Belgien, Österreich, Italien, Polen, Schweden, Finnland, der Slowakei, Kroatien und Griechenland wird nun also großformatig das Ziel eines europäischen Batterie-Wertschöpfungsverbunds angesteuert.

Parallel zu diesen oft grundlegenden Entwicklungsprojekten überraschen Autobauer immer wieder mit Innovationen auf einem Leistungsniveau, das man so zunächst nicht auf dem Schirm hatte: Im Porsche Taycan laufen zum Beispiel 800-Volt-Motoren, der »Tesla-Fighter« Artemis von Audi wird ebenfalls mit 800 Volt fahren sowie alle Audi E-Fahrzeuge ab dem Modell E4. Geladen werden soll an Ultra-Schnellladesäulen mit 350 Kilowatt in Kaffeepausenzeit: 15 Minuten.[37] Sind damit alle Probleme der Stromer vom Tisch? Leider nicht.

Vorwurf Greenwashing: Wie sauber ist ein E-Auto?

Einen grundsätzlichen Vorwurf wird das E-Auto nicht los: Es kommt, so heißt es, zwar kein Dreck raus aus einem Elektroauto, aber es geht Dreck rein. Bei aller Sympathie für den Stromer: Der Vorwurf ist nicht unberechtigt.

Batteriebetriebene Elektroautos brauchen Strom, und sie sind erst dann »grün«, wenn auch der getankte Strom tatsächlich »grün« ist. Das ist er heute in Deutschland noch nicht. Deutschlands Stromproduktion wird zwar Jahr für Jahr »grüner«, weil der Anteil erneuerbarer Energien (EE) kontinuierlich steigt: Von rund 6 Prozent im Jahr 2000 auf rund 46 (!) Prozent im Jahr 2020. Aber: Aus Braunkohle kamen im Jahr 2020 immer noch 15,8 Prozent Strom (2018: 22,5 Prozent), aus Steinkohle 6,5 Prozent (2018: 12,9 Prozent)[38] und aus Gas 11,9 Prozent (2018: 12,9 Prozent). Deshalb emittiert Deutschland bei seiner Gesamtproduktion von 564 Terawattstunden Strom (2020) immer noch sehr viel CO_2.[39] Ich sage: Das geht so nicht. Es hilft nicht, wenn Greta Thunberg den Hambacher Forst besucht und sonst nichts geschieht. Wir brauchen mutige Entscheidungen vonseiten der Politik, um unsere Energieversorgung klimaneutral zu machen. Wir müssen raus aus der Kohle, und zwar sofort.

Die gute Nachricht: Die CO_2-Emissionen sinken schon jetzt. Im Jahr 2000 gingen ganze 327 Tonnen CO_2 durch Stromerzeugung in die Atmosphäre, 2019 waren es nur noch 219 Tonnen – für 2020 liegt noch kein Wert vor.[40] Vermutlich wird dieser Wert aber noch besser aussehen, weil Deutschlands Bruttostromerzeugung zwischen 2019 und 2020 signifikant zurückgegangen ist (2020: 546 Terawattstunden; 2019: 604 Terawattstunden). Diese Entwicklung sieht also gut aus, trotzdem stehen wir jetzt vor vier Fragen:

1. Wie kommen wir mit so viel weniger Stromproduktion aus? Antwort: Es wird weniger ins Ausland verkauft. Und gelegentlich aus Frankreich dazugekauft – also aus Kernkraft. Für das übergeordnete Ziel der Verlangsamung der Erderwärmung ist das temporär zu akzeptieren.

2. Könnte Deutschland eine komplett elektrifizierte Pkw-Flotte überhaupt mit Strom versorgen? Antwort des Bundesumweltministeriums: klar, kein Problem.[41] Fahren alle derzeit rund 45 Millionen Pkw auf deutschen Straßen weitgehend elektrisch, verbrauchen sie rund 100 Terawattstunden pro Jahr. Das wäre ein Sechstel dessen, was Deutschland pro Jahr insgesamt an Strom verbraucht. Mit dem raschen Ausbau der erneuerbaren Energien dürfte das zu machen sein, meint man in Berlin. Gleichzeitig ist es kein Geheimnis, dass die von Bund und Ländern erlassenen Abstandsregelungen den Neubau von Windrädern fast unmöglich gemacht haben, und dass sich der Ausbau der Solarenergie deutlich verlangsamt hat. Dass die deutsche Landwirtschaft neben Ackerbau auf ihren Feldern auch Solarstrom produzieren könnte, hat die Politik auch nicht auf dem Schirm.[42] Auch in Spanien oder in anderen südeuropäischen Ländern lässt sich jede Menge Solarstrom produzieren. Den raschen Ausbau braucht es jetzt konkret, nicht mehr nur als Papiertiger.

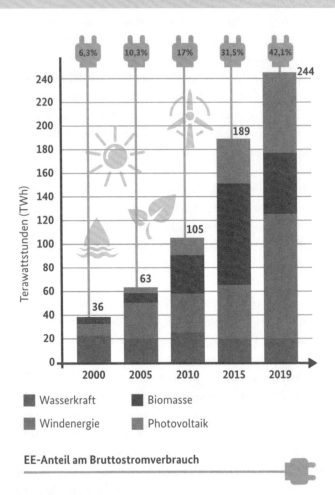

Abbildung 2: Erneuerbare Energien beinhalten hier Wasserkraft, Biomasse, Windenergie und Photovoltaik. Der EE-Anteil am Bruttostromverbrauch lag im Jahr 2000 bei 36 TWh und damit bei 6,3 Prozent; im Jahr 2005 erhöhte sich der Anteil auf 63 TWh und damit 10,3 Prozent; im Jahr 2010 waren es bereits 105 TWh und 17 Prozent; 2015 stieg der Anteil weiter auf 189 TWh und 31,5 Prozent und im Jahr 2019 auf 244 TWh und 42,1 Prozent.

3. *Wie viel weniger CO_2 stößt ein Elektroauto im Vergleich zu einem Verbrenner-Pkw aus?* Die Antwort auf diese Frage verdanken wir Stefan Hajek von der Wirtschaftswoche, der die Sache im Detail berechnet hat.[43] Im Schnitt, so schreibt er, brauchen E-Autos pro 100 Kilometer 16,3 Kilowattstunden und blasen je Kilowattstunde 0,465 Kilo CO_2 in die Luft. Diesel verbrennen 6,36 Liter, wobei pro Liter 2,6 Kilo CO_2 entstehen. Benziner brauchen 7,88 Liter, pro Liter entweichen 2,37 Kilo CO_2. Also ergeben sich derzeit beim Fahren von je 100 Kilometern an CO_2-Emissionen:

- Benzin: 18,7 Kilogramm
- Diesel: 16,9 Kilogramm
- E-Auto: 7,6 Kilogramm

Hochgerechnet auf fünf Jahre bei 20 000 Fahrkilometern pro Jahr emittiert also ein E-Autofahrer ganze 11,1 Tonnen weniger CO_2 als ein Benzinverbrennerfahrer. Das ist mehr als unser aktueller jährlicher Pro-Kopf-Verbrauch inklusive Essen, Wohnen, Reisen und so weiter (9,5 Tonnen). Und ein wichtiger Schritt. Denn Experten sagen: Um den Klimakollaps zu verhindern, ist es nötig, im Jahr 2050 bei lediglich 1 Tonne »CO_2-Äquivalent« pro Kopf zu landen – wobei »Äquivalent« heißt, dass alle Treibhausgase in die Rechnung einbezogen wurden, also nicht nur CO_2. Es liegt auf der Hand, dass dieses Ziel mit Elektroautos allein nicht erreicht werden kann.[44]

Fazit jedenfalls: Das Elektroauto ist eine grundsätzlich gute und richtige Idee. Doch solange der Strom für unsere Stromer nicht zu 100 Prozent aus erneuerbarer Energie kommt, sondern nur zur Hälfte, sind Elektroautos leider auch nur zur Hälfte »grün«. Da kann ich nur sagen: Wir müssen raus aus der Kohle, und zwar schnell.

4. *Wie sieht es nun mit der Batterieproduktion aus? Wie »grün« kann die sein?* Die Rohstoffproduktion von Lithium, Kobalt, Nickel, Mangan und Graphit ist mit ökologischen und sozialen

Herausforderungen verbunden, die Deutschlands Autobauer in den kommenden Jahren lösen müssen. Doch auch hier gibt es gute Ideen: Lithium zum Beispiel muss nicht unbedingt aus südamerikanischen Salzsee-Solen kommen oder aus australischem Festgestein. Es kann auch aus Bruchsal kommen.[45] Hier haben Forscher des KIT ein Verfahren entwickelt, mit dem sich Lithium aus Thermalwasser gewinnen lässt. Dieses Wasser enthält so viel Lithium, dass offenbar in nur 40 Minuten genug Lithium für eine Tesla-Batterie gewonnen wäre; die Menge für ein Elektrofahrrad wäre nach zwei Minuten fertig. Den Forschern zufolge ist theoretisch eine Jahresproduktion von 800 Tonnen Lithium möglich, und praktisch eine Produktion von 20 000 Batterien. Das mag auf den ersten Blick beachtlich klingen, tatsächlich ist es nicht mehr als ein Tropfen auf den heißen Stein. Immerhin wurden allein in Deutschland und allein im Jahr 2020 fast 200 000 Elektroautos neu zugelassen; insgesamt liegen mehr als eine halbe Million Anträge für den Umweltbonus vor.

Graphit lässt sich auch synthetisch herstellen (wenn auch unter sehr hohem Energieverbrauch); Silizium kann aus Sand gewonnen werden. Der immer noch problematische Abbau von Kobalt im Kongo und Sambia lässt sich entschärfen durch die Entwicklung von Hochenergiebatterien, die mit weniger Kobalt auskommen – allerdings mehr Nickel brauchen. Oder durch Natrium-Ionen-Akkus, die gar kein Kobalt mehr brauchen, dafür aber weniger Leistung bringen. Wie man es also dreht und wendet: Die Rohstofffrage bleibt herausfordernd und führt direkt zum nächsten Thema:

Recycling: Ab 2025 ist mit einem signifikant steigenden Rücklauf von Fahrzeugbatterien zu rechnen, wobei wir heute noch nicht wissen, wie viele dieser Altbatterien sich als Energiespeicher in anderen Systemen weiternutzen lassen. Der aktuell größte »2nd-use-Batteriespeicher« der Welt ist derzeit im Lippewerk von Remondis geplant.[46] Dahinter steht ein Joint Venture der Partner Daimler AG, The Mobility House AG und GETEC, der Partner

Remondis steuert Kompetenz in Sachen Batterie-Recycling bei. Ziel ist der Bau eines Stationärspeichers mit einer Kapazität von insgesamt 13 Megawattstunden. Weitere werden sicher folgen. Meiner Einschätzung nach ist aber auch hier ein größerer Ansatz notwendig. Ich denke an eine umfassende Kooperation zwischen allen Unternehmen und komplette Transparenz entlang der Lieferkette: von der Rohstoffproduktion über Zulieferer und Hersteller bis hin zu den Unternehmen, die sich um die Sammlung und Wiederverwendung von Altbatterien kümmern. Ziel muss ein »Design-for-Recycling«-Ansatz sein.

Von dieser Idee bin ich so überzeugt, dass ich mich als Investor des Mainzer Start-ups Circunomics engagiert habe.[47] Das 2019 gegründete Unternehmen verfolgt die Idee eines offenen Big-Data-Marktplatzes für Batteriedaten, -zellen und -recycling für alle Unternehmen entlang der Batterielieferkette. Das Ziel: den Wiederverkaufswert von Batterien maximieren, die Recyclingkosten senken und die Bedarfs-, Angebots- und Produktionsplanung vereinfachen. Die Mainzer gehen von einem Transaktionswert von Recycling-, Second-Life- und F&E-Daten in Höhe von jährlich 8,7 Milliarden US-Dollar aus und haben sich vorgenommen, im Jahr 2025 ganze 10 Prozent des Marktes zu bedienen. Sie sind in der Branche gut vernetzt: Circunomics wird von EIT Raw Materials gefördert, dem weltweit größten Konsortium der Rohstoffindustrie. EIT steht für European Institute of Innovation & Technology, ein Organ der Europäischen Union, das auch die European Battery Alliance vorantreibt.

Ich sage: Im Thema Elektromobilität stehen viele Türen sehr weit offen. Nicht nur für Investoren, sondern für Deutschlands Autobauer insgesamt.

Welche Chancen das »E« für Europas Autobauer bringt

Elektromobilität heißt sehr viel mehr als Autobatterie – und um die Autobatterie herum wird es für Hersteller und Zulieferer erst interessant. Kurz zur Erinnerung: Damit ein Elektromotor läuft, braucht es drei Komponenten.

- Der Elektromotor bringt die Power auf die Straße. Stichwort Drehmoment.
- Die Leistungselektronik, also die Steuerung, verteilt den Strom und organisiert das Zusammenspiel der elektrischen Komponenten.
- Die Batterie speichert die notwendige Power mithilfe eines Ladesystems. Sie besteht typischerweise aus mehreren Batteriezellen, ist eingebettet in ein Gehäuse, wird angesteuert über eine Steuerelektronik und von einer eigenen Einheit auf der richtigen Temperatur gehalten – also je nach Bauart und Wetter geheizt oder gekühlt.

Zulieferbetriebe wie Bosch, Continental, ZF oder Schaeffler sind längst in das Geschäft mit E-Antriebskomponenten eingestiegen. Ihr Geschäftsmodelle zielen darauf ab, E-Motor, Getriebe, Leistungselektronik und Achse passgenau und integriert für bestimmte Fahrzeuge zu liefern. Weil die einzelnen Komponenten aufeinander abgestimmt geliefert werden, reduziert sich auf Herstellerseite der Test- und Entwicklungsaufwand.

E-Achsen brauchen sehr viel weniger Platz als ein herkömmlicher Verbrennungsmotor, genauer: nur 30 Prozent. Das ermöglicht den Herstellern neue Gestaltungsräume im Fahrzeuginneren und auch außen. Die großen Autozulieferer stehen damit vor der Frage, welche Spielräume ihnen überhaupt bleiben. Wie kann man sich heute noch mit einer simplen E-Achse am Markt hervortun? Einige Zulieferer haben darauf eigene und sehr spannende Antworten gefunden.

Continental und Bosch setzen auf *Leichtigkeit*: Der zur Schaeffler-Gruppe gehörende Hannoveraner Konzern stellt ein nur 80 Kilogramm schweres E-Antriebssystem her, wahlweise mit 120 kW/163 PS oder 150 kW/204 PS. Ein guter Schachzug, schließlich steigt die Reichweite eines Stromers mit jedem eingesparten Kilogramm. Das vergleichbare Modell von Bosch wiegt derzeit 90 Kilogramm und soll in Zukunft mit Halbleitern auf Basis von Siliziumcarbid (SiC) laufen – und somit leistungsstärker und leichtgewichtiger werden.[48]

ZF hat einen neuen Zweigangantrieb für E-Motoren entwickelt, der Stromer am Berg stärker und in der Beschleunigung besser machen soll. Der zweite Gang kommt ab etwa 70 km/h zum Zug. Das bringt laut ZF eine Reichweitesteigerung um fünf Prozent. Außerdem hebelt der Zulieferer so einen klassischen limitierenden Faktor aus: Während Fahrzeuge mit Eingetriebe entweder stark durchstarten oder hohes Tempo fahren können, ermöglicht das Zweiganggetriebe beides, und zwar mit Motorleistungen bis 250 kW/340 PS.[49]

Auf noch mehr *Tempo* wetten reine Sportmarken. Diese Marken entwickeln sich dynamisch – der neuen Auto-Skepsis zum Trotz, vielleicht aber auch gerade deshalb. Auch hier geht es heute elektrisch zu: Der Plug-in-Hybrid AMG One kommt mit 1 000 PS daher, der vollelektrische Rimac C_Two mit fast 2 000 PS. »Wir planen, die performanceorientierte Elektrifizierung unter der Bezeichnung EQ POWER+ für die Serie auszurollen«, lässt sich Ola Källenius in der Presse zitieren.[50] Geplant seien Plug-in-Hybride und auch ein reines Elektroauto mit dem AMG-Label. Auch hier: Die Geschichte ist noch nicht zu Ende; ein brillanter Schrauber wie der 32-jährige Mate Rimac gilt bereits als »Elon Musk des Balkans« und zieht das Interesse der Investoren an – in diesem Fall Porsche.

Andere Zulieferer haben bereits Chancen rund um das Thema *Ladeinfrastruktur* genutzt. So zum Beispiel Easelink, der österreichische Hersteller des konduktiven Ladesystems Matrix

Charging und Partner des chinesischen National New Energy Vehicle Technology Innovation Center (NEVC). Das Ladesystem aus Österreich soll in China zum führenden Ladesystem ausgebaut werden. Es besteht aus zwei Teilen: Unter dem Auto ist ein Konnektor montiert, im Boden eine Ladeplatte. Steht das E-Auto auf der Ladeplatte, senkt sich der »Matrix Charging Connector« ab und stellt eine physische Verbindung mit der Ladeplatte her. Mit diesem System müssen Fahrer nicht einmal mehr ihr E-Auto verlassen, um Strom aufzutanken, das Hantieren mit Kabeln und Bezahlkarten entfällt. Parken, warten, automatisch zahlen, fertig. Klingt wie eine gute Idee.[51] Allerdings muss man hier vorsichtig sein: Derartige Ladesysteme führen fast immer zu einer sehr hohen elektromagnetischen Strahlenbelastung. Und das führt uns zum nächsten Thema.

Nimmt man die Risiken und Nebenwirkungen der elektrifizierten Automobile in den Blick, landet man unweigerlich beim Thema *elektromagnetische Strahlung* im Fahrzeuginneren. Diesem noch wenig beachteten Thema in der Branche hat sich das israelische Start-up V-Hola Labs angenommen, das ich als Investor und als Aufsichtsrat unterstütze. V-Hola bietet Strahlungsdetektoren an, die elektromagnetische Feldstärken in der Kabine messen und aufzeichnen. Eine zweite Lösung kontrolliert und reguliert die Energieflüsse zur Reduktion der elektromagnetischen Strahlung des Fahrzeugs.

Fazit: Milliardenschwere Marktpotenziale, milliardenschwere Förderprogramme, neue Ideen rund um Batterien, Rohstoffgewinnung, Recycling, Achsen, Ladeinfrastruktur: Elektromobilität ist ein riesiges Spielfeld mit vielen unbesetzten Nischen. Es braucht eine gute Mischung aus Kreativität, Mut, Tempo und relevanten Branchenkontakten, um hier durchzustarten. Man muss es nur tun. Und dabei nicht aus dem Blick verlieren, dass es neben der Elektromobilität noch weitere Ideen gibt: zum Beispiel Wasserstoff.

Warum wir Wasserstoff nicht vergessen sollten

»Pathfinder« soll es heißen, mit zwölf wasserstoffgetriebenen Elektromotoren soll es laufen, 75 Meter lang soll es werden, etwa so lang wie der deutsche Zeppelin NT: das neue Luftschiff des Google-Gründers Sergey Brin, das zukünftig in Katastrophengebieten helfen soll. Man kann diese Idee für verrückt erklären oder für nostalgisch. Was sie zeigt, ist etwas ganz anderes: Wasserstoff ist ein Fall für Sonderprojekte geworden. Luftschiffe, Lkw, Industrieanlagen – auch Toyotas Modellstadt »Woven City« soll über einen unterirdischen Wasserstofftank mit Energie versorgt werden. Die große Masse der Pkw, zumindest im Westen, wird statt Wasserstoff allerdings Strom tanken. Warum?

Ein starkes Asset – aber nicht für die Masse

Das Rennen zwischen den beiden »Fuels« war lange offen. Noch im Jahr 2018 hatte ich in meiner damaligen Funktion als Vorstand Technische Entwicklung bei Audi eine Kooperation mit Hyundai geplant, um die Brennstoffzelle schneller zur Großserienreife zu bringen. Wir waren mitten in der Entwicklung der sechsten Technologie-Generation und trugen für das Thema Wasserstoff die Entwicklungsverantwortung für Volkswagen insgesamt. Hyundai hatte damals – wobei »damals« nur »drei Jahre« heißt! – den ix35 Fuel Cell im Programm und nächste Schritte mit dem Nexo geplant. Audi arbeitete an einer SUV-Kleinserie. Heute zeigt Audi mit dem h-tron quattro concept, was Brennstoffzellentechnologie kann, und gibt mit dem Konzeptfahrzeug zusätzlich einen Ausblick auf pilotiertes Fahren und Parken.[52]

Damals war man bei Audi überzeugt, dass die Brennstoffzelle die konsequenteste Form des elektrischen Fahrens der Zukunft (jenseits 2030) sein würde und damit ein starkes Asset in unserem Technologieportfolio. Man sah die Feststoffbatterie aber deutlich eher in einer Massenanwendung als die Brennstoffzelle. Diese Einschätzung bestätigt sich heute.

Blick zurück: Eigentlich ist Wasserstoff als Energiequelle ein alter Hut. Schon Ende des 19. Jahrhunderts war es gelungen, mit Windenergie Wasserstoff zu erzeugen. General Motors hatte 1966 bereits ein Brennstoffzellenauto vorgestellt; Daimler arbeitet seit Dekaden an der Brennstoffzellentechnologie: Mitte der Neunzigerjahre war das erste Wasserstoffversuchsfahrzeug einsatzbereit, 2003 ging die erste A-Klasse mit Brennstoffzelle an den Start, mit der B-Klasse F-Cell fuhr Daimler im Jahr 2011 sogar einmal um die Welt. Erfolgreich deshalb, weil dem Testwagen ein mit Wasserstoff gefüllter Tanklaster hinterhergeschickt wurde – Tankstellen gab es ja nicht. BMW hatte in den Neunzigerjahren an einer ganz eigenen Technik gearbeitet – Stichwort »Wasserstoff-Verbrenner« – dieses Projekt aber 2009 in der Schublade verschwinden lassen. Dafür soll ab 2022 der BMW eine Wasserstoffversion des X5 kommen, genannt i Hydrogen Next, mit einer Systemleistung von 275 kW (374 PS). Geplant ist eine Kleinserie.[53]

Aktuell geht der Mercedes GLC F-Cell den Weg der Kombination von Brennstoffzellentechnik und Batterietechnik: Er tankt Strom *und* Wasserstoff und schafft damit eine Reichweite von rund 480 Kilometern. Vier Betriebsmodi stehen zur Verfügung: Das Fahrzeug nutzt beide Energiequellen gleichzeitig (1), auf Langstrecken hält die Brennstoffzelle den Ladezustand der Hochvoltbatterie konstant, während sie Wasserstoff verbraucht (2), auf Kurzstrecken fährt der Wagen rein batterieelektrisch (3), und im »Charge«-Modus (4) wird die Batterie für die maximale Gesamtreichweite nachgeladen.[54] Eine spannende Range-Extender-Variante, aber kein Massenauto. Als solches war dieses Modell auch nie geplant.

Im Westen spielt das Thema Wasserstoff im Massenmarkt auf absehbare Zeit keine große Rolle – in Asien sieht es etwas anders aus: Toyota plant sechsstellige Produktionszahlen für den Mirai; Hyundai will bis 2030 jedes Jahr 700 000 Brennstoffzellen bauen.

China will innerhalb der kommenden zehn Jahre eine Million Brennstoffzellen-Autos auf die Straße setzen.[55]

Die Technik ist im Prinzip ausgereift und verfügbar. Warum hat sie sich im Westen nicht auf breiter Linie durchgesetzt? Ein Grund liegt in der Marktdynamik: Die eigentlichen Vorteile der Brennstoffzelle, also ihre wesentlich höhere Reichweite, ihr rapides Auftanktempo und die signifikant höhere Energiedichte von Wasserstoff (Lithium-Ionen-Batterie: circa 200 Wh/kg; Wasserstoff: 900 Wh/kg), wurden mit den rasanten Fortschritten der massiv mit Forschungsgeldern gefütterten Batterieentwicklung zunehmend obsolet.

Außerdem ließen sich die Nachteile der Brennstoffzelle kaum aus dem Weg räumen: Brennstoffzellen sind per se teuer und empfindlich; Wasserstoffzapfsäulen kosten pro Stück rund eine Million Euro (eine private Wallbox für den Stromer ab 500 Euro); Wasserstofftanks sind noch immer sehr schwer und sehr teuer, weil Wasserstoffatome mit ihrer Atommasse »1« die kleinsten Atome sind (zum Vergleich Atommasse Eisen: 56) und deshalb sehr leicht durch Werkstoffe wandern. Weil der Siedepunkt von Wasserstoff bei -252 Grad liegt, ist für flüssigen Wasserstoff viel Kühlenergie nötig.

Zum Thema Energie: Während Stromer einfach direkt mit Strom fahren, braucht es für Wasserstoffautos dreifach Strom: Erstens, um per Elektrolyse Wasserstoff herzustellen. Zweitens, um das Gas per Kompression oder Kühlung transportfähig zu machen. Und, drittens, um Wasserstoff zu Tankanlagen zu transportieren. Erst dann kann der Wasserstoff zum Beispiel via Brennstoffzelle in den Strom zurückverwandelt werden, der schließlich einen Elektromotor antreibt. Es liegt auf der Hand: Brennstoffzellen sind vergleichsweise ineffizient. Von der verfügbaren Energie setzen sie im Schnitt rund 30 Prozent um, ein Stromer dagegen bis zu 80.

Warum forscht man hier trotzdem weiter? Weil Brennstoffzellen dann wirtschaftlich sind, wenn andere Antriebe teurer werden. Andere Antriebe werden dann teurer, wenn der Gesetzgeber sie teurer macht oder wenn der Weltmarkt sich in eine solche Richtung entwickelt.

Dazu kommt noch ein Punkt: Um Strafzahlungen zu vermeiden, müssen die Lkw-Hersteller den CO_2-Ausstoß ihrer Flotten in der EU bis 2025 um 15 Prozent reduzieren, bis 2030 um 30 Prozent und sie müssen voraussichtlich bis 2045 klimaneutral fahren. Um das zu schaffen, sollen bis 2030 rund 100 000 Wasserstoff-Lkw auf Europas Straßen fahren und 1 500 Wasserstofftankstellen aufgebaut werden – dafür setzt sich derzeit ein Zusammenschluss von 62 Unternehmen aus der Automobil-, Energie- und Logistikbranche ein. Warum Wasserstoff? Weil herkömmliche Batterien für Vierzigtonner zu schwer sind, zu groß und vor allem zu teuer.[56]

Zwar gibt es hier mittlerweile neue Ansätze: Man verteilt zum Beispiel mehrere elektrische Achsantriebe im Auflieger und senkt so den Verbrauch auf langen Strecken um bis zu 20 Prozent. Zu diesem Ergebnis kam 2020 das Fraunhofer-Institut für Betriebsfestigkeit und Systemzuverlässigkeit LBF in einem vom Bundesministerium für Wirtschaft und Energie (BMWi) geförderten Verbundforschungsprojekt.[57] Bosch hatte schon 2018 eine Lkw-Achse vorgestellt, die beim Bremsen Energie zurückgewinnt.[58] Und das Aachener Unternehmen Trailer Dynamics gewann mit seinem Elektrifizierungskonzept für Langstrecken-Lkw den Sustainability Award in Automotive 2021 (ATZ/MTZ/Roland Berger).

Aber an dieser Stelle soll es um Wasserstoffantriebe für Lkw gehen. Und um die Frage: Ist der Wasserstoffantrieb gut für die Umwelt? Kurze Antwort: Heute noch nicht. Sobald ausreichend regenerative Energie da ist: Ja. Was steckt dahinter?

Wasserstoff in drei Farben

Wasserstoff leistet dann einen Beitrag zur Dekarbonisierung, wenn er mit erneuerbaren Energien erzeugt wird. Sprich: Wind, Wasser, Sonne. Im Gegensatz zu diesem »grünen Wasserstoff« entsteht »grauer Wasserstoff« mit Energie aus Erdgas und »blauer Wasserstoff« aus fossilen Energieträgern, wenn das entstehende CO_2 anschließend abgeschieden und gelagert wird, damit es nicht in die Atmosphäre gelangt. In der Kritik stehen vor allem der graue und blaue Wasserstoff, weil bei seiner Erzeugung eben immer noch fossile Energieträger verfeuert werden.

Der Fokus liegt also auf der Farbe Grün. Um grünen Wasserstoff herzustellen, braucht es ein Verfahren namens »Elektrolyse«. Dabei werden Wassermoleküle in ihre Grundbestandteile aufgespalten: Wasserstoff und Sauerstoff. Nachteil dieses Verfahrens ist der extrem hohe Energieaufwand, der nicht nur für das Klima schädlich ist, sondern wegen der hohen Strompreise auch für die Energieunternehmen wenig profitabel. Wird nun Windkraft genutzt, und das auch noch mit immer effizienter arbeitenden Elektrolyseuren, lohnt sich die Produktion für Energiekonzern – und das Verfahren selbst bläst keine Treibhausgase in die Luft. Eine Win-Win-Situation, bei der nur noch eine Frage offenbleibt: Woher nimmt man den Wind?

Antwort: Man bringt nicht die Windkraft zu den Elektrolyseuren, sondern setzt die Elektrolyseure in den Wind. Dies geschieht zum Beispiel in Dänemark. Hier plant ein Konsortium verschiedener Unternehmen ein Projekt namens Gigastack, das den Offshore-Windpark Hornsea Two mit 100-Megawatt-Elektrolyseuren ausrüsten will. Zum Vergleich: Zehn bis 15 dieser Einheiten entsprechen der Power eines Kernkraftwerks.

Einer vergleichbaren Leitidee folgen derzeit Porsche und Siemens Energie als Partner des Haru-Oni-Projekts im sehr windreichen Süden Chiles. Hier soll eine Großanlage zur Herstellung von E-Fuels entstehen. Im ersten Schritt spaltet ein Elektrolyseur

Wasser in Sauerstoff und Wasserstoff auf. Dieser Wasserstoff wird dann in ein Gasgemisch mit aus der Luft gewonnenem Kohlenstoffdioxid (CO_2) gebracht und mithilfe eines Metalloxid-Katalysators in Methanol verwandelt. Dieses Methanol ist die Grundlage für E-Diesel, E-Benzin oder E-Kerosin. Haru Oni jedenfalls soll ab 2022 jedes Jahr 130 000 Liter E-Methanol produzieren und einen hohen Anteil zu E-Benzin weiterverarbeiten. Hauptabnehmer soll Porsche sein. Unterstützt wurde das Projekt mit acht Millionen Euro durch das deutsche Außen- und Energieministerium; Porsche hat 20 Millionen Euro eingebracht.[59]

Was viele nicht wissen: Methanol ist heute schon die nach Rohöl meistgehandelte Flüssigkeit der Welt. Sie bringt den Vorteil mit, dass die komplette Tank-Infrastruktur mit allen Lagern, Tanklastwagen und Tankstellen im Prinzip weiterarbeiten kann. Ein wichtiger Punkt für den Wirtschaftsstandort Deutschland – aber nur vermeintlich. Denn wir sprechen von Mengen, die sich nicht für den Massenmarkt eignen, weil sie zu knapp und zu teuer sind. Und ohne ausreichenden grünen Strom auch nicht klimafreundlich.

Was viele auch nicht wissen: Audi forscht mit verschiedenen Projektpartnern schon seit vielen Jahren an E-Fuels. Die Audi-E-Gas-Anlage im norddeutschen Werlte produziert seit 2013 Wasserstoff und synthetisches Methan, das sich im Erdgasnetz speichern und transportieren lässt. Nach dem hier erstmals in die industrielle Praxis umgesetzten Prinzip werden heute alle strombasierten synthetischen Kraftstoffe hergestellt. Ich meine: Auch wenn heute noch nicht genügend regenerative Energie zur großflächigen Produktion von E-Fuels zur Verfügung steht, haben wir hier dennoch eine Technologie, die uns langfristig dabei helfen wird, für klimaneutrale Energie zu sorgen.[60] Kurz- und mittelfristig sehe ich hier keinen Ersatz von E-Mobilität, sondern bestenfalls eine Brücke, um das Auslaufen der Verbrenner umweltfreundlicher zu gestalten.

Wasserstoffmotoren in zwei Varianten

Was sich ebenfalls noch nicht überall herumgesprochen hat: Wasserstoffantrieb heißt nicht zwingend Brennstoffzelle. Es kann auch heißen: klassischer Verbrennermotor. Wie ist das zu verstehen?

Brennstoffzellen-Autos, in der Fachsprache auch Fuel Cell Electric Vehicles (FCEV), funktionieren im Prinzip einfach: In ihrer Brennstoffzelle reagiert Wasserstoff mit Sauerstoff. Während sich diese beiden Elemente zu Wasser verbinden, fließen Elektronen, wird also elektrische Energie erzeugt, und die treibt wiederum einen elektrischen Motor an. Aus einer chemischen Gesetzmäßigkeit heraus »müssen« beide Elemente miteinander reagieren, wobei als Abgas lediglich reiner Wasserdampf entsteht. Manch einer erinnert sich vielleicht an die krachenden Knallgas-Experimente im Chemiesaal. Das Brand- und Explosionsrisiko von Sauerstoff-Wasserstoff-Gasgemischen ist auch im Auto nicht von der Hand zu weisen. Neben der Entwicklung von Brennstoffzellentechnik laufen weiterhin Versuche, Wasserstoff direkt im Motor zu verbrennen.

Dabei standen Wasserstoff-Verbrenner in der öffentlichen Diskussion kaum mehr im Fokus, seit BMW im Jahr 2009 seine 204 PS starke Zwölfzylinder-Kleinserie 750hL in die Garage gestellt hatte, die vielversprechend gestartet war. Doch die Wasserstoff-Verbrennertechnik ist zurück: Heute wird sie für große, schwere Nutzfahrzeuge diskutiert, entwickelt und produziert. Zwar kommt es in der Fachpresse immer wieder zu Abgesängen. Doch auch hier geht die Entwicklung weiter.

Der österreichische Motorenentwickler AVL zum Beispiel plant einen auf einem Erdgasmotor basierenden 12,8 Liter Direkteinspritzer. Er soll eine Leistung von 467 PS auf die Straße bringen. Ein weiterer Wasserstoff-Verbrenner steht in der Entwicklungswerkstatt des Münchner Start-ups Keyou. Basis für diese Maschine ist ein 7,8-Liter-Motor von Deutz. Keyou hat die notwendigen Wasserstoffkomponenten für den Einsatz in Stadtbussen optimiert. Von der Serienreife ist man in München noch entfernt, von der Profitabilität auch, in Sachen Selbstbewusstsein aber nicht: Der umgebaute Deutz-Motor ist Unternehmenssprecher Jürgen Nadler zufolge »der effizienteste Wasserstoffmotor der Welt.«[61]

Sauberer Güterverkehr und sauberer öffentlicher Nahverkehr – das sind die Felder, auf denen sich die großen Player aufgestellt haben. Toyota zum Beispiel baut zusammen mit Hino Motors an einem Brennstoffzellen-Laster mit 600 Kilometern Reichweite. Daimler und Volvo haben eine eigene Gesellschaft gegründet – Daimler Truck Fuel Cell –, die ab etwa 2025 Wasserstoff-Lkw in Serie fertigen wird. Warum ich Ihnen das im Detail aufschreibe? Um zu zeigen, dass Deutschlands Autobauer sehr viel mehr können als SUVs. Der Markt für unsere Motorenexperten ist sehr, sehr viel größer, die technischen Entwicklungen sehr viel breitgefächerter als gemeinhin angenommen wird. Wie gesagt: Man muss nur die Augen öffnen, um Chancen zu sehen. Und dann muss man machen.

Was staatliche Player planen

Es ist kein Geheimnis, dass seit vielen Jahren nicht mehr allein »der Markt« das Geschehen im Autobau steuert, sondern die Politik. Bei aller Bedeutung der Batterie: Chinas offizielle Planung setzt weiterhin auf Wasserstoff für einen emissionsfreien Verkehr. Und auch Deutschland und im größeren Rahmen die Europäische Union fahren gigantische Wasserstoffstrategien – mit ebenso gigantischen Förderprogrammen. Im Einzelnen:

Die Wasserstoffstrategie der Europäischen Kommission sieht vor, bis zum Jahr 2024 eine Million Tonnen und bis 2030 10 Millionen Tonnen grünen (!) Wasserstoff zu erzeugen. Die Produktionskapazität soll von 6 Gigawatt auf 40 Gigawatt ansteigen, was der Leistung von 40 Kernkraftwerken entspricht. Was das bedeutet? Innerhalb einer Dekade entsteht ein europäischer Markt für Wasserstoff und bis 2050 ein damit verbundenes Investitionsvolumen von 488 Milliarden Euro.[62]

Und für Deutschlands Anlagen- und Maschinenbauer die Chance auf einen Senkrechtstart in die Spitzenliga: Einer aktuellen Studie des Hamburgischen Weltwirtschaftsinstituts (HWWI) zufolge gibt es bisher keine Massenfertigung von Elektrolyseuren.[63] Aus diesem Grund prognostizieren die Hamburger Researcher allein für deutsche Hersteller von Elektrolyseuren und Brennstoffzellen eine mögliche Wertschöpfung von 10 Milliarden Euro für 2030 bis hin zu 32 Milliarden Euro für 2050. Entlang der kompletten Wertschöpfungskette für grünen Wasserstoff rechnen sie bis 2050 mit einer jährlichen Bruttowertschöpfung bis zu 30 Milliarden Euro und mit dem Aufbau von 20 000 bis 80 000 Arbeitsplätzen.

Die Bundesregierung hat im Juni 2020 die »Nationale Wasserstoffstrategie« auf den Weg gebracht und zehn Milliarden Euro Fördergeld freigeben, um Wasserstoff zum Energieträger Nummer eins in der Industrieproduktion, im Verkehr und auch zu einem Exportschlager zu machen. Bislang haben sich mehr als 230 Partner aus Wirtschaft und Wissenschaft um die Fördergelder beworben. Inhaltlich geht es um die Entwicklung von Elektrolyseuren (Projekt »H2Giga«), um Transportlösungen (»TransHyDE«) und um die Bündelung von Offshore-Windanlagen zur Produktion von Wasserstoff (»H2Mare«).[64]

Klar ist: Produktion und Versorgung mit Strom oder Kraftstoffen aus nachhaltigen Quellen müssen global und mit globalen Partnerschaften gelöst werden. Es ist zwar richtig, dass man in Nordafrika und dem Nahen Osten mit Sonnenenergie und dem Power-to-gas-Prinzip Wasserstoff erzeugen kann. Ich halte das aus politischen Gründen und aus Gründen des Klimaschutzes allerdings für keine gute Idee. Es erscheint mir viel naheliegender, die riesigen Flächen zum Beispiel in Andalusien viel besser zu nutzen. Ich sehe in Europa sehr viel Potenzial. Warum gehen wir nach Nordafrika, wenn wir Probleme auch direkt vor der Haustür lösen können? Ich meine, wir müssen regenerative Energien in Europa vorantreiben – vor allem im sonnenreichen Süden.

Synthetische Kraftstoffe sind sinnvoll, wenn es uns gelingt, dafür kurzfristig eine nennenswerte Produktion aufzubauen. Wasserstoff und Brennstoffzellen sind der Königsweg für schwere Fahrzeuge. Bei Erdgas als Wasserstoffquelle könnten sich die kommenden Flüssigmetallreaktoren zum Methancracking zur ernsthaften Alternative entwickeln. Was genau kommt und wie schnell es kommt, wissen wir nicht.

Wir müssen es genau beobachten und damit nicht nur die Frage nach Markterfolgen im Kopf haben, sondern vor allem die Frage nach der konkreten Wirkung auf das Weltklima. Um 1,2 Grad hat sich die Weltkugel bereits erwärmt. Da ist nicht mehr viel Luft nach oben. Und wer jetzt meint, diese Probleme ließen sich in Brüssel beheben, der hat nicht verstanden, dass man gegen die seit 13,8 Milliarden Jahren in diesem Universum wirksamen Naturgesetze nicht lobbyieren kann. Physik ist nicht verhandelbar. CO_2-Preise aber schon.

Der CO_2-Preis ist spielentscheidend

Deutschland hat es geschafft.[65] Überraschend haben wir im Jahr 2020 unser Klimaziel erreicht. 70 Millionen Tonnen weniger Treibhausgase haben wir im Vergleich zu 2019 in die Luft geblasen. Das waren immer noch 739 Millionen Tonnen, aber es waren 40,8 Prozent weniger als 1990. Das Klassenziel hätten wir schon mit 40 Prozent erreicht. Sind wir jetzt Klimastreber?

Eher nicht. Das gute Ergebnis ist zu einem Drittel unserer pandemiebedingten Mobilitätsentziehungskur und dem Produktivitätsstopp im Lockdown geschuldet. Aber es ist auch einer neuen Klimaregulierungsschraube zu verdanken, durch die vor allem der Kohlestrom reduziert wurde: der CO_2-Preis. Was hat es damit auf sich? Um die Sinnhaftigkeit dieser politischen Strategie verständlich zu machen, hole ich ein wenig aus:

Wie der CO_2-Preis wirkt

2050 scheint heute weit weg. Aber wer jetzt um die 50 ist, der ist dann 80 und mit ziemlicher Wahrscheinlichkeit noch dabei. Meine Kinder sind jetzt Mitte 20, sie werden dann Mitte 50 sein, also in den besten Jahren, und sie werden – ich überspitze jetzt absichtlich – die deutsche Küste weder knapp vor Bremen finden noch bei 50 Grad Urlaub im Süden machen wollen.

Es war ein notwendiger und sinnvoller Schritt, als 2015 auf der UN-Klimakonferenz in Frankreich 196 Staaten plus die Europäische Union vereinbarten, die Erderwärmung auf unter zwei Grad Celsius zu begrenzen, möglichst sogar auf unter 1,5 Grad. Um das zu erreichen, ist ein Kraftakt notwendig: Alle Sektoren wie etwa die Energiewirtschaft, die Industrie, Gebäude, Verkehr und Landwirtschaft müssen bis 2050 klimaneutral arbeiten. Wann sie welche Schritte erreicht haben müssen, ist im Bundesklimagesetz festgeschrieben.

Was, wenn Deutschland die Ziele nicht schafft? Dann müssen wir gemäß der EU-Klimaschutzverordnung zusätzliche Emissionsrechte von anderen Mitgliedstaaten kaufen. Was mit einem Risiko verbunden ist, weil heute nicht klar ist, wie viele dieser Rechte dann auf dem Markt sein werden, und was diese dann kosten.

Um sowohl Verbraucher als auch die Industrie zu CO_2-Sparsamkeit zu motivieren, greift seit dem 1. Januar 2021 der sogenannte CO_2-Preis. Unternehmen, die fossile Brennstoffe in Verkehr bringen, müssen Emissionsrechte in Form von Zertifikaten kaufen. Im Moment kostet dieses Zertifikat 25 Euro pro Tonne – bis 2025 steigt der Preis auf 55 Euro pro Tonne. Viel zu wenig aus meiner Sicht!

Ich meine, der CO_2-Preis muss deutlich mehr spürbar sein. Warum nicht bei 100 Euro pro Tonne ansetzen? Sogar bei 130 Euro? Das würde auch der energieintensiven Industrie so weh tun, dass sich endlich etwas bewegt. Kein Stahlwerk muss an fossiler Energie hängen, da sind andere Wege möglich – Stichwort Wasserstoff – und diese Wege sind notwendig. Hier entsteht jetzt eine neue Industrie, hier entstehen neue Jobs, hier müssen wir global wettbewerbsfähig werden. Das krampfhafte Festhalten an alten Strukturen wird kurzfristig zwar die Kosten des Umbaus verzögern, es wird aber auch den Umbau selbst verzögern. Und langfristig wird diese Starrheit unsere energieintensive Industrie in die Abstiegsliga schicken. Es ist höchste Zeit, umzusteuern. Und ich meine, der CO_2-Preis ist ein wirksamer Hebel.

Es ist durchaus einkalkuliert, dass Unternehmen diesen Preisaufschlag an ihre Endkunden weitergeben, dies in der Hoffnung, dass Endverbraucher dann weniger Treibhausgase produzieren. Eine im Prinzip richtige Idee: Höhere Spritpreise lassen sich auf Konsumentenseite direkt vermeiden durch den Umstieg auf Fahrrad, E-Autos und öffentliche Verkehrsmittel und ganz simpel durch ein besseres Verkehrsfluss- und Parkplatzmanagement. Für jene, die bei geringem Verdienst viel fahren müssen, sollten Konzepte des Ausgleichs entwickelt werden. Hier ist die Politik in der Verantwortung.

Warum CO_2-Preis statt Grenzwerte? Strenge Emissionsgrenzwerte gelten jeweils nur für neu zugelassene Fahrzeuge und führen per se nicht dazu, dass insgesamt weniger oder zumindest sinnvoller gefahren wird. Im Gegenteil: Wer ein besonders sparsames Auto mit sehr guten Emissionswerten fährt, ist womöglich dazu verleitet, mehr zu fahren oder größere und schwerere Wagen zu fahren. Bekannt ist dieser Effekt auch vom Thema Beleuchtung: LED-Lampen lässt man gedankenlos Tag und Nacht brennen – kostet ja nichts.

Welche Nebenwirkungen der CO_2-Preis mit sich bringt

Neben den beabsichtigten Wirkungen der CO_2-Bepreisung zeigen sich in der Wirtschaft einigermaßen kuriose Nebenwirkungen. So erklärt sich der erste Jahresgewinn (598 Millionen Euro), den Tesla in 17 Jahren Firmengeschichte einfahren konnte, *nicht* durch den erfolgreichen Absatz von Elektrofahrzeugen. Sondern ausschließlich aus dem Verkauf von Abgaszertifikaten an Mitbewerber, die sich auf insgesamt 1,33 Milliarden Euro beliefen.[66] Die Nachfrage nach diesen Zertifikaten erklärt sich aus der Notwendigkeit, dass jeder Hersteller in seiner Emissionsbilanz bestimmte Werte erreichen muss – weil sonst Strafzahlungen fällig sind.

Welche Strafzahlungen exakt auf die Autobauer zukommen, ist derzeit – März 2021 – noch unklar. Klar ist nur: Es kann in die Milliarden gehen. Deshalb muss der Anteil der Stromer und Hybridautos jetzt signifikant steigen. Vor diesem Hintergrund wird auch die Dringlichkeit der gigantischen Batterieoffensive aus Wolfsburg verständlich, die ich Ihnen zu Beginn des Kapitels vorgestellt hatte. Es geht wirklich ums Eingemachte. Und das betrifft nicht nur die Belastungsgrenze und Zukunft des Weltklimas, sondern es betrifft auch die Belastungsgrenze und Zukunft der großen Automotive Player wie Volkswagen. Was hier auf dem Spiel steht, ist alles. Und deshalb sind klimagerechte Autos kein Irrwitz, sondern Notwendigkeit. Und sie sind für Deutschlands Autobauer viel mehr als eine Zumutung: Sie bieten denen, die sie zu nutzen wissen, jede Menge Chancen.

Fazit: Mehr Nachhaltigkeit fahren

Die Klimadebatte ist in der breiten Öffentlichkeit angekommen. Nicht zuletzt als Reaktion auf öffentliche Kritik wurde der Fokus größer gestellt: Heute geht es nicht mehr nur darum, dass ein Stromer kein Abgas produziert. Sondern auch um die Frage, wie viele Emissionen dem Motor vorgelagerte Braun- und Steinkohlekraftwerke vor dem Fahrtantritt bereits emittiert haben. Derartige End-to-End-Betrachtungen werden immer mehr zum Standard. Sowohl Herstellern als auch Zulieferern stehen rund um das Thema klimagerechtes Auto jede Menge Türen offen: von Photovoltaiklösungen über neue Fahrzeugkonzepte hin zu Mobilitäts-Apps.

Der Elektromotor hat sich aktuell gegen alle anderen alternativen Antriebe durchgesetzt, zumindest im Pkw-Verkehr. Herausforderungen gibt es immer noch im Hinblick auf die Kosten, auf Reichweiten, Zeitaufwand beim Laden und die mangelnde Dichte der öffentlichen Ladeinfrastruktur – aber sowohl Hersteller als auch Politik unternehmen große und vielversprechende Anstrengungen, um hier aufzuholen. Praktisch alle Hersteller sind im Rennen um die neuen E-Autos dabei. In Sachen Batterieentwicklung fließen gigantische Fördermittel aus den Töpfen der EU und der Bundesrepublik. Und Zulieferer überraschen mit Innovationen rund um die E-Achse, den E-Motor und die Ladeinfrastruktur. Die Geschichte der Elektromobilität hat gerade jetzt enorm an Fahrt aufgenommen, und sie ist noch lange nicht am Ende.

Wasserstoff spielt als Antrieb absehbar keine große Rolle. Technologien rund um die Brennstoffzelle werden aber vonseiten der Politik sowohl in China als auch in der EU und in der Bundesrepublik mit Milliardenpaketen gepusht. Hier entstehen Chancen rund um den Lkw-Verkehr, Chancen direkt im Bereich der Energieproduktion und Nischenideen rund um den maßgeschneiderten Umbau klassischer Nutzfahrzeugmotoren zu Wasserstoff-Verbrennern.

Die politisch verordnete CO_2-Bepreisung schließlich setzt auf das Ziel, das Verhalten von Unternehmen und Autofahrern umzusteuern. Dies verbunden mit der Subvention von Elektromobilität für Privathaushalte und mit milliardenschweren wirtschaftlichen

Anreizen für jede Tonne CO_2, die Unternehmen *nicht* emittieren. An dieser Stelle finden Newcomer wie Tesla überraschende Aufstiegschancen, wenn sie Milliarden im Emissionshandel verdienen.

Kurz: Das schwierige Thema Klima gilt bei Autobauern nicht mehr als der Branchenversenker, sprich Eisberg der Titanic. Das Thema wird jetzt als Herausforderung angenommen und im globalen Wettkampf der »Imperien« als Ansporn für noch mehr Innovation verstanden – gerade auch von Zulieferern und sehr kreativen Start-ups. Was ich mit Zuversicht beobachte, ist eine zunehmende Kooperation zwischen den relevanten Playern in Wirtschaft, Wissenschaft und Politik. Das ist der richtige Weg. Ich sehe hier nicht nur die Politik auf nationaler Ebene, sondern insbesondere die Politik auf EU-Ebene in der Verantwortung.

II.
WELTMARKT

Warum Deutschlands Autobauer in China gewinnen – und wie sie dabei unter die Räder kommen können

China als Werkbank des Westens – dieses Bild war lange dominant. Doch je stärker China als Wirtschaftsmacht wird, desto häufiger ist die Rede von Deutschland als neuer Werkbank Chinas. Die Sorge um den »Abstieg in die Blechbiegerliga« gründet sich auf diesem Bild, das suggeriert, hier drehe sich ein Kräfteverhältnis um. Eine andere Metapher ist die vom Zerfall der Welt in »zwei Blöcke«. Im Westen die Wirtschaftsmacht USA, im Osten die Wirtschaftsmacht China, dazwischen irgendwo Europa und das geografisch kleine Deutschland mittendrin. Als sitze Europa zwischen zwei Stühlen und müsse sich entscheiden, auf welcher Seite es mitspielen will. Westen oder Osten.

»Wir gegen die«, oder »wir zwischen zwei Blöcken« – man kann den aktuellen Wettkampf der globalen Industrien so griffig beschreiben wie ein Fußballspiel. Nur: So läuft das Spiel nicht. Weder sind die Regeln transparent oder die Fronten klar, noch ist der Kampf überhaupt so manifest. Tatsächlich sind die Strategien aller beteiligten Player intelligenter, komplexer und vor allem lautloser, als es auf den ersten Blick erscheint. Schauen wir uns den aktuellen Spielstand der globalen Automobilindustrie an. Sie werden sich wundern, wie viele europäische Player ein doppeltes Spiel spielen, wie viele die Seite wechseln oder sich kaufen lassen. Zumeist freiwillig. Sie werden sich auch wundern, wie hoch der langfristige Preis ist, den die Player für kurzfristige Vorteile zu zahlen bereit sind. Und wie alt diese Geschichte ist. Dieses Kapitel

- zeigt, warum Deutschlands Autobauer nicht gegen, sondern nur mit China gewinnen können,
- wirft einen Blick auf die aktuelle Wirtschaftspolitik aus dem Reich der Mitte und
- skizziert eine neue Autostrategie für Europa.

Der deutsche Markt war schon immer zu klein

Rückblende: Hinterhaus der Berliner Schöneberger Straße 33, Anfang Oktober des Jahres 1847. Leutnant Werner Siemens und Feinmechanikermeister Johann Georg Halske gründen die »Telegraphen Bau-Anstalt«. Innerhalb weniger Jahre entwickelt sich die kleine Werkstatt zu einem global operierenden Industrieunternehmen mit Dependancen in Woolwich, Wien, Sankt Petersburg, Tokio und Chicago – um nur einige zu nennen. Mit diesem Spielzug macht sich Siemens zu einem der ersten großen Gewinner der Globalisierung: Ohne den rasanten Aufbau der weltweiten Eisenbahn- und Telegrafennetze wäre sein Erfolg nicht möglich gewesen. Siemens Unternehmen ist nur eines von vielen erfolgreichen Start-ups der Gründerzeit, von denen etliche heute zu Global Playern aufgestiegen sind. Zum Beispiel Bosch.

Robert Bosch gründet seine »Werkstätte für Feinmechanik und Elektrotechnik« 1886 in Stuttgart, und handelt bis zum Ersten Weltkrieg hauptsächlich mit einem einzigen, wenn auch hoch innovativen Produkt: der Zündkerze.[1] Da um 1906 in Deutschland insgesamt nur 10 000 Autos unterwegs sind (heute: 48 Millionen), bleibt der innerdeutsche Markt überschaubar.[2] Automobile Massenmärkte entstehen in Frankreich und nach Henry Fords Einführung der Fließbandarbeit vor allem in den USA. Robert Bosch weiß diese Märkte zu nutzen und ist damit schon 1913 vom Export abhängig: 88 Prozent seines Umsatzes erwirtschaftet er jenseits der Grenze. Heute sind es 80 Prozent.[3]

China: Eine neue Weltmacht steigt auf

Die hohe wirtschaftliche Abhängigkeit von Handelspartnern aus aller Welt, die engen unternehmerischen Verflechtungen über die

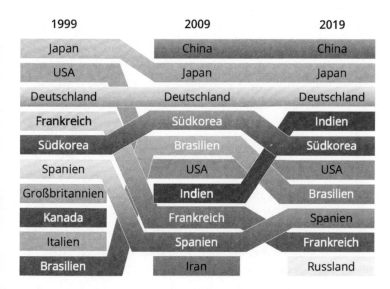

Abbildung 3: Deutschland hält sich auf Platz 3, China steht seit 2009 stabil an der Spitze, die USA sind auf Platz 6 gerutscht.

Grenzen eigener Wertvorstellungen hinweg – all das hat sich in Deutschland schon seit Beginn der Industrialisierung eingespielt. Genau das hat zum Aufstieg so zahlreicher »Hidden Champions« geführt und zum Gewinn des ersten Exportweltmeister-Titels im Jahr 1986. Im gleichen Jahr beginnen die Verhandlungen mit China, die 2001, also 15 Jahre später, zur Aufnahme in die Welthandelsorganisation WTO (World Trade Organization) und zu einem radikalen Abbau der Zölle auf Autos führen: von 80 bis 100 auf nur noch 25 Prozent.[4]

Parallel zu dieser Entwicklung verlieren die amerikanischen Autotitanen GM, Ford und Chrysler in den USA an Schlagkraft. Ab den Neunzigerjahren ziehen Japans und Europas Autobauer eigene Fabriken in Nordamerika hoch und verweisen die US-Hersteller vom zweiten auf den sechsten Platz der Weltrangliste – nach China, Japan, Deutschland, Südkorea und Brasilien.

Und China steigt auf. Von 2005 bis 2018 wächst der globale Automarkt um 25 Prozent – ein riesiger Sprung, der ohne China nicht möglich gewesen wäre.[5] Zwar stagniert bis schrumpft der Weltmarkt seit 2018, und das nicht nur in den USA, in Europa und Indien, sondern auch in China selbst. Und trotzdem verdienen Deutschlands Autobauer in China eine Menge Geld – allerdings auch fast *nur* dort.

BMW zum Beispiel verkauft im ersten Quartal 2021 weltweit 636 600 Autos der Marken BMW, Mini und Rolls-Royce – und davon allein 230 000 Autos in China, das sind fast so viele wie in Europa insgesamt.[6] Das China-Plus der Bayern lag bei 7 Prozent, während die Verkäufe insgesamt um 8 Prozent einbrachen. Ein ähnliches Bild zeigt sich bei Daimler: in China plus 11 Prozent, Gesamtabsatz minus 10 Prozent. VW erlebte zwar in China einen Einbruch von 9 Prozent, aber insgesamt lag das Absatzminus noch negativer: bei 15 Prozent. Insgesamt macht China als Absatzmarkt bei BMW einen Anteil von 33,4 Prozent aus. Bei Daimler sind es mittlerweile 35,2 Prozent und bei VW sogar 42,2 Prozent.[7] Betrachtet man Deutschlands Autobauer insgesamt, ergibt sich nicht nur in Sachen Absatz, sondern auch beim Umsatz ein deutliches Bild: Ohne Ausland geht gar nichts. Mit wachsender Tendenz.

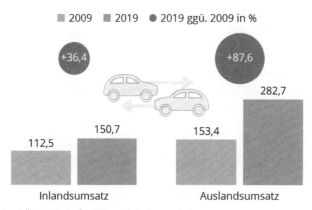

Abbildung 4: Der Auslandsumsatz deutscher Autobauer ist innerhalb von zehn Jahren um fast 90 Prozent angestiegen.

Und China steht im Auslandsgeschäft mit Abstand an erster Stelle. Das hat mit der Mobilitätsgeschichte zu tun: Während die USA eine der ältesten Autofahrernationen der Welt sind und es sicher nicht übertrieben ist zu behaupten, dass sich die gesamte Infrastruktur dieses riesigen Landes und der Lebensstil seiner Bevölkerung hochgradig mit und um das Automobil herum entwickelt haben, fuhr China bis vor Kurzem Fahrrad. Wenn es hochkam: Mofa.

Anders als in den westlichen Ländern, wo sich Familien über Generationen von Kleinwagenfahrern zu stolzen SUV-Besitzern hocharbeiten, wechseln in China nicht wenige Kunden vom Mofa in die Luxusklasse. Die Innovations- und Statusaffinität der aufsteigenden Mittelschicht ist hoch, die privaten Mittel sind da, der Markt entwickelt sich rasend schnell. Dass er sich derartig viel schneller entwickelt als jeder andere Automarkt der Welt, liegt an der gänzlich anderen Ausgangssituation:

- Die noch im Aufbau befindliche Automobilindustrie ist noch nicht in der eigenen Pfadabhängigkeit gefangen und deshalb sehr beweglich – vor allem, was die Motorfrage betrifft.
- Anders als in den westlichen Industrienationen ist der Automarkt in China noch lange nicht gesättigt: China hat einen Bestand von 146 Millionen Autos[8] – bei einer Bevölkerungsdichte von 1,4 Milliarden. Auf ein Auto kommen also rund

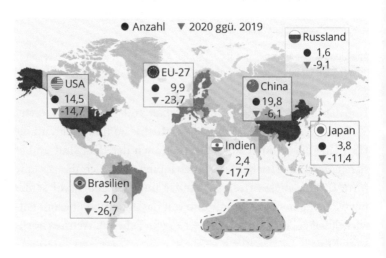

Anzahl der Pkw-Neuzulassungen 2020 im Vergleich zu 2019 (in Mio.)

Abbildung 5: Im weltweiten Vergleich ist China das Land mit den meisten Pkw-Neuzulassungen. (Abweichung zu 2019 in %).

zehn Personen. In Deutschland: 1,8 Personen pro Auto. Dass sich chinesische Besucher zur IAA 2019 in Frankfurt durch Anti-Auto-Demonstranten hindurchkämpfen mussten, verwunderte sie sicherlich. China will Auto fahren.
- Der chinesische Staat ist sehr an einer florierenden Automobilindustrie interessiert und fördert diese Entwicklung massiv mit Investitionen und Subventionen.

Dies alles führt dazu, dass wir die mit Abstand höchsten Zulassungszahlen der Welt heute in China sehen.

Und dies alles führt auch dazu, dass heute jedes dritte Auto der Welt in China gebaut wird – so die Daten des Verbands der Automobilindustrie (VDA). Im Jahr 2019 liefen in China rund 21 Millionen Pkw vom Band. Deutschland liegt mit rund 4,7 Millionen produzierten Pkw weit hinter Japan (8,3 Millionen Pkw) und den USA (10,5 Millionen Pkw).[9] Die Entwicklung seit 2014 zeigt einen aufsteigenden Trend in asiatischen Ländern wie China und Indien, während in Deutschland im gleichen Zeitraum weniger Autos produziert wurden. Das heißt aber nicht, dass Deutschlands Autobauer weniger Autos bauen. Es heißt lediglich, dass sie mit ihren Fabriken umgezogen sind: nach China. Deutsche Hersteller produzieren heute mehr Autos in China als in Deutschland.

Alle großen Autobauer produzieren aber auch vor Ort in den USA: Daimler hat kürzlich noch in Tuscaloosa, BMW in Spartanburg und Volkswagen in Chattanooga investiert. So bedienen die deutschen Hersteller den US-Markt vor Ort, und auch das mit steigender Tendenz. Wurden im Jahr 2015 noch 60 Prozent der deutschen Automarken in die USA importiert, sind es jetzt nur noch rund 40 Prozent – der Rest wird vor Ort gebaut.[10] Die Gesamtzahl der hier produzierten Wagen liegt aber weit unter einer Million und etwa gleichauf mit der Zahl der Autos, die in Mexiko und in Tschechien von den Bändern laufen.

Abbildung 6: Im Jahr 2019 produzierten die deutschen Autohersteller erstmals deutlich mehr Pkw in China als an ihren heimischen Standorten. 2014 war es noch umgekehrt, 2018 lag das Produktionsniveau in China marginal über dem in Deutschland.

Die USA sind für Deutschland also ein relevanter, doch in Relation zu China ein kleinerer Markt. Im Jahr 2018 kamen die drei großen Marken zusammen lediglich auf einen Marktanteil von 7,8 Prozent;[11] der Export in Richtung USA lag 2018 noch bei 470 474 Einheiten, 2019 dann bei 417 525 Autos und 2020 nur noch bei 302 363 Autos.[12] Das ist nicht nur im Vergleich zu China relativ wenig, sondern auch im Vergleich zu den Vorjahren. Volkswagens China-Geschäft ficht das nicht an. Im Vergleich zu den Mitbewerbern Daimler und BMW sind die Wolfsburger sehr stark aufgestellt: 2017 setzten sie in China mehr als dreimal so viele Autos ab als die beiden anderen Marken zusammen.

Kein Wunder also, dass VW sich weder für einen westlichen noch für einen östlichen »Block« entscheiden, dass sie sich nicht auf lokale Produktionsketten zurückbesinnen und keinen Player zur Werkbank des anderen degradiert sehen möchte. China ist für VW der wichtigste Markt. Und je offener der Markt ist, desto mehr profitieren alle Player.

Nur: Ist China überhaupt ein offener Markt? Das mag angesichts der großen wirtschaftlichen Bedeutung des starken chinesischen Marktes für Deutschlands Autobauer so scheinen. Es scheint vor allem dann so, wenn China – wie neuerdings möglich – deutschen Herstellern Joint Ventures mit deutlich größeren Anteilen als nur 50 Prozent anbietet. Es scheint so, wenn chinesische Unternehmen Partnerschaften mit europäischen Herstellern vereinbaren. Und es scheint so, wenn Vertreter hiesiger Konzerne, Organisationen und Universitäten als Freunde Chinas tituliert, umworben und gefördert werden.

Aber so, wie wir uns »Offenheit« und »Freundschaft« vorstellen, stellt sie sich China oft nicht vor. Und möglicherweise sind die von China in Aussicht gestellten Vorteile bei näherer Analyse auch für hiesige Unternehmen nicht so vorteilhaft, wie zunächst gedacht – für China aber durchaus. Denn China ist strategisch stark und China setzt sich langfristige Ziele. Während wir Quartalszielen hinterherjagen, umfasst Chinas Planungshorizont typischerweise fünf Jahre, der Denkhorizont 100 Jahre. Ja, wirklich: 100 Jahre.

Neue Spielregeln aus dem Reich der Mitte

Zum 100. Gründungsjubiläum der Volksrepublik – im Jahr 2049 –, soll das Land aufsteigen zu einer modernen Industrienation mit globaler Vormachtstellung in Wissenschaft, Technik und industrieller Fertigung. Das ist der Wille der chinesischen Führung, sprich der kommunistischen Partei unter der Führung von des Parteivorsitzenden und Generalsekretärs Xi Jinping.[13]

Auf dem Weg zu diesem Ziel werden immer wieder Fünfjahrespläne verabschiedet, der jüngste im März 2021. Dieser Plan legt Chinas nationale Entwicklungsziele für den Zeitraum 2021 bis 2025 und längerfristige Ziele bis 2035 fest. Laut Yan Mei, Senior Partner und Chair of China der Brunswick Group, stehen unter anderem folgende Ziele im Fokus:

- »*Nation of Innovators*«: Während der Slogan »Made in China 2025« nicht mehr im Programm auftaucht, liegt der Fokus auf Innovation und Next-Generation-Industries. China setzt auf technologische Selbstständigkeit.
- »*Dual Circulation*«: Um die zunehmende globale Unberechenbarkeit der Märkte und die damit verbundenen Herausforderungen zu bewältigen, fördert China eine Strategie der »dualen Zirkulation«, die den Binnenmarkt (»domestic circulation«) beschleunigt und gleichzeitig den Weltmarkthandel (»external circulation«) unterstützt.
- *Nationale Sicherheit*: Der 14. Fünfjahresplan legt den Schwerpunkt auf die Stärkung der nationalen Sicherheit in verschiedenen Bereichen, von der Technologie über die Nahrungsmittelsicherheit bis hin zur Energiesicherheit und Fragen der finanziellen Sicherheit.

- *Ausländische Investitionen:* China bekräftigte sein Bekenntnis zur Öffnung und kündigte weitere Kürzungen der Negativliste für ausländische Investitionen an. Strategisch wichtige Sektoren bleiben allerdings geschützt und neue Maßnahmen wie die erweiterte nationale Sicherheitsüberprüfung werden eingeführt.
- *Ausweitung der Mittelschicht:* Die zunehmende Urbanisierung und die wachsende Mittelschicht werden neue Marktchancen mit sich bringen. Es wird erwartet, dass die Mittelschicht des Landes bis 2030 auf über 800 Millionen anwächst.
- *Digitalisierung:* China stellt die Digitalisierung in den Mittelpunkt seiner industriellen Transformation und wird im Rahmen seiner Digital-China-Initiative verstärkt in neue Infrastruktur investieren, um eine »digitale Gesellschaft, eine digitale Regierung und ein gesundes digitales Ökosystem« zu schaffen.

Bevor wir diese Punkte näher anschauen, müssen wir wissen, wie China wirtschaftet und warum sich das chinesische System vom europäischen und amerikanischen fundamental unterscheidet.

- *Die Partei ist immer an Bord:* In allen Privatunternehmen – also auch bei den Unternehmen der deutschen Autobauer, die in China arbeiten – sind Vertreter der Partei in den Führungskreisen vertreten. In vielen Fällen trifft der Parteisekretär sogar Personalentscheidungen oder muss solchen Entscheidungen zustimmen. Nach einer Recherche der Chinaexpertin Mareike Ohlberg und Clive Hamilton, Ethikprofessor der Universität von Canberra (siehe *Spiegel*-Bestseller »Die lautlose Eroberung: Wie China westliche Demokratien unterwandert und die Welt neu ordnet«, 2020) wurde im Jahr 2016 berichtet, »dass der Sekretär des Parteikomitees und der Vorstandsvorsitzende von nun an dieselbe Person sein müssten«.[14] Hamilton und Ohlberg zufolge sind Partei-

kader in vielen Fällen auch finanziell an Unternehmen beteiligt.
- *Die Parteilinie gilt überall:* Laut einer Recherche von Anne-Marie Brady, neuseeländische Politikforscherin und Professorin an der Universität von Canterbury, die sich auf chinesische Politik und ihre Politik in den Polarregionen spezialisiert hat, spielt die »Einheitsfrontarbeit« des chinesischen Parteiapparats eine zentrale Rolle auch in der Wirtschaft. Das Ziel dieser Arbeit besteht darin, die Aktivitäten aller Organisationen weltweit auf den Kurs der Parteilinie zu bringen.[15] Dies entweder durch Anreize (zum Beispiel Gewinn, Karriere, Kontakte, Auszeichnung mit Preisen), durch Übernahme (Aktien, Merger) oder durch Zwang (bis hin zu Repression, Einschüchterung). Für Staatsgründer Mao Zedong war die Einheitsfront eine der drei »Wunderwaffen« der Partei.
- *Die Partei ist das Gesetz.* Was im Westen oft unterschätzt wird, ist die in China ganz andere Vorstellung von Recht und Gesetz. Eine »Rechtsstaatlichkeit« im hiesigen Sinne gibt es nicht. Hamilton und Ohlberg haben eine griffige Erklärung für diesen Unterschied gefunden: »In diesem Land gibt es keine Herrschaft des Gesetzes, sondern eine Herrschaft durch das Gesetz, das heißt, das Recht wird als Herrschaftsinstrument eingesetzt.«[16]

Was passiert, wenn ein Konzern die Gunst der chinesischen Führung verliert, lässt sich aktuell am Beispiel der weltgrößten Handelsplattform Alibaba studieren: Konzernchef Jack Ma war über Wochen verschwunden, der Börsengang des von ihm gegründeten Finanzdienstleisters Ant Group wurde torpediert, im März 2021 verhängten die chinesischen Wettbewerbshüter eine Strafe von mehr als zwei Milliarden Euro gegen den Alibaba-Konzern. Was zeigt: Die Partei entscheidet über die Zukunft jeder Branche, jedes Unternehmens und jedes Unternehmers – und nicht der Markt.

Ob westliche Player diese Zusammenhänge nicht sehen können oder nicht sehen wollen, sei dahingestellt. Möglich, so formuliert es Mikko Huotari, Chef des Mercator Institute for China Studies MERICS, »dass wir wirtschaftlich im Wettbewerb verlieren und geostrategisch unter die Räder geraten«, wenn wir die Augen vor den industrie- und sicherheitspolitischen Herausforderungen schließen.[17] Zu einem ähnlichen Ergebnis kommt Chinaexperte Ralph Weber, Professor für European Global Studies an der Universität Basel, in einem Interview mit der Neuen Zürcher Zeitung: »Im Moment sehe ich vor allem Ignoranz, Kalkül oder einen Versuch, die Probleme wegzuerklären.«[18]

Ich selbst bin kein politischer Chinaexperte, aber vor dem Hintergrund meiner persönlichen Erfahrungen plädiere ich für eine Doppelstrategie: größtmögliche Offenheit einerseits, und andererseits eine nüchtern-unverstellte Sicht auf die chinesische Strategie, die langfristig eben nicht auf Kooperation zielt, sondern auf Kontrolle der Handelswege und Infrastrukturen, und ganz klar auf globale Marktführerschaft. Schauen wir uns an, wie China dieses Ziel erreichen will.

Wie China den Weltmarkt aufrollt

Peking hat für sich selbst ein neues Bild gefunden, das den Fokus wegnimmt von der Konfrontation »wir gegen die«. Es ist ein Bild mit zwei konzentrischen Kreisen – und Peking sitzt in der Mitte. Peking sieht seine Wirtschaft in den kommenden fünf Jahren quasi als doppeltes Getriebe. Der Schwerpunkt liegt auf dem »inneren Kreis«, also auf dem Binnenmarkt der Volksrepublik. Hier soll die Wirtschaft wachsen, hier soll es Geld für Forschung und Entwicklung geben, hier geht es auch um den Handel mit regionalen Handelsbündnissen. Darüber hinaus wurde ein »äußerer Kreis« definiert. Der internationale Handel und Investitionen aus dem

Ausland sollen fortan vor allem eine *unterstützende* Rolle spielen. China konzentriert sich also auf die eigene Stärke. Sind Deutschlands Autobauer also raus aus dem Spiel? Mitnichten.

Im »inneren Kreis« hat China das »Wir-gegen-die«-Spiel umdefiniert in ein »Die-sind-wir«-Spiel. Große deutsche Player wie Volkswagen, BASF und Siemens gehören aus Sicht der chinesischen Parteiführung zum inneren Kreis – sind also quasi längst in China eingemeindet. Sie investieren dort hohe Summen, kooperieren mit chinesischen Partnern, beschäftigen Tausende von Mitarbeitern und stillen Chinas Hunger nach Autos, Maschinen, Hardware, Biotech.

Ein »Abstieg in die Blechbiegerliga« ist in dieser Logik also weder vorgesehen noch überhaupt möglich. Entweder, deutsche Hersteller spielen mit chinesischem Trikot im inneren Kreis das Spiel nach chinesischen Regeln mit – oder sie spielen überhaupt nicht mit. Alle kleinen und mittleren Zulieferer aus Europa, die bisher Teile an chinesische Produktionsstandorte lieferten und jetzt aus Sicht der Parteiführung zum »äußeren Kreis« zählen, werden aus der Mannschaftsliste gestrichen. Vorprodukte baut China jetzt selbst, und Blechbieger gibt es im eigenen Land genug.

Projekt »Neue Seidenstraße«

Will sich China mit dieser Strategie nun vom Weltmarkt abkoppeln? Im Gegenteil. China will auf der Basis einer größeren, wirtschaftlichen Unabhängigkeit den Weltmarkt neu aufrollen. Dies entlang der sogenannten »Neuen Seidenstraße« in Anlehnung an die alte Handelsroute, die von der Antike bis zum Ende des Mittelalters Europa mit China verband – und die unterging, als der Seeweg nach China lukrativer wurde. Die Seemacht Portugal stieg damals auf, China nicht. Das soll sich nun ändern, und deshalb legt China nun neue Handelsrouten durch die Welt, indem es kritische Infrastruktur ausrollt (zum Beispiel Funknetze, Stromnetze, Schnellbahntrassen), kauft oder baut (zum Beispiel Häfen, Kraftwerke, Staudämme). Auch dies: ein Jahrhundertprojekt.[19]

China will weniger Abhängigkeit, will weniger Importe – und macht dafür andere abhängig, setzt auf Export. Und das gelingt schon jetzt: Deutschland ist überall Exportmeister, nicht aber in China.[20] Wie das Statistische Bundesamt mitteilte, handelten Deutschland und China im Jahr 2020 mit Waren im Wert von 212,1 Milliarden Euro – der Umsatz im Außenhandel mit China wuchs um 3,0 Prozent. Die Bedeutung Chinas ist damit kontinuierlich gestiegen. Im Jahr 1980 lag China noch auf Rang 35 der wichtigsten Importstaaten, 1990 schon auf Rang 14, jetzt auf Platz eins.

Die höchsten Exportüberschüsse – auf die internationale Handelspartner regelmäßig allergisch reagieren – wies Deutschland im Jahr 2020 mit den USA (36,1 Milliarden Euro), Frankreich (34,4 Milliarden Euro) und Großbritannien (32,2 Milliarden Euro) aus. Für China – an dieser Stelle wird es interessant –, wurde ein *Importüberschuss* im Außenhandel verzeichnet: Insgesamt überstieg der Wert der aus China importierten Waren den Wert der dorthin exportierten Waren um 20,4 Milliarden Euro.

Ziehen wir den Fokus weiter auf, wird schnell klar: Auf europäischer Ebene sieht es genauso aus. Während der Handel mit den Vereinigten Staaten im Vergleich zum Jahr 2000 deutlich abgenommen hat, verdreifachte sich der Anteil Chinas im selben Zeitraum nahezu (von 5,5 Prozent auf 16,1 Prozent). Betrachtet man Importe und Exporte getrennt, zeigen sich bei den zwei größten Handelspartnern Unterschiede: 2020 lag China bei den Importen mit 22 Prozent an erster Stelle, gefolgt von den Vereinigten Staaten (12 Prozent). Beim Export hingegen waren die Vereinigten Staaten das wichtigste Zielland (18 Prozent) vor China (10 Prozent). Noch einmal: Wir haben es in der Frage USA und/oder China nicht mit zwei gleichwertigen »Blöcken« zu tun. Deutschland ist von chinesischen Importen abhängig. Deutschland ist von den Gewinnen abhängig, die es in China erzielt. Ohne China läuft in Deutschland nichts mehr.[21]

»Selektives Coupling«: Wie China Handelspartner auswählt

China steuert seinen wirtschaftlichen Aufstieg seit langer Zeit über den strategischen Ein- und Ausschluss globaler Player. Überall dort, wo Wissen und Erfahrung fehlt, rollt das Land den roten Teppich aus, öffnet seinen Markt, sucht Anschluss über Kooperation und Freundschaft – genannt »Coupling«. Und überall da, wo China gut aufgestellt ist und »strategische Zukunftsfelder« sieht, so formuliert es KPMG in einer Chinaanalyse, »versperrt die Volksrepublik ausländischen Unternehmen den lokalen Markt und baut stattdessen chinesische Staatsunternehmen zu globalen Marktführern auf«.[22] Das trifft zum Beispiel zu auf digitalen Handel, Onlineplattformen, Netzwerktechnik oder Schnellzüge. Hier schlägt das Land internationalen Handelspartnern die Tür vor der Nase zu. Und das heißt dann »Decoupling«.

In ihrem Report »Decoupling – Severed Ties and Patchwork Globalisation« hat die European Chamber of Commerce in China in Zusammenarbeit mit dem China-Thinktank MERICS analysiert, was das für Unternehmen bedeutet.[23] Kurzgefasst: wenig Gutes. Besorgnis formulierten die Forscher vor allem hinsichtlich einer Entkopplung auf der Ebene der Industriestandards, der Daten und der Schnittstellen. Allesamt Themen, die abseits der offensiv kommunizierten Marktzugangsbarrieren oder Sicherheitsbedenken liegen und damit häufig unter der öffentlichen Wahrnehmungsschwelle bleiben. Konkret geht es darum, dass China sich in unkritischen Bereichen an internationale Industriestandards hält. Und dass China in den Bereichen, die als strategisch bedeutsam eingestuft wurden oder in denen chinesische Player bereits Champions sind, mit eigenen Standards arbeitet. Grenzüberschreitender Austausch von Daten zwischen Europa und China wird so schwieriger.

Und mehr noch: Digitale Lösungen von westlichen Unternehmen der Informations- und Kommunikationsbranche lassen sich offenbar zunehmend nicht mehr in China integrieren. Da die

USA mit ähnlichen Entkopplungsstrategien arbeiten, zeichnet sich perspektivisch ein langsames Auseinanderdriften der größten Volkswirtschaften der Welt ab, wobei jede die Technologie der je anderen aus den eigenen Infrastrukturen entfernt. Jeder schafft so sein eigenes, nicht kompatibles Tech-Ökosystem hinter einer je eigenen Firewall. Was das konkret bedeutet, haben wir in jüngster Zeit beim Ausbau der 5G-Technologie beobachten können.

Für Europa ist diese Lage misslich. Nicht nur Autohersteller sind auf Technologien aus den USA und auch aus China angewiesen. Und es gibt wohl kaum ein Tech-Unternehmen, das nicht mit beiden Playern – USA und China – gleichzeitig Handel treibt. Das zunehmende »Decoupling« führt also zu einer neuen Situation. Eine Situation, in der Deutschlands Autobauer in einer hochkomplexen Wirtschaftswelt immer wieder neu nach Balance suchen müssen.

Für manches Unternehmen – Volvo ist ein Beispiel – war es rückblickend die strategisch richtige Entscheidung, eng mit chinesischen Investoren zusammenzuarbeiten. Andere Unternehmen suchen die Nähe zum US-amerikanischen Markt. Wieder andere spielen ein doppeltes Spiel mit zwei unterschiedlichen Tech-Systemen und doppelten Kosten oder versuchen, eigene Spielregeln und eigene Standards für einen starken europäischen Markt zu entwickeln. Europa ist ein riesiger Markt. Aufgrund hoher Marktsättigung zwar weit weniger hungrig nach Autos als Asien – aber auf dem Sprung in die nächste Phase der Mobilität. Elektrisch, vernetzt, zunehmend autonom, mit neuen Möglichkeiten in Sachen Sharing, Subscriptions und Services. Dennoch ist der chinesische Markt für Deutschlands Autobauer der entscheidende. Im Schnitt verkaufen sie mehr als ein Drittel ihrer Autos ins Reich der Mitte, und hier erwirtschaften sie mehr als die Hälfte ihrer Profite.

Die chinesische Kunst der Autostrategie

China ist für Autobauer so etwas wie das neue Land der unbegrenzten Möglichkeiten. Zumindest stellt sich das Land gegenüber Deutschland so dar, denn unsere Produkte und mehr noch »unsere Köpfe« spielen eine Schlüsselrolle für China. Darum tut China alles, um Know-how ins eigene Land zu holen – und wenn es das erreicht hat, dieses Know-how auch im eigenen Land zu halten. Wie gelingt das? Ich sehe hier unzählige, sehr geschickte Strategien aus dem Reich der Mitte. Drei davon möchte ich umreißen:

- China rollt für Deutschlands Autobauer den roten Teppich aus, holt sie ins Land und hält sie dann im Land.
- China öffnet sich für westliche Unternehmen und bietet Partnerschaften an – aber nur auf den Feldern, auf denen das Land noch frisches Know-how braucht, oder die es bereits erfolgreich erobert hat.
- China beteiligt sich an westlichen Unternehmen in sehr verschiedenen Formen: vom Joint Venture bis zur Übernahme.

Roter Teppich: Warum China unsere Autobauer ins Land holt – und wie es sie im Land hält

Wenn man den 29. Januar 1886 als Geburtsstunde des Automobils annimmt – das ist der Tag, als Carl Benz sein »Fahrzeug mit Gasmotorenbetrieb« zum Patent anmeldete – dann baut Deutschland seit 135 Jahren Autos. Das ist eine lange Zeit, in der eine Menge Know-how entstanden ist und ein enormer Wissensvorsprung in Sachen Verbrennungsmotor.

Erst rund 100 Jahre nach der zündenden Idee des Carl Benz, im Jahr 1984, wurde in China der Privatbesitz von Autos legalisiert.[24] Eigene Autos baut China allerdings schon seit den Fünfzigerjahren: die bekannte Marke FAW bedeutet ursprünglich »First

Automobile Works«. Sie produzierte in Changchun, und wer sich ein wenig mit der Autobranche auskennt, der weiß, dass an diesem Standort heute Volkswagen sitzt.

Die Automobilproduktion im Joint Venture FAW Volkswagen in Changchun umfasst alles, was es zum Autobau braucht: Presswerk, Karosseriebau, Lackiererei und Montage. Aktuell produziert das Werk die Modelle Audi A4 L, Audi A6 L, Audi A6 L e-tron, Audi Q3, Audi Q5 L. Im südchinesischen Werk in Foshan fertigt das Joint Venture den Audi A3 Sportback, die Audi A3 Limousine, den Audi Q2 L und den Audi Q2 L e-tron. Im neuen FAW-VW Werk im nordchinesischen Tianjin werden seit Januar 2019 der Audi Q3 und seit Januar 2020 der Audi Q3 Sportback gebaut. Die AUDI AG ist in China übrigens nicht nur mit dem Joint Venture FAW-Volkswagen vertreten, sondern hat sich auch in das bestehende Volkswagen Joint Venture mit SAIC eingekauft. Ich schreibe Ihnen das im Detail auf, um zu verdeutlichen: China ist weltweit der größte Einzelmarkt von Audi. Die Volkswagen Gruppe ist ein gutes Stück weit zu einem chinesischen Unternehmen geworden.

Mikko Huotari, Chef des China-Thinktanks Merics, sieht diese Entwicklung kritisch. Zwar sei es unternehmerisch richtig, dass die Automobilindustrie in China auf »all in« setze – das strategisch richtige Vorgehen für Deutschland sei das allerdings nicht: »Beschäftigung entsteht vor allem in China. Gewinne werden nicht repatriiert, sie bleiben dort. Das sieht in den Zahlen toll aus, die Aktionäre gewinnen. Aber ist das ein Erfolgsmodell für den Standort Deutschland?«[25] Man muss sich klarmachen, dass Peking immer dann westliche Unternehmen ins Land holt, wenn es um Know-how in Schlüsselindustrien geht. Sagen Sie gerne auch: strategisch relevante Zukunftsfelder. Dann wird der rote Teppich ausgerollt: Plötzlich werden Regularien gelockert, es werden vielversprechende Joint Ventures gegründet, es werden ganze Industrieparks aufgebaut. Immer mit dem Ziel, technische Schlüsselindustrien vor Ort aufzubauen, Durchbrüche in Forschung und

Entwicklung im eigenen Land zu befeuern und davon sofort selbst zu profitieren.

Nach Einschätzung von Max J. Zenglein, Chefvolkswirt und Leiter des Wirtschaftsprogramms am Merics Institut und China-Expertin Anna Holzmann, hat die Verlagerung ganzer Innovations- und Wertschöpfungsketten nach China auch in wettbewerbs- und sicherheitspolitisch hochsensiblen Bereichen längst begonnen. Als Beispiel nennen die Forscher Siemens. Der Konzern habe neben seinem bereits bestehenden Forschungs- und Entwicklungszentrum für industrielle Software in Chengdu auch ein Innovationszentrum für intelligente Fertigung aufgebaut. Was daran kritisch zu sehen ist, erklären Zenglein und Holzmann so: »Ausländische Akteure müssen sich jedoch über die langfristigen Ziele Beijings im Klaren sein. Sie werden vor allem im Hightechbereich von der chinesischen Regierung als Mittel zum Zweck gesehen. Denn das längerfristige Ziel lautet eindeutig: Stärkung chinesischer Fähigkeiten bei gleichzeitiger Substitution ausländischer Lösungen. Ausländische Akteure sollten daher sorgfältig abwägen, ob sie aufgrund kurzfristiger Profitchancen das Risiko in Kauf nehmen, auf längere Sicht aus dem chinesischen – und später auch dem internationalen – Markt gedrängt zu werden.«[26]

Das Wort »Substitution« habe ich hervorgehoben, weil es gerne überlesen wird. China substituiert allerdings nicht alle Unternehmen gleichermaßen, nachdem das gewünschte Know-how ins Land geflossen ist. Die chinesische Autostrategie läuft durchaus komplexer ab, und die aktuellen Entwicklungen bei den Herstellern Volvo und Geely sind hier ein gutes Beispiel.

Zur Erinnerung: Volvo wurde 2010 von Geely aufgekauft. Meine eigene Zeit als Vorstand für Forschung und Entwicklung begann kurz darauf, im Jahr 2011, und erstreckte sich bis 2017. Im Laufe dieser Zeit sind wir ziemlich radikal vorgegangen, um Volvo wieder fit zu machen: Alle Volvo-Modelle ab 2015 kamen zum Beispiel mit nur einer Plattform und zwei Vierzylindern aus – einem Diesel und einem Benziner. Wobei die Motoren so gut waren, dass wir das Plug-in-Prinzip praktisch umdrehen konnten: Unsere Lösung fühlte sich nicht an wie ein Maximum an »Abgas-Sparauto« bei einem Minimum an Fahrspaß. Stattdessen setzten wir auf ein Minimum an CO_2-Ausstoß bei einem Maximum an Fahrspaß. Volvo hatte schon früh und sehr konsequent den Kunden zum Maß aller Dinge gemacht, ihm möglichst alle Probleme abgenommen, ihn »connected«, ihn mit aktuellen Daten versorgt und den ergonomischsten Sitzen. Wir haben sehr früh diverse Knöpfe und Schalter aus dem Cockpit geworfen und Touchscreens eingeführt. Wir haben im Rahmen unserer Zero-Fatalities-Strategie für maximale Sicherheit gesorgt, indem wir statt normierter Crashtests reale Unfälle analysiert haben und auf Basis unserer Ergebnisse die passiven und die aktiven Sicherheitssysteme bis hin zu teilautomatisiertem Fahren so optimieren konnten, dass Unfälle weitestgehend vermieden werden und schlimmstenfalls die Insassen sicher geborgen werden können – auch dann, wenn sich die Fahrzeuge versetzt treffen (»Small Overlap«).

Diese hervorragende Sicherheit in Kombination mit dem Volvo-Feeling begeisterte unsere Kunden. Die Strategie »Designed around you« ging also auf, der Turnaround war gelungen. Und das auch deshalb, weil wir alle Fahrzeuge mit Vierzylindermotoren ausgestattet haben – das hat den Proportionen des Fahrzeugs geholfen und die Fixkosten reduziert.

Eine besondere Rolle spielte Li Shufu, intern genannt Chairman Li. Für die Premiumkunden des chinesischen Marktes wünschte er sich einen »Thron« in der Mitte der Rückbank, flankiert von zwei einfachen Sitzen für Assistenten. Zusammen mit Volvo-Chefdesigner Thomas Ingenlath und Volvo Vice Chairman Hans-Olov Olsson baute ich seine Idee mit Stühlen im Besprechungsraum nach, um Chairman Li zu erklären: Das geht technisch nicht – zumindest nicht in der Mitte. Schließlich ließ sich Li von einem Fahrzeug mit drei Einzelsitzen überzeugen: vorne der Fahrer, anstelle des Beifahrersitzes eine Fußablage, ein Schuhfach und ein beweglicher Bildschirm, dahinter sein »Thron« mit freier Sicht durch die Frontscheibe, links daneben der Platz für die Assistenz, zwischen den Sitzen ein Kühlfach. »Das ist Luxus«, war Chairman Li schließlich zufrieden. Wir haben den S90 so für China gebaut und konnten damit unterstreichen: Volvo ist eine sehr innovative Premiummarke.

2017 schwenkte Volvo strategisch um auf Elektro. 2020 ging dann die Meldung durch die Presse, Geely und Volvo planten eine Fusion. Die verzögerte sich dann, 2021 wurde sie abgeblasen. Stattdessen kündigten die beiden Marken an, künftig stärker an gemeinsamen E-Auto-Architekturen zu arbeiten und auch im Bereich autonomes Fahren zu kooperieren.[27] Batterien, Motoren und Konnektivitätslösungen sollen gemeinsam beschafft und Plattformen gemeinsam verwendet werden.

Warum dann keine gemeinsame Marke? Warum keine Fusion? Weil alle beteiligten Unternehmen am meisten profitieren, wenn jede Marke für sich stark und eigenständig positioniert bleibt, während die Technik im Hintergrund gemeinsam genutzt wird. Das Prinzip nannten wir intern »Volvo ist Volvo, Geely ist Geely«. Und es gilt auch vor dem Hintergrund, dass Geely nun offenbar eine eigene Elektromarke namens »Zeekr« plant.[28] Diese soll direkt gegen Tesla antreten, nicht zuletzt durch offensive Verkaufsstrategien über »Hubs« in Ballungsgebieten. Gegen Tesla, wahrscheinlich auch gegen den immer stärker werdenden Elektroautobauer Volkswagen tritt Geely-Chef Li Shufu dann also mit einer ganzen Mannschaft an: Zeekr, Volvo und über seine Daimler-Beteiligung auch mit dieser deutschen Marke. Daimlers elektrischer Kleinwagen Smart wird in China ab 2024 von Geely in China gefertigt. Darüber hinaus kooperieren Daimler, Geely, Lynk & Co und Volvo in einer übergreifenden Organisation bei der Entwicklung, beim Einkauf und der Produktion von 4-Zylinder-Verbrennern.

Was das alles nun für Deutschlands Autobauer heißt? Es heißt das Gleiche wie für alle anderen Industriebranchen, die mit und in China Geschäfte machen: Die Zusammenarbeit mit chinesischen

Investoren und Ingenieuren kann eine Win-Win-Situation für alle Beteiligten schaffen. Bei Volvo war das der Fall. Im nächsten Schritt profitieren beide Partner: Für Autobauer aus Deutschland und Europa öffnet sich ein gigantischer Markt, es öffnen sich Umsatz- und Gewinnperspektiven, die den notwendigen Umbau Richtung Elektromobilität überhaupt erst ermöglichen. Für die chinesischen Partner steht der Technologietransfer im Vordergrund.

Es ist kein Geheimnis, dass chinesische Unternehmen mit diesem Know-how langfristig Produkte bauen, mit denen sie uns gegenüber in Konkurrenz treten. China verfügt schon heute über die meisten Elektroautos weltweit und ist ziemlich weit vorn im Bereich des autonomen Fahrens. Denken wir in Dekaden statt in Quartalszahlen, heißt das: In der Zeit, in der China sich in die Liga der Hightech-Player vorarbeitete, haben Deutschlands Autobauer gutes Geld verdient. Heute profitieren sie von den positiven Effekten der unternehmensübergreifenden Zusammenarbeit. In Zukunft treten sie gegen immer stärkere chinesische Mitbewerber an, die sie dazu zwingen, auch selbst immer besser zu werden. Technologische Trends jahrelang verschlafen, wie es in der Vergangenheit mehrfach passiert ist, kann sich niemand mehr leisten. Und langfristig werden alle davon profitieren, wenn China aufhört, allein mehr CO_2 in die Luft zu blasen als alle anderen Industrienationen in Summe. Elektromobilität in den Städten wird das Emissionsproblem dieses riesigen Landes nicht allein lösen, ist aber ein Anfang.

Trotzdem bleibt die Kooperation mit China ein Spannungsfeld. Es ist ein Spannungsfeld, aus dem wir nicht herauskommen und auf dem wir uns immer wieder neu positionieren müssen. Wir müssen immer wieder neu nach der richtigen Balance suchen zwischen Unternehmenserfolg und Menschenrechten, zwischen Marktchancen und Klimaschutz, zwischen Datensicherheit und dem Wunsch, von Chinas Vorsprung in Sachen 5G-Technologie und künstlicher Intelligenz zu profitieren. Hier gibt es kein einfaches Rezept. Es bleibt uns nichts anderes übrig, als die Differenzen zwischen den Systemen immer wieder zu reflektieren, unsere eigenen Interessen nicht aus dem Blick zu verlieren, und langfristig um das zu ringen, um das es eigentlich gehen sollte: die Zukunft von acht Milliarden Menschen auf dieser Erde. Kommen wir nun zur zweiten chinesischen Autostrategie: der strategischen Öffnung.

Strategische Öffnung: China lässt andere nur mitspielen, wenn es gewinnt

Ende 2020 vermeldete die Europäische Union einen Erfolg: Sie hatte ein sieben Jahre lang verhandeltes Investitionsabkommen mit der Bezeichnung CAI (Comprehensive Agreement on Investment) mit der Volksrepublik unterzeichnet, und das unter Federführung der deutschen Ratspräsidentschaft. Der Vertrag, so vermeldet die Zeitung *Die Welt* erfreut, »erleichtert Investitionen europäischer Unternehmen in China, er öffnet den Markt für Branchen, die bisher komplett ausgeschlossen waren, und er schafft Vorteile für einige Bereiche, die explizit genannt werden. Beispielsweise die Produktion von Elektroautos.«[29] Zu früh gefreut. Vor dem Hintergrund der Konflikte in der uigurischen Provinz Xinjiang und in Hongkong setzte die EU-Kommission die Ratifizierung des Abkommens wenige Monate später vorläufig aus. Die Ratifizierung durch das Europaparlament ist nun für 2022 geplant und noch lange nicht sicher.

Von dem Investitionsabkommen profitiert hätten vor allem Volkswagen, BMW und Daimler, die Milliarden in Gemeinschaftsunternehmen mit chinesischen Autoherstellern investieren, an denen sie typischerweise nur zu 50 Prozent beteiligt werden.

Doch schon jetzt weicht China diese starre Beteiligungsregel nun immer mehr auf. Tesla war schon 2019 ohne Joint Venture an den Start gegangen. Offiziell gilt der Joint-Venture-Zwang ab 2020 nicht mehr für Elektroautounternehmen, ab 2022 soll er im gesamten Autosektor wegfallen.[30] Man kann es als Erfolg vermelden, dass Volkswagen an seiner E-Auto-Firma in der Provinz Anhui mit dem Partner JAC inzwischen 75 Prozent halten darf. Man kann es als Erfolg sehen, dass Audi mit FAW ein neues E-Auto-Unternehmen in Changchun gründet, und 60 Prozent Anteile bekommt. Man kann es auch als Erfolg sehen, dass BMW ganze 75 Prozent am Joint Venture mit Brilliance Automotive hält und im gemeinsamen Werk Shenyang seinen Elektro-SUV BMW iX3 bauen wird, und zwar nur dort.[31]

Man kann aber auch in Betracht ziehen, dass Brilliance gerade in massiven Zahlungsschwierigkeiten steckt und dass sich China im Kampf um den Elektroautomarkt bereits als Champion einstuft.[32] Wie sieht die chinesische Strategie im Detail aus? Laut einer Analyse aus dem Hause KPMG (»Global Automotive Executive Survey 2020«) haben wir es hier mit einer von langer Hand geplanten Autostrategie zu tun. Schon vor 20 Jahren, also 2001, unterstützte Peking den Aufbau der E-Auto-Industrie mit einem Research-Fund in Höhe von 110 Millionen US-Dollar.[33]

Wir haben es insgesamt mit einem eher kleinen Volumen zu tun, dennoch ist die Entwicklung interessant: Bis 2005 lief die »Market Entry«-Phase mit Investitionen und dem Aufbau von Produktionsanlagen. In der nächsten Phase (»Early Growth«, 2006 bis 2010) arbeitete China mit Subventionen und Steuererleichterungen. In der anschließenden Phase (»Sustained Growth«, 2011 bis 2015) hatte China bereits eine wichtige Schwelle erreicht: 40 Prozent aller E-Autos weltweit wurden in China verkauft, und davon 95 Prozent von chinesischen Herstellern. Damit endete das chinesische Unterstützungsprogramm: 2016 bis 2019 stand unter dem Label »Phasing out of Subsidies«, ab 2019 standen drastische Kürzungen auf dem Programm (»Industrie Consolidation« 2020 bis 2025): Ende der Subventionen für E-Autos mit einer Reichweite von weniger als 250 Kilometern, Halbierung der Subventionen für E-Autos mit höheren Reichweiten. Jedes fünfte in China verkaufte E-Auto wird jetzt von ausländischen Herstellern produziert. Das ist so gewollt. Und das heißt nicht – Achtung, das wird gerne falsch interpretiert – dass China sich jetzt vom Elektroantrieb verabschiedet. Im Gegenteil.

Das dahinterstehende Prinzip könnte man eher als »friss und stirb« bezeichnen. Erobert Chinas Industrie einen neuen Markt, wird sie zunächst massiv gefüttert und so gegenüber globalen Konkurrenten stark gemacht. Ist sie auf dem Weg zum Sieg, wird dann das Futter abrupt entzogen, und jeder Player im Spiel muss sich aus eigener Kraft behaupten. So werden schwächere Marktteilnehmer ausgeschaltet oder von stärkeren Akteuren geschluckt. Und auf diese Weise erreicht China sein langfristiges Ziel: ein nationales Oligopol, bestehend ausschließlich aus den wettbewerbsfähigsten Herstellern mit den qualitativ besten Produkten.

Ging es denn, fragt man sich, beim Thema Elektrofahrzeuge ausschließlich um den Sieg im Kampf um Marktanteile? Gab es da nicht auch einen Umweltgedanken? Doch, gab es. Tatsächlich will und muss China etwas gegen die Luftverschmutzung in den Städten tun. Das ist aber nicht die ganze Geschichte. Strategisch noch wichtiger als die Umweltfrage ist die Reduktion der Abhängigkeit von Rohöllieferungen. Da man mittlerweile rund 15 Prozent der fossilen Kraftstoffe durch Derivate aus Methanol ersetzt hat, ist eben auch der Verbrennermotor weiter interessant. Hybrid sowieso, und auch am Wasserstoffmotor wird weiter geforscht.[34]

Die E-Strategie jedenfalls scheint aufgegangen zu sein. Nicht nur, weil China die eigenen Hersteller so stark gemacht hat und nicht nur, weil deutsche Hersteller so bereitwillig über den roten Teppich gegangen sind, sondern auch, weil ein Player wie Tesla Einladungen aus China nicht ausschlägt. Die neue Tesla-Fabrik in Shanghai hat kürzlich ihre Produktion aufgenommen. Woraufhin Autoexperte Ferdinand Dudenhöffer die Prognose formulierte: »Der Musk-Faktor wird dazu führen, dass China zum Jahresende seine Marktführerschaft im Elektroautomarkt wieder einnimmt und auch in den nächsten 50 Jahren nicht mehr abgibt.«[35]

Fazit: Ja, China öffnet sich. Aber nur da, wo es in die eigene Strategie passt. Bei E-Autos sind die Chinesen schon jetzt absolute

Champions – und dass sie andere nun mitspielen lassen, heißt nicht, dass sie Marktanteile abgeben wollen. Es heißt vielleicht nur, dass sie die Trümmer der Konsolidierungsphase von anderen wegräumen lassen.

Lautlose Übernahme: Wie sich China Einfluss sichert, und was Daimler dagegen unternimmt

China geht gerne einkaufen. Zwar hat die Pandemie die große Einkaufslust Pekings etwas abgebremst – im Jahr 2019 hatte es noch 39 deutsche Unternehmen gekauft, 2020 waren es »nur« noch 28.[36] Das ist sehr viel weniger als in den Vorjahren, aber immer noch beachtlich. Der Münchner Flugtaxi-Hersteller Lilium zum Beispiel bekam eine Finanzspritze von 240 Millionen US-Dollar unter Federführung der chinesischen Tencent-Gruppe.

Derartige Spritzen werden nicht immer in freundlicher Absicht gesetzt. Und dies geschieht bevorzugt dann, wenn große Wertsteigerungen zu erwarten sind. Genau diese Situation gab es zuletzt im Hause Daimler. Und das ist offenbar einer der Gründe, warum Daimler dabei ist, sich in zwei Teile aufzuspalten: Aus Mercedes wurde wieder Mercedes; die Trucksparte wurde auf eigene Räder gesetzt. Gegenüber der *Frankfurter Allgemeinen Sonntagszeitung* erklärte Daimler-Chef Ola Källenius: »Die Aufspaltung schützt uns gerade vor einer feindlichen Übernahme, Aktivisten kommen gerade dann, wenn sie Potenzial zur Wertsteigerung sehen, das ist nicht selten bei Konglomeraten der Fall.« Und der Betriebsratsvorsitzende Michael Bracht stellte klar: »Im Moment ist das Risiko für eine feindliche Übernahme eher größer als nach einer Aufspaltung.«[37]

Als wahrscheinlichster Übernahme-Interessent gilt wieder Geely-Chef Li Shufu, der in China eine beachtliche Karriere absolviert hat, der als erfolgreicher Geschäftsmann unter besonderer Beobachtung der Partei steht, der aber in der Partei sehr gut vernetzt ist. Am Beispiel des Alibaba-Chefs Jack Ma ließ sich kürzlich beobachten, was mit Unternehmern geschieht, die in Pekings Augen zurück auf Parteikurs gebracht werden müssen. Im Zweifelsfall macht Peking einen Strich durchs Geschäft. Und weil das für Daimler mit Sicherheit nichts Gutes bedeutet, hält man sich selbst offenbar lieber eine Nummer kleiner.

Gleichwohl gibt es auch Probleme in China: Zwischen 2010 und 2015 flossen hohe Subventionen für den Bau neuer Fabriken. In der Folge sind aus meiner Sicht zu viele Produktionsstandorte errichtet worden, die jetzt nicht ausreichend ausgelastet sind. Die hohen Fixkosten werden so zur Belastung.

Fakt ist, dass China einer der wichtigsten Handelspartner unserer Autobauer ist – und zugleich derjenige, der uns am meisten herausfordert. Das sage nicht ich, das sagt der Bundesverband der Deutschen Industrie (BDI), wenn er China neuerdings als »systemischen Wettbewerber« beschreibt. Das sagt die Europäische Kommission, wenn sie von China als »systemischem Rivalen« spricht und das formuliert auch der Verband Deutscher Maschinen- und Anlagenbauer (VDMA).[38]

Nur: Was ändert das, wenn BMW, Daimler und Volkswagen längst wirtschaftlich abhängig sind von der Gunst Pekings? Deutschlands Autobauer werden, wenn sie nicht aufpassen, leicht zum Spielball nicht nur der chinesischen Wirtschaft, sondern auch der Politik. Denn wie soll eine Bundesregierung Druck auf Peking ausüben, wenn Peking jederzeit die Möglichkeit hat, unseren Autobauern den Strom abzustellen? Es bleibt also kompliziert.

Und es bleibt uns nichts anderes übrig, als trotz allem immer wieder konstruktive Wege nach China zu ebnen – und dekonstruktiven bis hin zu repressiven Eingriffen Pekings die eigene Stärke entgegenzusetzen. Und dies in letzter Konsequenz. Was im Zweifelsfall heißt: auf kurzfristigen Gewinn verzichten, um die eigene Stärke langfristig zu sichern. Und auch: Wenn es gar nicht anders geht, das eigene Chinageschäft so auf eigene Räder stellen, dass es im Falle der chinesischen Dominanz nicht das eigentliche Geschäft gefährdet.

Klar ist: Kompatibel sind sowohl die technischen als auch die ethischen Systeme Chinas, Europas und der USA nicht mehr. Sie waren nie komplett kompatibel, und sie werden es in Zukunft wohl noch weniger sein als heute. Und trotzdem gibt es Grund genug, sowohl mit China weiterhin um eine konstruktive Partnerschaft zu ringen als auch mit den USA.

Fazit: Für ein neues Selbstbewusstsein

Deutschlands Industrie ist im Laufe ihrer Geschichte nur deshalb so erfolgreich geworden, weil sie von Beginn an eng mit Partnern aus aller Welt zusammengearbeitet hat. Sie baute schon früh Brücken in die USA und später auch nach China. Heute produzieren deutsche Hersteller in China mehr Fahrzeuge als in Deutschland, und auch in den USA sind sie mit eigenen Produktionsanlagen erfolgreich. Ohne die enge Kooperation mit China wäre der große Erfolg unserer OEMs nicht möglich gewesen: Die Zusammenarbeit bringt beiden Seiten Vorteile, und die wachsende Mittelschicht Chinas bringt neue Marktchancen. Gleichwohl müssen Deutschlands Player sich mit einem Markt arrangieren, der nicht offen ist. Es ist die kommunistische Partei Chinas, die über Subventionen, Kooperationen und Strategien entscheidet und deren Haltung zu Demokratie und Menschenrechten sich fundamental von unserer unterscheidet. Da deutsche Hersteller nur mit und in China erfolgreich sein können, müssen sie in ihren Entwicklungs- und Handelsbeziehungen immer wieder nach neuer Balance suchen. Und sich auf ihre eigene Stärke besinnen: Brücken stehen nur dann stabil, wenn das Fundament auf beiden Seiten sicher ist.

China konzentriert sich im aktuellen Wirtschaftsplan auf die eigenen Unternehmen und den eigenen Binnenmarkt. Aktuell sieht es so aus, dass sich die USA und China voneinander entkoppeln und in Zukunft jeder mit eigenen Standards und eigenen Programmen arbeiten wird. Deutsche Hersteller sind in China weiter im Spiel, wenn sie als Teil des »inneren Kreises« gelten. Und sie sind auch in den USA weiter im Rennen, weil sie Fahrzeuge in den USA produzieren, sie dorthin importieren und von dort exportieren. BMW ist derzeit größter Auto-Exporteur der USA. Die Herausforderung besteht nun darin, dass unsere Autobauer zeitgleich Brücken in den Westen als auch in den Osten stabilisieren müssen. Ein Patentrezept dafür gibt es nicht – es wird hinauslaufen auf ein permanentes Austarieren und Nachjustieren. Letztendlich werden weder schlechte Kompromisse noch »Mittelwege« zum Ziel führen, sondern Balance und eine starke Haltung.

China ist sehr erfolgreich mit seiner Strategie, deutsche Hersteller ins Land zu holen und sie dort erfolgreich zu machen – allerdings nur in den Bereichen, in denen das Land an Technologietransfers interessiert ist. Daneben beteiligt sich China überall auf der Welt an erfolgreichen und strategisch wichtigen Unternehmen. Diese Investitionen können deutsche Unternehmen voranbringen, wenn gleichzeitig sichergestellt wird, dass eigenes Know-how nicht ausblutet und Schlüsseltechnologien sicher bleiben. An dieser Stelle können und sollten deutsche OEMs selbstbewusst auftreten.

Heute kann kein Unternehmen mehr als Einzelkämpfer erfolgreich sein. Jeder ist Teil eines riesigen vernetzten Ökosystems, in dem alle Player von der Stärke jedes Einzelnen profitieren. Und in dem, wenn das Netz reißt, alle gemeinsam verlieren. Dabei geht es längst nicht mehr nur um den Kampf gegen den Abstieg in irgendwelche Blechligen – es geht um den Ausstieg aus der Klimakatastrophe. Die kennt keinen Westen und keinen Osten, die passiert, wenn wir nicht umsteuern, überall.

III.
WERT-SCHÖPFUNG

Warum unsere Zulieferketten vor der Zerreißprobe stehen

Ein Schock war es jedes Mal: Im 16. Jahrhundert haben wir dank Kopernikus verstanden, dass die Erde nicht der Mittelpunkt des Sonnensystems ist – sondern lediglich ein Himmelskörper unter unzähligen im Universum. Im 19. Jahrhundert haben wir dank Darwin verstanden, dass der Mensch nicht die Krönung der Schöpfung ist, sondern lediglich ein Lebewesen unter unzähligen im Ökosystem Erde. Jetzt verstehen wir, dass das Auto keine singuläre technische Errungenschaft ist, sondern lediglich eins unter unzähligen Endgeräten im globalen Netz der Smart Devices.

Jede kopernikanische Wende zerrte eine neue Systemabhängigkeit in den Fokus und zerstörte damit jedes Mal einen weiteren Aspekt unserer Lieblingsvorstellung: an der Spitze zu stehen. Kein Wunder also, dass sich bei jedem Paradigmenwechsel auf jeder Ebene heftige Kämpfe abspielen: damals in Kirche, Politik und Gesellschaft, heute in Wirtschaft, Politik und Gesellschaft. Warum so heftig? Mit »Umdenken« allein ist es nicht getan. Mit jedem Paradigmenwechsel verschieben sich globale Kräfteverhältnisse. Und zwar massiv.

Genau das geschieht aktuell in der Automobilindustrie, und genau das lässt sich am kompletten Umbau der globalen Wertschöpfungsketten ablesen. Es ist der *Verbrennungsmotor*, der bisher im Zentrum der Wertschöpfung stand – die Branche hatte »Benzin im Blut«. Mit der

Vernetzung und Elektrifizierung des Autos rücken in das Zentrum der Wertschöpfung nun *Software und Mikroelektronik*. Daten sind das neue Öl. Und damit ändert sich ... alles. Schauen wir uns in diesem Kapitel an

- warum heute nicht mehr Motoren im Zentrum der Geschäftsmodelle stehen, sondern Daten,
- wie unsere Lieferketten und Lieferpyramiden entstanden sind und wie wir sie ändern müssen,
- wie die »Software first«- und »Microelectronics first«-Prinzipien die Entwicklungs- und Produktionsabläufe umkrempeln.

Daten sind das neue Öl: Die neuen Geschäftsmodelle

Schon heute ist etwa ein Drittel aller neu zugelassenen Fahrzeuge »smart« – also in der Lage, sich mit dem Internet zu verbinden. In wenigen Jahren werden alle neuen Fahrzeuge vernetzt sein. Es liegt auf der Hand, dass rund um die Fahrzeugkonnektivität ein ganz neuer Markt entsteht.

Dieser Markt umfasst schon heute ein Volumen von etwa 100 Milliarden Euro. McKinsey-Experten gehen davon aus, dass dieses Volumen in den kommenden zehn Jahren auf bis zu 750 Milliarden US-Dollar anwächst.[1] Es scheint heute noch schwer vorstellbar, aber aus anderen Branchen wissen wir, dass sich mit digitalen Services erhebliche Umsätze generieren lassen. Das gilt nicht zuletzt für die virtuellen Welten, in denen wir uns täglich länger aufhalten. »Zoom« ist hier nicht einmal gemeint, sondern vielmehr digitale Räume, in die jeder Teilnehmer seinen persönlichen Avatar entsendet. Laut einer Studie der ARK Investment LLC bieten virtuelle Welten zukünftig Umsätze in Milliardenhöhe.[2] Wenn virtuelle Welten in Zukunft miteinander verschmelzen, könnten sie in dem gipfeln, was Zukunftsforscher als *Metaverse* bezeichnen. Und diesem *Metaverse* wäre es dann gleich, ob wir uns während einer digitalen Session vernetzt in der Konzernzentrale befinden, im Homeoffice oder auf der Autobahn.

Digitale Services bringen im Auto nicht nur mehr Leistung oder mehr Komfort und Sicherheit, sondern bieten die Basis für zahllose neue Geschäftsmodelle, von denen viele heute schon Realität sind:

- *Bessere Orientierung im Verkehr*: Navigation zu freien Parkplätzen inklusive Ticketkauf; zeitsparende Streckenführung dank Echtzeit-Verkehrsdaten; Navigation zu freien Ladesäulen inklusive Abrechnung; multimodale und intermodale Mobilität.
- *Höhere Sicherheit*: Diebstahlschutz via Live-Tracking; nutzungsbasierte Versicherung; Predicitive Maintenance; Pannendienst; Notruf; Kontrolle der Straßenzustände; Überwachung der Fahrerfitness; Optimierung des Fahrverhaltens; persönliche Erinnerung an wichtige Vorgänge (»Sie haben Ihr Smartphone im Auto vergessen.«).
- *Regionales Marketing*: gezielte Werbung für Werkstätten oder Zubehör; Angebote entlang der Fahrstrecke; Mitgliedschaft in einer Markencommunity. Dass die Volvo-Tochter Lynk & Co mit dem Auto-Abo freien Zugang zu Clubs in Amsterdam und Göteborg bietet, könnte eine Idee sein, die in die richtige Richtung weist – zumindest in pandemiefreien Zeiten.[3]
- *Nahtloses Arbeiten und Entertainment:* Hard- und Software für Kommunikation, Information und Unterhaltung stehen im Auto genauso zur Verfügung wie im Office oder im Wohnzimmer. Noch einmal Lynk & Co: Das Modell 01 bietet die eingebaute Kamera für Reisevideos an, die Frontkamera für Reisefotos und eine Innenraumkamera für Selfies. So lässt sich Social Media durchgehend mit frischem Bildmaterial beschicken, was, seit Influencing Arbeit ist, offenbar ein relevantes Feature darstellt.

Darüber hinaus ergeben sich für Autobauer Möglichkeiten für zusätzliche Einnahmen, zum Beispiel durch den Handel mit Echtzeit-Verkehrsdaten und den Handel mit Kundendaten für personalisierte Services. Sogenannte Digital Twins helfen dabei, via Simulation sehr viel schneller und kostengünstiger zu besseren Ergebnissen zu kommen. Das gilt für die Produktion, wenn mit kompletten virtuellen Abbildern von Fahrzeugen gearbeitet wird. Es gilt auch, wenn Software doppelt im Auto untergebracht wird: Eine arbeitet, die andere fährt mit und lernt dabei. Ist sie auf diese Weise messbar »intelligenter« geworden als ihr Twin, tauschen sie die Rollen.

Kostenreduktion lässt sich außerdem erreichen, wenn durch permanentes Monitoring des Fahrzeugs und des Fahrers größere Schäden von vornherein vermieden werden. Und, mehr noch: Gewährleistungskosten und Materialkosten lassen sich einsparen, wenn schon die Fahrzeugentwicklung auf der Basis von Daten erfolgt. Das heißt: Wenn Wertschöpfung vom Fahrenden und seiner »Experience« ausgehend gedacht wird. Und nicht mehr vom Motor und seinen Pferdestärken.

Das ist der Grund, warum Apple sich so schwertut, Kooperationspartner für das eigene Autoprojekt zu finden.[4] Partner, die Autos bauen können, gibt es genug. Aber nicht jeder ist bereit, dem iPhone-Giganten die Kundenschnittstelle zu überlassen und die eigene Marke zu einem Apple-Zulieferer zu degradieren. Klar ist: Wer den direkten Zugang zum Kunden hat, der hat den Gewinn.

Wie globale Lieferbeziehungen entstanden sind und sich verändern

Rückblende 1913. Henry Ford erfindet die Fließbandfertigung und löst damit die erste Revolution der Automobilindustrie aus. Die Ära der Einzelmanufaktur der Automobile ist vorbei, die Autoproduktion wird standardisiert, und damit wird das Auto zum relativ günstigen Massenprodukt. Interessant ist, dass Autobauer wie Ford zu diesem frühen Zeitpunkt eine vollständige vertikale Integration für ideal hielten: Der besseren Kontrolle über Mengen und Qualitäten wegen sollen alle Teile im eigenen Haus hergestellt und gelagert werden. Das funktioniert zwar zufriedenstellend, doch im Laufe der Zeit schleicht sich so eine gewisse »produktive Ineffizienz« ein.[5] Denn alles selbst machen heißt hohe Personalkosten, und alles am Lager halten heißt hohe Raumkosten und gebundenes Kapital.

Und das ist der Anstoß für die zweite Revolution der Automobilindustrie Mitte des 20. Jahrhunderts. Unter dem Druck knapper Ressourcen entwickeln die japanischen Wirtschaftsingenieure Taiichi Ohno und Eiji Toyoda das System der »schlanken Produktion« bei Toyota – und bringen ein völlig neues Denken in Stellung. Im Fokus steht nun nicht mehr die möglichst große Kontrolle über alle Teile, sondern die möglichst umfangreiche Auslagerung aller Personal- und Lagerkosten zu festen Geschäftspartnern. Mit diesem Paradigmenwechsel entsteht das komplexe System der gestaffelten Zulieferer der Autobranche auf verschiedenen Wertschöpfungsstufen, die heute unter der Bezeichnung »Tier« (Rang/Ebene) bekannt und in Deutschland so fest etabliert sind, dass Zulieferer als Wertschöpfer und Arbeitgeber eine mindestens so große Rolle spielen wie die Hersteller selbst. Von unten nach oben gestaltet sich die Pyramide wie folgt:

- Tier-2-Supplier: Liefert einzelne *Teile* (zum Beispiel Schrauben) oder – mit einem höheren Wertschöpfungsbeitrag – ganze *Komponenten* (zum Beispiel Steuergeräte).
- Tier-1-Supplier: Liefert größere *Module* (zum Beispiel Getriebe) oder, mit höherer Wertschöpfung, ganze *Systeme* (zum Beispiel Achssysteme).
- Tier-0,5-Supplier: Generalunternehmer, die vollständige Fahrzeuge entwickeln und herstellen können (wie zum Beispiel Magna Steyr).

Die Integrationsverantwortung liegt bei demjenigen, der Module liefert: Tier 1 verantwortet also Tier 2. Die Koordination zwischen Hersteller und Suppliern läuft, um es nur kurz in Erinnerung zu rufen, so ab: Im ersten Schritt entwickelt ein Automobilhersteller in Kooperation mit strategischen Partnern aus der Zulieferindustrie und dem eigenen Bereich »Forschung und Entwicklung« neue Technologien zum Beispiel rund um Antriebstechnik, Elektrik, Design. Wenn diese Konzepte in der Vorentwicklung ausreichend stabilisiert worden sind, kommt der Einkauf ins Spiel. Dieser Bereich beschafft mit seiner komplexen Logistik in der Zulieferkette alles, was an Modulen benötigt wird. Der nächste Schritt ist die Produktion, in der alle Teile zusammenkommen. Über funktionsübergreifendes Projektmanagement wird sichergestellt, dass man das Beste von allem zusammenbringt: Technologie und Design, Verbrauch und Sicherheit, Kosten und Nutzen. Und dahin kommt man nur, wenn alle funktionalen Bereiche von Beginn an eingebunden sind. Am Ende zählen nicht Mittelmaß oder Durchschnitt, sondern Balance und Charakter.

Verkauf und Auslieferung der fertigen Modelle übernehmen Marketing und Vertrieb sowie externe Vertragshändler wie Autohäuser und Autohaus-Gruppen. Nach dem Autokauf stehen weitere Stufen der Wertschöpfung: Im After-Sales-Bereich geht es um Reparaturen und das Geschäft mit Ersatzteilen – ein eher kleiner, aber extrem profitabler Bereich. Das trifft auch für das Geschäft mit Financial Services zu. Auch dieses erwirtschaftet hohe Renditen, und auch hier kommen externe Partner oder eigene Gesellschaften ins Spiel. Soweit bekannt und wenig überraschend. Interessant wird es am nächsten Punkt: IT.

Abteilungen für IT gab es in den Zehnerjahren bei Ford nicht und in den Fünfzigerjahren auch bei Toyota nicht. Die ersten Industrieroboter tauchten in den Siebzigerjahren in der Automobilindustrie auf. Mit Computer Integrated Manufacturing (CIM) mühte man sich in den Achtzigerjahren ab, Abteilungen für Datenverarbeitung und Informationstechnologie wurden nach und nach aufgebaut und spätestens in den Neunzigern vermehrte sich eine neue Spezies bei den Autobauern rapide: Programmierer. Man gliederte sie an den Produktionsprozess zunächst irgendwie an, dann immer wieder um – über eine Rolle als »unterstützendes Element zur Produktion von Fahrzeugen« oder die Unternehmenssteuerung via SAP kamen sie lange Jahre nicht heraus.[6] Wie sehr uns diese Beiboot-Denke sowohl beim Thema Auto-Software als auch in der Industrie-4.0-Produktion auf die Füße fällt, sehen wir erst heute.

Zurück zu den von Ford (Fließband) und Toyota (schlanke Produktion) angestoßenen Revolutionen im Autobau. Worum ging es da eigentlich? Obwohl beide mit unterschiedlichen Strategien arbeiteten, verfolgten beide das gleiche Ziel: Sie wollten mehr Autos bauen, sie wollten qualitativ bessere Autos bauen und sie wollten kostengünstigere Autos bauen. Der Unterschied zwischen beiden Systemen besteht darin, dass Ford die komplette *Wertschöpfungskette* im eigenen Haus hielt, während sich die Wertschöpfung in der aktuellen *Zulieferpyramide* der Automobilindustrie zwischen den einzelnen Stufen aufteilt.

Laut VDA wird heute der größte Teil der Wertschöpfung des Endprodukts – etwa 75 Prozent – in den vor- und zwischengeschalteten Stufen erbracht. Die großen Automobilherstellermarken halten lediglich das unter dem eigenen Markendach, was für die Kunden vermeintlich den Unterschied macht: Design, Motor, Antriebsstrang, Montage.[7]

Dieses System ist in Deutschland seit den Achtzigerjahren Schritt für Schritt entstanden. Im Laufe der Zeit wurden immer mehr externe Partner eingebunden und in immer größerem Ausmaß Kooperationen vereinbart – auch zwischen den eigentlich in Konkurrenz stehenden »Original Equipment Manufacturers«, kurz OEMs, die Autos unter eigenem Markennamen vertreiben.

Doch erst in den 2000er-Jahren wurde es hierzulande richtig »lean«. Man spielte mit dem Szenario, dass OEMs fast gar nichts mehr im eigenen Haus entwickeln und produzieren, sondern nur noch für Innovation und Netzwerkkoordination zuständig sind. Das Automodell, für das diese Idee schon früh umgesetzt wurde, ist bekanntermaßen der »Smart«. Die Fertigungstiefe dieses Modells umfasst lediglich rund 10 Prozent. Das heißt: 90 Prozent der Schritte bis zum fertigen Smart erbringen Zulieferunternehmer, die rund um die Hambacher Autofabrik »Smartville« eigene Produktionsstätten unterhalten. »Modular Sourcing« heißt das Prinzip, Tier-1-Zulieferer ganze Module fertig anliefern zu lassen. Smart hat dieses Prinzip zwar besonders konsequent umgesetzt – und trotzdem: Der Smart wurde nie ein Erfolg, weil er immer zu teuer war und zu wenig »sexy«. Deshalb wurde er in ein Joint Venture mit Geely eingebracht. Entwickelt und produziert wird der Smart jetzt in China, natürlich rein elektrisch.

Die Arbeit mit dem Modellbaukasten ist heute in der gesamten Industrie – nicht nur in Automotive – verbreitet, weil sie zwei Vorteile bringt. Erstens Flexibilität: In einer Zeit, in der Autobauer praktisch für jeden Kunden ein individuelles Wunschauto bauen, ermöglicht die Auslagerung ganzer Bauteile an Zulieferer eine größere Flexibilität. Nur wenige Endkunden wissen zum Beispiel, dass heute für jedes einzelne Auto ein individueller Kabelbaum konfektioniert wird – nicht selten unter prekären Bedingungen in Nordafrika. Zweitens Tempo: Hersteller überbieten sich mit immer kürzeren Produktlebenszyklen. Dieses Tempo lässt sich zu vernünftigen Kosten nur unter intensiver Einbeziehung externer Supplier erreichen.

Wo das Liefernetz reißt

So überzeugend sich die Vorteile der Wertschöpfungskette auf den ersten Blick darstellen, so gravierend sind ihre Nachteile: mangelnde Nachhaltigkeit, Lieferengpässe, branchenübergreifende Konkurrenz um Chips und Co und die hohe Abhängigkeit europäischer Autohersteller von Asien und den USA. Lassen Sie uns diese Punkte näher anschauen:

1. Mangelnde Nachhaltigkeit in der Logistik: Die Automobilindustrie ist eine auf vielen Ebenen globalisierte Industrie. So werden viele Ausgangsmaterialien oft per Lkw rund um den Globus verfrachtet oder mit gigantischen Frachtern verschifft. Nach Ablauf der Produktlebensdauer werden die Materialien dann wieder in andere Länder transportiert: jetzt zum Recycling oder dorthin, wo es kaum gesetzliche Auflagen für Emissionen und Sicherheit gibt, etwa nach Nordafrika. Auch fertig montierte Fahrzeuge werden auf Charterschiffen an ihr Ziel gebracht. Schiffe dieser Größe können rund 3500 Fahrzeuge auf einmal transportieren. Allein für Volkswagen fahren jeden Tag mehrere hundert Frachter rund um den Globus, die es auf eine Jahreskapazität von 2,8 Millionen Neuwagen bringen. Das Problem: Der weltweite Schiffsverkehr verfeuert jede Menge Schweröl und ist für etwa 2 Prozent der globalen Treibhausgasemissionen verantwortlich.[8] Das klingt zwar nach nicht viel – wenn man sich aber anschaut, wie viele Emissionen das pro Einzelschiff sind, ist das Problem doch gravierend.

Ein weiteres Nachhaltigkeitsproblem ist das Thema humane Arbeitsbedingungen. Es ist kein Geheimnis, dass sowohl in Afrika – siehe Kabelbäume, siehe auch Abbau seltener Erden – als auch in Asien – siehe das hoch brisante Thema Zwangsarbeit – erhebliche Nachhaltigkeitsrisiken an der Tagesordnung sind.[9] Daher halte ich es für einen richtigen und notwendigen Schritt, wenn Mitte 2023 ein neues Lieferkettengesetz in Kraft tritt. Die Idee dahinter: Unternehmen sollen für ihre komplette Lieferkette garantieren, dass im Hinblick auf Menschenrechte und Umweltschutz Standards eingehalten werden. Auch hier gibt es bereits technische Lösungswege: Volkswagen, Porsche und Audi setzen auf künstliche Intelligenz und Blockchain Audits vor Ort. Ein Algorithmus des Start-ups Prewave scannt Social Media und Nachrichten aus mehr als 150 Ländern und hat dabei rund 4000 Lieferanten und 5 000 Schlagwörter im Blick. Findet er Hinweise auf Nachhaltigkeitsrisiken, alarmiert er die Hersteller. Für Audi ist das kein neues Thema: Der Ingolstädter Hersteller hat in den vergangenen Jahren mehrere Nachhaltigkeitspreise für seine Logistik gewonnen (BVL-Preis 2012; World Finance Magazine 2020), in jüngster Zeit gewann Audi außerdem den Sustainability Award in Automotive 2021 (ATZ/MTZ/Roland Berger) für den Einkauf.

2. Lieferengpässe lassen die Kette reißen: Je stärker die Produktion der Automobilhersteller abhängig ist von der qualitativ hochwertigen und pünktlichen Lieferung diverser Zulieferer, desto höher ist die Gefahr, dass die gesamte Produktion stillsteht, wenn irgendwo auch nur ein einziges Kettenglied reißt. Wie schnell das passieren kann, haben wir in der Coronakrise schmerzlich erlebt. Als Grenzen geschlossen und Städte abgeriegelt waren, stoppte die Autoproduktion überall auf der Welt. Es fehlten Teile aus Nordamerika, aus Europa, aus China. Die Zulieferkette offenbarte sich in dieser Zeit als, so formulierten es Autoexperten von Ernst & Young, »die Achillesferse der gesamten Industrie«. Einige Hersteller reagierten offenbar kreativ auf die ungewohnten Herausforderungen, indem sie etwa Mitarbeiter mit großem Koffer nach China schickten, um Teile rechtzeitig an die Bänder zu schaffen. Oder indem sie Lastwagen die komplette Strecke von China nach Europa fahren ließen.[10] Das mögen spannende Anekdoten sein, aber mit individuellen Heldentaten lassen sich strukturelle Probleme nicht beheben.

Eigentlich – so ehrlich muss man sein – war die Verletzlichkeit der komplexen Lieferketten bekannt. Die Automobilindustrie musste nach der Reaktorkatastrophe von Fukushima im Jahr 2011 schon einmal auf reißende Lieferketten reagieren. Und es vergeht kaum ein Jahr, in dem nicht irgendwo ein Lager oder eine Produktionshalle abbrennt, in dem nicht plötzlich Zollschranken gebaut oder Sanktionen verhängt werden, in dem nicht Zulieferer wegen Vertragsstreitigkeiten in Streik treten oder Insolvenz anmelden – das alles passiert kontinuierlich, immer schon musste man reagieren, immer schon hat man diese Ausfälle teuer bezahlt, und trotzdem hat man lange an den vielteiligen Lieferketten festgehalten.

3. Branchenübergreifende Konkurrenz um Supplier: Das größte Nachschubproblem bereiten derzeit Halbleiter. Der weltweite Chipmarkt ist praktisch leer. Mit gravierenden Auswirkungen auf Autobauer rund um den Globus: Autospezialist Arndt Ellinghorst vom Analysehaus Sanford C. Bernstein schätzt, dass im ersten Halbjahr 2021 bis zu 4,5 Millionen Fahrzeuge weniger hergestellt werden als geplant. Aktuell – im März 2021 – muss zum Beispiel Ford seine Bänder stoppen, VW schickt Mitarbeiter in Kurzarbeit, Audi fährt die Produktion in China herunter. Alles wegen fehlender Chips. Warum die fehlen? Dazu gibt es unterschiedliche Erklärungsversuche.[11]

Die erste Grund: Seit Autos keine analogen Maschinen mehr sind, greifen Autobauer auf die gleichen Bauteile zurück wie die Hersteller von Informations-, Kommunikations- und Unterhaltungstechnologie. So entstand eine Konkurrenz um Supplier quer durch alle Branchen, die es in der Wertschöpfungspyramide so zuvor nicht gegeben hat. Als in der Coronakrise dann Millionen von Menschen ihre Homeoffices mit Laptops, Kameras und Druckern und ihre Wohnzimmer mit mehr und mehr Unterhaltungselektronik ausstatteten, kamen die Chiphersteller mit der Produktion nicht mehr hinterher. Die Lage verschärfte sich durch die global wachsende Bedeutung von Kryptowährungen.

Die zweite Grund ist ein geopolitischer: Als die USA Sanktionen gegen Huawei verhängten, reagierten Unternehmen weltweit mit Hamsterkäufen. Vor allem chinesische Hersteller füllten ihre Chiplager so massiv auf, dass die weltweiten Just-in-time-Liefersysteme zusammenbrachen.

Der dritte Grund ist ein ökologischer: Viele Halbleiter und andere Schlüsselkomponenten kommen aus Taiwan. Deren Produktion benötigt so große Mengen an Wasser, dass die Insel mittlerweile unter Dürre leidet. Ihre Reserven sind erschöpft, die Wiederaufbereitung kommt nicht mehr hinterher, Besserung wird erst 2022 erwartet.

Ich meine, dass die Logistik rund um Halbleiter schon vor der aktuellen Krise nicht zeitgemäß war: Chips von Singapur oder Hongkong nach Rotterdam verschiffen, dann nach Osteuropa fahren, sie dort in Systeme integrieren lassen und von dort weitertransportieren zu Autowerken? Spätestens als Lkw im Corona-Lockdown 60 Stunden an den geschlossenen Grenzen standen, zeigte sich das hohe Risiko der globalen Abhängigkeit. Es ist richtig, dass zum Beispiel Bosch jetzt in Dresden investiert. Trotzdem spielt die Musik woanders: bei Nvidia, Intel, Qualcomm, bei Samsung und Huawei. Wir sind immer noch Lichtjahre entfernt. Da müssen wir aufholen.

4. Europa steht mit ziemlich leeren Händen da: Experten schätzen, dass Europa mindestens 50 Milliarden Euro jährlich in eigene Halbleiter-Produktionsanlagen stecken muss, um sich unabhängig von geopolitischen Verwerfungen versorgen zu können. In den USA gibt es bereits ein Förderprogramm im Umfang von 50 Milliarden Dollar. Intel-Chef Pat Gelsinger will für 20 Milliarden Dollar zwei Fabriken in Arizona bauen, um den Anteil amerikanischer Chipfabriken von 12 auf 30 Prozent hochzudrücken.[12]

In Deutschland eröffnet Bosch im Jahr 2021 sein eigenes Halbleiterwerk in Dresden. Die Investition von rund einer Milliarde Euro klingt im Vergleich zu Intel übersichtlich, doch plant Bosch hier auch einen qualitativen Sprung nach vorn: in die hochreinen Siliziumstrukturen sollen Kohlenstoffatome eingearbeitet werden, um die elektrische Leitfähigkeit zu pushen – was E-Autos eine höhere Reichweite beschert.[13] Gefördert wird Boschs Neubau vom Bundesministerium für Wirtschaft und Energie. Etwas größer dimensioniert als Bosch, aber im internationalen Vergleich ebenso übersichtlich, errichtet Deutschlands größter Chiphersteller Infineon aktuell ein Werk im österreichischen Villach. Investition:

1,6 Milliarden Euro. Dem Unternehmen zufolge verzichtet man weitgehend auf Subventionen.

Seien wir ehrlich: In Sachen Halbleiter und Chips backen Deutschlands Autobauer ziemlich kleine Brötchen. Und schon wieder passiert das, was beim Thema Smartphone schon einmal passiert ist, beim Thema Solarzelle, beim Thema Batterie und auch bei der Frage nach der richtigen Auto-Software. Unsere Industrie hat sehr früh die Nase vorn, leidet plötzlich unter Selbstzweifeln, zieht sich zu früh aus dem Wachstumsmarkt zurück und taucht erst dann wieder aus der Versenkung auf, wenn der Zug abgefahren ist. Warum eigentlich? Warum nehmen sie nicht viel mehr Geld in die Hand, um bei Halbleitern und Chips aufzuholen?

Erste mögliche Antwort: Es lohnt sich noch nicht. Zwar haben wir es in Europa innerhalb der vergangenen Dekade geschafft, qualitativ auf das Niveau der Mitbewerber aus Asien und den USA zu kommen. Doch wir sind noch lange nicht so effektiv, und das heißt: zu teuer. Und da, wo Europa die Nase vorn hat, stehen Investoren schon Schlange: Der in Taiwan ansässige Chiphersteller Globalwafers will etwa den bayerischen Vorprodukteherstellter Siltronic kaufen – ob er diesen Schritt der nationalen Sicherheiten wegen überhaupt gehen darf, untersuchen gerade das Bundeswirtschaftsministerium und das US-Aufsichtsgremium CFIUS.[14] Auch um die britische Chip-Design-Schmiede ARM rangeln sich die Interessenten: Der kalifornische Grafikprozessorenentwickler Nvidia will ARM für 40 Milliarden Dollar übernehmen – doch Wettbewerbshüter aus der EU, aus China und vor allem aus Großbritannien diskutieren noch. Weil ARM Großbritanniens einziges wichtiges Tech-Unternehmen darstellt, ist man auf der Insel natürlich *not amused* – aber das strukturelle Problem ist ein viel grundlegenderes. Marcus Berret, Geschäftsführer und Autoexperte bei der Unternehmensberatung Roland Berger, bringt es auf den Punkt: »Es ist ein Dilemma: Was gesamtwirtschaftlich rational wäre, ist aus der Perspektive einzelner Konzerne nicht unbedingt sinnvoll.«[15]

Salopper gesagt: Man will Gewinne einfahren und nicht Europa retten. Infolgedessen sei jedenfalls bisher auch der Aufbau größerer europäischer Konsortien für die Batterieproduktion gescheitert. Wenn nun der Anteil ursprünglich branchenfremder Teile wie Batterien, Hardware und Software im Auto immer größer werde, dann werde auch die Abhängigkeit von US-amerikanischen und asiatischen Zulieferern immer größer – also von Unternehmen, »deren erste Priorität oft nicht die Autoindustrie ist«.

Und damit sind wir bei der zweiten Antwort: Dass der europäische Anteil an der globalen Chipproduktion bei mageren zehn Prozent dümpelt, ist auch eine Folge politischer Entscheidungen. China pumpt schon lange erhebliche Subventionen in den Sektor. Allein in den Aufbau des Halbleiterherstellers Yangtze Memory ließ China offenbar 30 Milliarden Dollar fließen. Das Unternehmen, berichtet das *Handelsblatt*, »habe bereits Tausende von Patenten angemeldet und sei wie andere chinesische Hersteller sehr aktiv in wichtigen Standardisierungsgremien«.[16]

An dieser Stelle zeigt sich sehr klar, dass das westliche Diktum vom Markt, der für alle alles zum Besten regele, so einfach nicht stimmt. Der Halbleitermarkt funktioniert zwar wie ein großes Spiel, in dem für alle die gleichen (Markt-)Regeln gelten. Doch die Spieler sind gedopt. Gedopt mit Subventionen. Und vom stärksten Doping profitieren die Spieler aus Fernost. Ob es Europa gelingt, sich so zusammenzuraufen, dass es die eigenen Spieler zwischen den Champions USA und China noch in Stellung bringen kann?

Immerhin haben sich im Dezember 2020 dann doch 13 EU-Länder zusammengeschlossen, um sich mit gemeinsamen Chipindustrie-Projekten aus der Blechbiegerliga emporzuarbeiten.[17] In diesen Ländern können nun Industrieallianzen gebildet werden, in die üppige Staatshilfen fließen. Die strategische Bedeutung für Europa wurde endlich erkannt, das ist die gute Nachricht. Ob die Mittel und das Timing reichen, um in diesem Spiel noch aufzuholen, ist durchaus fraglich – aber nicht unmöglich.

Europa braucht eine starke regionale Industrie

Im April 2020, als in der Coronakrise die ersten Lieferketten gerissen waren und sich Automobilexperten die Köpfe heiß diskutierten, wie es nun wohl weitergehe mit der globalen Industrie, da gab es viel Wind um das Stichwort »De-Globalisierung« respektive »Regionalisierung«. Die Unternehmensberatung McKinsey zum Beispiel rechnete mit einer stärkeren Regionalisierung und Digitalisierung der Wirtschaft.

»Wir erwarten, dass sich sehr viele Unternehmen ihre globalen Lieferketten anschauen und lokalere Strukturen aufbauen«, prognostiziert zum Beispiel Knut Alicke, McKinsey-Experte für Produktion und Lieferketten.[18]

Die Zulieferstudie 2020 aus dem Hause strategy& kommt zu einem etwas anderen Ergebnis: Deutschland habe bei der Beschaffung von Metallen und Nichtmetallen zwischen 2005 und 2020 jeweils etwa 30 Prozent relatives Einkaufsvolumen bei den europäischen Lieferanten verloren; beim Thema Elektrik/Elektronik seien es 20 Prozent weniger gewesen. Im gleichen Zeitraum seien Chinas Anteile kontinuierlich gestiegen. Fazit: »Globales Sourcing bleibt trotz der Coronakrise die Prämisse der Stunde.« Gleichzeitig erwäge aber jedes zweite Unternehmen, in Zukunft Produkte intern zu produzieren. Motivationsquellen seien hier der Schutz von Intellectual Property (IP), die Sicherung von Arbeitsplätzen und hohe Zölle im globalen Handel. So sieht strategy& eine gegenläufige Entwicklung: »Insourcing steht nach langer Zeit wieder auf der Agenda.«[19]

In einem Spannungsfeld »zwischen Effizienz und Resilienz« sieht Dr. Thieß Petersen, Senior Advisor bei der Bertelsmann Stiftung in Gütersloh, die globalen Lieferketten der Industrie. Ihm zufolge erfolgt eine »Verkürzung der Lieferketten« nur dann, »wenn dies nicht zulasten der Effizienz« geht – ein Widerspruch in sich, der sich hoffentlich durch den Einsatz von 3D-Drucktechnologie langfristig auflösen lasse. Wenn Kunststoffe, Metalle und andere Grundstoffe nach Bedarf zu Einzelteilen oder kompletten Bauteilen verschmolzen werden können, avanciere die 3D-Drucktechnologie zu einem »Katalysator des Insourcings«.[20] Wir wissen heute, dass dies nicht nur zu erheblich weniger Materialverschwendung führt, sondern auch zu erheblich günstigeren Logistikkosten. Auf die Reise zwischen Ländern und Kontinenten gehen schließlich nicht mehr mit Teilen beladene Lkws, sondern nur noch Baupläne via Datenleitung. Eine komplette Unabhängigkeit von globalen Zulieferketten lässt sich damit allerdings auch nicht erreichen: Wer 3D-Drucker mit Rohmaterialien beschicken will, braucht zuallererst diese Materialien. Und die Grundstoffe für die meisten Kunststoffe, Metalle und Co kommen nach wie vor nicht aus Deutschland.

Es ist also kompliziert. Hersteller versuchen zwar, wichtige Lieferketten nach Europa zurückzuholen. Solange es aber Rohstoffe aus aller Welt braucht, kann es sich nicht de-globalisieren. Geht nicht. Und solange BMW oder VW selbst riesige Produktionsanlagen in den USA und in China unterhält, kann man sich ohnehin fragen, inwiefern diese Unternehmen überhaupt noch europäisch sind – oder vielmehr selbst längst globale Player, die im Gerangel zwischen USA und China nach ihren eigenen Regeln spielen.

Neue Konstellationen im Kampf um die Marktmacht

Es vergeht kaum ein Tag, an dem nicht wieder ein großer Hersteller mit einem anderen großen Hersteller kooperiert, an dem ein großer einen kleinen schluckt oder umgekehrt, an dem ein Smartphonehersteller (wie Foxconn) nun plötzlich Autos bauen lässt oder ein Mobilitätsdienstleister (etwa Didi) oder eine Immobilienfirma (zum Beispiel Evergrande). Die Automobilbranche hat sich in ein riesiges »Tinder« (ja, die Datingplattform) mit einem so hohen Durchlauftempo verwandelt, dass sich die Wer-mit-wem-Frage fast nur noch tagesaktuell beantworten lässt. Betrachten wir den Kooperationsmarkt also aus einiger Entfernung. Was ist da los? Typischerweise werden »Entwicklungspartnerschaften« nach den üblichen drei, eigentlich vier Modi gestrickt:

1. Zukauf aus dem Regal der IT- und Telko-Industrie, um die schlimmsten Schmerzen zu stillen.
2. Dann eine »Entwicklungspartnerschaft« mittels einer groß angelegten Kooperation, wobei nicht ganz klar ist, ob nicht einfach die Arbeit in die Hände eines »neuen« Tier-1-Partners (dieses Mal aus der IT-Industrie) gelegt wird.
3. Und schließlich drittens der Ansatz, »wir machen alles allein«, also nichts mit Partnerschaft. Dann gehört dem OEM garantiert die Intellectual Property – und weil die Herausforderung so groß ist, wirft er viele Menschen auf das Problem. Eine Variante dieses Ansatzes ist die Gründung eines agilen Beiboots als eigene Geschäftseinheit.
4. Oder der OEM kauft Menschen und Firmen hinzu, dann ist auch wieder alles intern. Zudem entpuppt sich manche Entwicklungspartnerschaft auf den zweiten Blick als recht einseitiges Verhältnis. Es besteht die Gefahr einer Degradierung zum Blechlieferanten.

Daimler-Truck-Chef Martin Daum hat dies anlässlich seiner Partnerschaft mit Waymo zugegeben. Denn die angekündigte Kooperation bei der Entwicklung von autonomen Trucks entpuppt sich auf Nachhaken der *Automobilwoche* am 27. Oktober 2020 als Liefervertrag des US-Modells Freightliner Cascadia. »Am Ende verkaufen wir das Chassis an Waymo«, sagte Daum dem Branchenblatt. Ohne Zugriff auf die Technologie von Waymo und die Daten, die diese ermittelt.

Und damit sind wir beim nächsten Aspekt der Frage: Was ist da eigentlich los? Fakt ist: Wir sehen völlig neue Kooperationen kreuz und quer durch das Wertschöpfungsnetz, weil sich der neue Kampf um Marktanteile nicht mehr um das Auto selbst dreht, sondern um die Macht über die virtuelle Wahlheimat des Kunden: um die Kundenschnittstelle, um die Kundendaten, um die Kundenkonten.

»Microelectronics and Software first« stellen die Automobilindustrie auf den Kopf

Das Auto ist in Zukunft nicht mehr als eine *um einen Motor* konstruierte Blechhülle zu sehen, sondern als Teil eines *um den Kunden* gebauten, smarten Ökosystems. Wir stehen wie gesagt vor einem Paradigmenwechsel. Und so einfach und logisch er auch klingen mag – es ist genau dieser Paradigmenwechsel, der nicht nur die Denke deutscher Automobilbauer pulverisiert hat, sondern auch ihre Entwicklungsmethoden.

Die über Dekaden eingeübten Produktionsphasen im Autobau passen nicht mehr hintereinander. Das ist so, weil IT eben nicht am Ende irgendwo kommt – als »unterstützendes Element«, oder schlimmer noch, als irgendeine Backend-Komponente, die der Einkauf auch noch irgendwo günstig mitnimmt –, sondern am Anfang.

Setzt man die Softwareentwicklung *nicht* an den Anfang, machen sich im Auto irrwitzig viele interne Schnittstellen und Steuergeräte breit, beim Automobilhersteller bosseln zahllose Organisationseinheiten nebeneinander, die Dinge doppelt und dreifach entwickeln und ihre Ergebnisse langwierig synchronisieren müssen. Und in der Zulieferkette liefern unzählige Provider unterschiedlichste Ergebnisse an – wobei die Hersteller hier oftmals nicht einmal den konkreten Code zu sehen bekommen, sondern lediglich Artefakte. Ergebnis ist dann das, was wir lange Jahre für normal hielten: Ein bis oben hin mit Steuergeräten und Kabeln vollgestopftes Auto, das zwar im Idealfall mit perfekt integrierter Technologie aufwartet, das aber, wenn man ehrlich ist, viel zu komplex angelegt ist. Mit einer Fülle nachfolgender Nachteile: Relevante Daten und Software liegen *nicht* beim Hersteller. Und jede Innovation zieht einen derartigen Rattenschwanz an Integrationsproblemen nach sich, dass sie schon am Tag ihrer Fertigstellung hoffnungslos veraltet ist – oder von anderen Anbietern kostenlos im Google Play Store verfügbar ist.

Fakt ist: Software bringt heute keine unterstützende oder nachgelagerte Wertschöpfung, Software ist Ausgangspunkt der neuen Wertschöpfungskette. Und deshalb stellt Software die Entwicklung jedes Automobilherstellers auf den Kopf. Ausgenommen Tesla. Denn Tesla stand quasi schon immer kopf, hat schon immer von der Software aus gedacht und von der Software aus gebaut. Deshalb lesen wir jetzt überall »Software first«.

Doch das ist nur die eine Seite der Medaille. Wir schauen immer auf die Software, aber Software und Fahrzeugentwicklung sind nichts ohne Chips. Hochleistungsrechner brauchen Hardware. Mikroelektronik ist heute die Basis für jede Anwendung im Auto, und da denke ich nicht nur an Sitzheizungen. Hier geht es um autonomes Fahren und um Antriebstechnik, es geht um die Kernkompetenzen der Automobilindustrie. Hier brauchen wir europäische Anbieter und die Entwicklung einer Chipindustrie auf Augenhöhe mit Wettbewerbern wie Nvidia und Co – besser noch darüber hinaus.

Daten sind das neue Öl – das Auto ist die neue Öllampe

Wir müssen die Sache so sehen: Wenn Daten das neue Öl sind, dann ist das Auto die neue Öllampe. Sie kennen das sogenannte Rockefeller-Prinzip? Man sagt John D. Rockefeller nach, er habe Öllampen besonders günstig verkauft, um den dauerhaften Absatz seines Öls sicherzustellen.

Mit diesem Prinzip vor Augen wird es plötzlich plausibel, dass eigentlich konkurrierende Unternehmen wie VW und Ford eine gemeinsame Plattform nutzen, genauso wie auch BMW und Toyota für den Z4 und Supra. Es wird auch plausibel, dass ganz unterschiedliche Hersteller wie Mercedes, BMW und Jaguar alle beim gleichen Auftragsfertiger bauen lassen: Magna Steyr – was für den Wert der Autos als Markenprodukte keinen Unterschied bedeutet.[21] Und es wird auch klar, warum beim Thema »autonomes Fahren« praktisch jeder große Hersteller mit mindestens irgendeinem anderen großen Namen kooperiert: Es geht darum, schnell zu sein. Es geht darum, möglichst schnell möglichst günstig möglichst viele eigene Öllampen im Markt zu verteilen, um dann mitzuverdienen, wenn der große Ölverkauf losgeht.

Wenn es im Automarkt der Zukunft also nicht mehr allein um das Auto geht, sondern um das Geschäft mit dem virtuellen Habitat des Kunden, dann haben BMW, Daimler und VW allerdings noch nicht ganz so weit ausgeholt wie Toyota und Tesla. Toyota, wir erinnern uns, hat über das Auto hinaus eine smarte Stadt entwickelt. Tesla umspannt den Globus mit einem eigenen Satellitensystem – die Ölfelder des 21. Jahrhunderts –, und mehr noch: entwirft Solartechnik, entwickelt Batterietechnik, entwirft neue Lebensräume auf dem Mars. Man kann davon halten, was man will: Diese Projekte sind im Gerangel um die Märkte der Zukunft absolut konsequent nach vorne gedacht.

Deutschlands Autobauer sind mit konkreten Smart-City- oder Marsbesiedlungsprojekten (ich sage: »Gott sei Dank!«) nicht vertreten, haben aber an anderer Stelle einiges richtig gemacht. Dazu drei Beispiele.

- *E-Tankstellennetz Ionity*: Hintergrund der seit 2016 laufenden gemeinsamen Anstrengungen der größten deutschen Autobauer plus Ford ist die Einsicht, dass sich der hoch subventionierte E-Auto-Markt nur dann neu aufteilen lässt, wenn diese Autos irgendwo Strom ziehen können. Insofern lohnte sich die Kooperation der direkten Wettbewerber mehr als eine Handvoll Einzellösungen. Zumindest in der Anlaufphase, in

der es mehr um die Akzeptanz eines neuen Antriebs ging als um Gewinn.
- *Mobilitätsdienstleister Share Now*: Hintergrund der Fusion der Mobilitätsdienste Car2go und DriveNow von Daimler und BMW ist der Versuch, den Mobilitätsmarkt nicht völlig den USA (Uber, Lyft) oder China (Didi) oder hiesigen Konkurrenten (Sixt) zu überlassen. Auch hier also: besser zusammenarbeiten, als jeder für sich untergehen. Wobei mittlerweile bekannt ist, dass ShareNow schon wieder am Scheideweg steht. Weil die Mutterhäuser alle Ressourcen in ihre E-Autos und Digitalstrategien stecken, muss sich die Carsharing-Tochter auf eigene Füße stellen – möglicherweise via Franchise-Konzept. Auch dies: ein Schritt in die richtige Richtung.[22]
- Als Audi, BMW und Daimler den ehemaligen *Nokia-Kartendienst Here* für 2,8 Milliarden Euro kauften, stand im Hintergrund ebenfalls die Idee, sich gegen die kartenbasierte Macht von Google und Apple auf der einen Seite und auf der anderen gegen Karten von Huawei (»Petal Maps«) oder Baidu zu wappnen. Wie wichtig dieser Schachzug war, zeigte sich 2017, als sich asiatische Investoren 10 Prozent der Anteile an Here sicherten und Intel 15 Prozent. 2018 zogen Bosch und Continental mit jeweils 5 Prozent Anteilen nach.[23] Warum das Zerren? Wer die Macht über die Karten hat, der weiß nicht nur, wo sein Kunde gerade ist, sondern auch, wo er in Zukunft sein und welche Angebote er dann nutzen – und zahlen – wird. Das genau ist das Gold, nach dem jetzt alle suchen. Das aber noch nicht alle gefunden haben. Der Kartendienst Here jedenfalls macht noch immer Verluste und sucht derzeit neue Geldgeber.[24]

Der Goldstandard ist das in sich geschlossene, digitale Ökosystem, das den Endkunden mit allen privaten und professionellen Bedürfnissen und seiner Geldbörse komplett umschließt. Es liegt nahe, dass Apple genau das mit dem Vorstoß in die Liga der Autobauer versucht. Und möglicherweise hat Huawei etwas Ähnliches vor: Kurz vor der Shanghai Auto Show am 17. April 2021 hatte der chinesische Kommunikationsausrüster und Hardwarehersteller sein erstes vernetztes Elektroauto angekündigt, gebaut in Kooperation mit Arcfox, einer Tochtergesellschaft der Beijing Automotive Group Co. (BAIC). Das Fahrzeug ist mit Huawei-5G-Konnektivität ausgestattet und läuft auf Harmony OS, dem von Huawei selbst entwickelten Betriebssystem, nachdem Android in China nicht mehr verwendet werden durfte. Es verfügt außerdem über ein von Huawei entwickeltes autonomes Fahrsystem, das aus Kameras, Computerprozessoren und Lidar besteht. Dass Huawei beim Thema 5G-Netztechnik ganz vorn mit dabei ist, ist in der Öffentlichkeit spätestens seit 2019 bekannt, als der damalige US-Präsident Donald Trump die Geschäfte mit Unternehmen »gegnerischer« Staaten per Dekret unterband.[25]

In Deutschland bemüht sich das Unternehmen um enge Zusammenarbeit mit diversen Universitäten und Forschungseinrichtungen und betreibt in München eine 5G-Testumgebung. Die Kombination von weltweitem Internetzugang, eigenem Betriebssystem und autonomer Fahrtechnik ist exakt die Idee, die Tesla seit Langem verfolgt. So sind es jetzt offenbar der US-Gigant Tesla und der chinesische Riesenkonzern Huawei, die sich hier – in quasi identischer Rüstung – im Kampf um den neuen Markt gegenüberstehen. Wobei jeder meint, dem anderen überlegen zu sein.

Welche Rolle Deutschlands Autobauer in diesem Gerangel der Giganten spielen? Nun ja: Wir füttern beide. Tesla bekommt voraussichtlich Hunderte von Millionen Euro für sein Engagement in Grünheide; Huawei wird vom Freistaat Bayern unterstützt. Sowohl Tesla als auch Huawei profitieren von den gut ausgebildeten Ingenieuren und Informatikern hierzulande.

Noch einmal: Es ist kompliziert. Im aktuellen Wertschöpfungsnetz der Automobilindustrie versucht jeder Player, sich mit einer Fülle von neuen Kooperationen quer durch das gesamte Netz und entlang der gesamten Wertschöpfungskette über Wasser zu halten. Entscheidend ist bei diesen Spielzügen nicht die Wer-mit-Wem-Frage. Was in der Branche eigentlich passiert, verstehen wir erst, wenn wir nach dem »Warum?« fragen. Und die Antwort auf dieses »Warum?« geht so: In der vernetzten Welt ist das Auto kein »Heilig's Blechle« mehr. Sondern lediglich eins unter vielen Endgeräten, dessen Datensammlung sich in Cash verwandeln lässt.

Hundertjährige Branchenerfahrung? Nicht mehr relevant. Aus der Champions League der exklusiven Autobauer wird ein neuer Breitensport. Genau das – und damit kommen wir zum nächsten Punkt – sollte die etablierten Champions dazu treiben, jetzt möglichst viel Wertschöpfung aus der Kette zurückzuholen unter das eigene Dach – um auf diese Weise doch wieder exklusiv zu bleiben. Vor allem aber, um die Macht über die Kundendaten im eigenen Haus zu halten. Wir haben es also mit einer gegenläufigen Entwicklung zu tun: neue Kooperationen in alle Richtungen UND eine neue Tendenz zu vertikaler Re-Integration. Wie kann man sich das vorstellen?

Vorreiter Tesla: Zurück zum Do-it-yourself-Prinzip

Tesla war der Erste, der Over-the-air-Updates gemacht hat, und der das auch gut zu vermarkten wusste. Unvergessen, als sie während eines Hurrikans die Reichweite der Tesla-Fahrer signifikant erhöht haben – per Update. Diese Aktion war ein Technologie-Schauspiel, und da kann ich nur sagen: Hut ab. Die anderen Hersteller sind noch nicht in der Lage, so etwas zu tun. Das hat wieder etwas mit Pfadabhängigkeit zu tun: Während sich BMW, Daimler und VW aus ihrem hoch erfolgreichen Brot-und-Butter-Geschäft kommend rund um den Verbrenner kümmern mussten, konzentrierte sich Tesla von Beginn an auf nichts anderes als auf Zukunftsthemen.[26]

Der Vorsprung hat aber nicht nur etwas mit dem Fokus zu tun, sondern auch mit der vertikalen Integration. In dieser Hinsicht folgt Vorreiter Tesla heute der gleichen Strategie, der Vorreiter Ford vor 100 Jahren gefolgt war. Alles, was wichtig ist, das entwickeln sie selbst und das produzieren sie selbst. Und das gilt ganz besonders auch für die wesentlichen Elektronikkomponenten und die Software. Diese Strategie – wohlgemerkt die Strategie einer Autoschmiede aus dem letzten Jahrhundert – schien mir und anderen Top-Managern auf den ersten Blick widersinnig und völlig aus der Zeit gefallen. Und hier fasse ich mir an die eigene Nase: Hier haben wir falsche Entscheidungen gefällt.

Wir haben tatsächlich zu sehr darauf vertraut, dass unsere Lieferanten unsere Probleme irgendwie lösen würden. Mit dem Ergebnis, dass wir jetzt vielerorts eine viel zu niedrige Entwicklungstiefe haben und die Kompetenz im Haus nicht mehr da ist, um diese Dinge auch nur beurteilen zu können oder abzunehmen. Das *ist* eine ganz schlechte Entwicklung, habe ich damals gesagt, und heute sage ich: Das *war* eine ganz schlechte Entwicklung. Denn viele Hersteller sind bereits umgesteuert oder stecken mitten in der Neuorganisation hin zu mehr Do-it-yourself.

Tesla jedenfalls ist in Sachen vertikale Integration mustergültig. Und das liegt an einer völlig anderen Vorstellung, was ein Auto eigentlich ist, und wie man Autos am besten baut. Statt für jedes Fenster, jedes Türschloss und jede Sitzheizung eine eigene Steuereinheit zu verbauen, arbeitet Tesla mit einer zentralen Recheneinheit. Dieser Rechner ist ausgelegt für Aufgaben rund um teilautomatisiertes Fahren und steuert auch jegliches Infotainment. Wie gesagt: Tesla entwickelt fast alles selbst, Software und Hardware. Auch die Daten bleiben bei Tesla – also das Öl, das alle haben wollen. Und das sprudelt kräftig: Die rund 800 000 von Tesla bisher gelieferten Autos sollen jetzt schon mehr Daten sammeln als die 100 Millionen VWs, die weltweit unterwegs sind.[27]

Eine zentrale Recheneinheit – das ist konsequent einfach gedacht und gemacht, und gerade das ermöglicht hochkomplexe Rechenoperationen, mit denen Tesla der hiesigen Konkurrenz um Jahre voraus ist. Und Tesla vereinfacht weiter: In Zukunft will Elon Musk die Produktion von Autos revolutionieren, indem er die Fahrzeugplattform einteilig macht. Dann wäre Schluss mit dem Zusammenschweißen von mehr als 200 Teilen im Karosserieboden. Um das zu erreichen, hat Tesla – so spekulieren jedenfalls Beobachter der Maschinenbaubranche – Druckgussmaschinen bei Idra in Italien bestellt. Das sind gigantische Anlagen, die fertige Karosserieböden aus einem Guss ausspucken. Die Batterie wird dann nur noch eingesetzt, Recheneinheit rein, Deckel drauf, fertig. Und bei diesen Fertigböden geht es nicht nur um Bauteile im Format eines Model X, sondern auch um Bauteile für größere Fahrzeuge wie Pickup-Trucks – bei Tesla also der sogenannte Cybertruck.[28] Ich meine, das klingt einmal mehr nach Science Fiction. Aber Elon Musk hat uns ja schon häufiger Lügen gestraft ...

Wobei Teslas Marktstrategie ganz anders aussieht als die eines VW, eines BMW oder Daimler. Statt Autos immer größer, immer luxuriöser und damit immer lukrativer zu bauen, setzt Elon Musk auf Masse. Sein Ziel ist offenbar, den Markt massenhaft mit günstigen Teslas zu überschwemmen. Siehe Rockefellerprinzip: Je mehr Öllampen du am Anfang verschenkst, desto mehr Öl verkaufst du hinterher.

Was das zeigt? Wer als Vorreiter in einer Branche alles selbst machen will, muss es einfacher machen als andere, er muss es schneller machen und den Markt fluten. Tesla zeigt, wie das geht. Wie sieht es bei Deutschlands Autobauern aus? Um es gleich vorwegzunehmen: Das Imperium hat bereits gewaltig aufgeholt. Manch ein Branchenkenner sieht es schon auf der Überholspur. Wo stehen die drei wichtigsten deutschen Hersteller?

BMW: Die Zukunft hat längst begonnen

Bisher waren die Bayern eher dafür bekannt, zu ihren Zuliefern so viel auszulagern wie möglich. Das ist jetzt vorbei, zumindest in Sachen Software. »Software gehört ins Herz des Unternehmens«, konstatierte BMW-Entwicklungsvorstand Frank Weber jedenfalls gegenüber dem *Spiegel*. Und die Software müsse eng an die Entwicklung der Hardware gekoppelt sein.[29]

Seit 2018 schon baut BMW sein eigenes Betriebssystem BMW OS 7 in jeden neuen Wagen ein. Genau wie Tesla sind die Bayern damit in der Lage, Over-the-air Updates an ihre mehr als 750 000 kompatiblen Fahrzeuge auszuspielen. Zwei- bis viermal im Jahr will man diese Updates anbieten und als Softwarepakete entweder zunächst auf das Smartphone der Kunden oder direkt ins Auto laden. Im Auto jedenfalls schnürt sich das Softwarepaket auf und installiert sich in den Fahrzeugkomponenten, sodass zum Beispiel der Sprachassistent auf dem neuesten Stand ist, die Navigation mit BMW Maps, der Fernlichtassistent, das Fahrerassistenzsystem oder was auch immer. Nach rund 20 Minuten jedenfalls fährt der »User« ein gefühlt neues, ein besseres Auto.

Nachdem BMW mit seinen Modellen i3 und i8 bereits Maßstäbe beim elektrischen Fahren gesetzt hatte und dann leider wieder eingeschlafen ist, will man nun mit dem eigenen BMW-Betriebssystem wieder einen Alleingang nach vorne hinlegen. Genauer: Mit einer Software, deren Fäden BMW komplett in der eigenen Hand hält, die aber trotzdem aus bekannten Modulen aufgebaut und kompatibel ist: Der digitale Autoschlüssel zum Beispiel kommt von Apple. Und die Grundarchitektur kommt, wie es bei praktisch allen Betriebssystemen der Fall ist, von Linux.[30]

Volkswagen: Eine Zukunft für alle

Volkswagen will sein neues, eigenes Betriebssystem ab 2024 in Audi-Modellen einsetzen und ab 2026 dann in jedem Modell aus dem Hause VW. Wie gesagt: Die Grundstruktur basiert auf Linux. Beim Thema Cloud kooperierte VW mit Microsoft. Und an der Stelle, wo sich das Auto mit der Infotainment-Welt verbindet, sitzt Android Automotive aus dem Hause Google. Die Idee dahinter ist klar: Man nimmt die leistungsfähigsten Komponenten, die der Markt zu bieten hat, und fügt sie zu einem eigenen Ökosystem zusammen. Und zwar nur zu einem einzigen System für alle zwölf Konzernmarken. So naheliegend dieser Schritt klingt, so groß, sogar revolutionär ist er für die Wolfsburger. Jedenfalls steht Software jetzt an erster Stelle. Und mit der Verkaufen-an-alle-Idee wäre VW für die Autobranche so etwas, wie es »Intel Inside« in der PC-Branche darstellt. Vielleicht mehr noch: Wenn »VW inside« sich die Macht über die Kundenschnittstelle sichern könnte, dann wäre es sogar so etwas wie das Amazon des Autofahrens.

Passend dazu krempelte Audi kürzlich seine komplette Organisation um, und zwar nach dem Prinzip »Struktur folgt Prozess«. Soll heißen: der Autobauer organisiert sich jetzt nicht mehr nach Funktionen, sondern nach Kompetenzen. Noch einfacher: Es wird nur noch das gemacht, was ausgehend von der zentralen Softwareentwicklung überhaupt noch notwendig ist. Und das ist nicht mehr so viel: Die Zahl der Hauptprozesse wurde offenbar um die Hälfte reduziert, die der Teilprozesse um ein Drittel. Wie grundlegend dieser Strukturwandel in die bestehende Organisation eingreift, zeigt sich an der verwendeten Change-Methode. Um herauszufinden, was wer wo im Unternehmen tut, wurden 1100 Papierstreifen mit Prozessbeschreibungen bedruckt und in einem Konferenzzentrum auf »Wände, Fenster und sogar auf den Fußboden geklebt«. Dann sortierten 25 Change-Team-Mitglieder »mit büschelweise Papierstreifen in den Händen« alles neu. Ein interessantes Vorgehen in Zeiten von KI. Wer radikale Veränderung will, braucht offenbar auch radikale Methoden – und das kann auch heißen: radikal einfache Methoden.[31]

Auch die im zweiten Kapitel bereits erwähnte, neue und selbst gebaute VW-Einheitsbatterie zahlt auf die neue Wertschöpfungsstrategie ein: Möglichst viel in die eigenen Werke zurückholen, möglichst viel selbst machen. Und was man macht, möglichst zentral und einfach machen. Für Volkswagen mit seinen vielen, in interner Konkurrenz stehenden Einzelmarken beginnt damit auch eine neue Phase des internen Teamplays, an das man sich offenbar noch gewöhnen muss.

Mercedes-Benz: Die Opulenz macht den Unterschied

Die deutschen Hersteller sind zwar in Sachen Betriebssystem etwa auf dem gleichen Entwicklungsstand, aber Daimler – seit der Trennung der Geschäftsbereiche genauer Mercedes-Benz – setzt einen eigenen Schwerpunkt, und zwar auf das Thema Luxus. Sajjad Khan, der seit Oktober 2018 die gesamte CASE Organisation (Connected, Autonomous, Shared & Services, Electric) leitet, erklärte denn auch in einem Interview: »Während früher vor allem Stahl und Mechanik im Vordergrund standen, ist heute der Einsatz von Software und modernster Elektronik genauso wichtig – oder vielleicht sogar wichtiger. Das Gleiche gilt für die Frage, was Luxus ist. Luxus bedeutet heute nicht nur, die hochwertigsten Materialien im Innenraum zu verwenden, Luxus bedeutet auch, die modernste Autosoftware an Bord zu haben. Und das ist unser Ziel für jedes Mercedes-Benz-Auto.«[32]

Für diese Aussage steht schon heute das Infotainmentsystem MBUX, das sowohl dem Fahrer als auch dem Beifahrer eine Benutzeroberfläche mit »kontextsensitivem Bewusstsein« bieten möchte. Infotainment wird damit ein wenig wie Kino, das mitdenkt.

Bereits 2016 konnte der Markenhersteller seiner E-Klasse das erste Over-the-air-Update anbieten. Das MBUX-System läuft seit Anfang 2018. Mit der Integration der Software-Architektur und dem dazu passenden MBUX-System möchte auch Mercedes-Benz nun in der Zukunft angekommen sein, ist aber noch nicht am Ziel. Denn 2024 kommt der nächste Meilenstein: das proprietäre MB.OS-Betriebssystem, mit dem der Hersteller das Fahrzeug mit der Cloud und der IoT-Welt vernetzt und die komplette Kontrolle über alle Domains und damit über die Kundenschnittstelle in den eigenen Händen hält. Auch hier wird nach dem Prinzip Eins-für-alle gedacht: MB.OS soll perspektivisch in alle Fahrzeuge integriert werden, und zwar offenbar bis 2040.

Der Fokus, und das ist das wirklich Neue in der Automobilindustrie, richtet sich auch bei Mercedes-Benz nicht mehr auf das Pferd (den Motor), sondern auf den Kutscher (den User, die Userin). Noch einmal Khan: »Wir binden unsere Kunden langfristig an uns. Das sichert uns die Profitabilität auch im Folgegeschäft. Und die Kunden wissen, dass sie alles aus einer Hand bekommen – in Mercedes-Benz-Qualität.«

Die Lieferkette wird also überall stückweise eingezogen unter das eigene Dach – allem voran das Thema Software. Die Frage ist jetzt nur, ob sich die Rückkehr zu technischen Alleingängen für Hersteller wie Daimler oder BMW langfristig rechnet. Denn wer nicht wie (perspektivisch) Tesla, wie VW oder auch Toyota Fahrzeuge in zweistelliger Millionenhöhe rund um den Globus fahren lässt, kann weder seine Investitionen auf die Masse umlegen, noch kann er massenhaft Daten sammeln und verkaufen, und auch die Höhe der Infotainment-Erlöse dürfte durch die kleinere Fahrzeuganzahl limitiert bleiben. Es sei denn, es gelingt den Premiumherstellern im virtuellen Ökosystem tatsächlich eine neue Definition von »Luxus«. Oder, wie es auf Neudeutsch heißt: User Experience, die sich der Kunde etwas kosten lässt.

Fazit: Die Automobilindustrie neu denken

Der Verbrennungsmotor verliert sein Alleinstellungsmerkmal: Verdient wird nicht mehr an der Entwicklung und Produktion immer komplexerer Motoren und perspektivisch auch nicht mehr am Öl, sondern an perfekt auf den Fahrenden – jetzt »User« – zugeschnittenen Zusatzleistungen, Infotainment-Angeboten, Services. Damit ändern sich die *Geschäftsmodelle* der Branche, die nun nicht mehr nur aus Autobauern besteht, sondern auch aus Mobilitäts-, Kommunikations- und Infotainment-Anbietern.

Die Lieferpyramide stürzt ein: Ein Auto entsteht nicht mehr als Produkt aus starren Lieferketten gebauten »Pyramide« aus Zulieferern und Markenherstellern, sondern es entsteht in Koproduktion innerhalb eines komplexen Wertschöpfungsnetzwerks. Ein Netzwerk aus unabhängigen Playern, in dem jeder mit jedem nach Gusto kooperiert – und in dem jeder nach Gusto Autos produzieren (lassen) kann. Zu diesen Playern zählen die etablierten Hersteller und Zulieferer, und, das ist neu, dazu zählen auch die großen Plattformplayer wie Amazon, die großen Contentplayer wie Google, dazu kommen neue Tech-Start-ups und jede Menge Pioniere mit neuer Hard- und Software.

Seit Software und Mikroelektronik den Motor aus dem Zentrum der Wertschöpfung verdrängt haben, hat der traditionelle Ingenieur seine Hauptrolle im Autobau abgegeben: an die Riege der Experten für ebendiese Software, für Mikroelektronik und die Gesamtfahrzeugintegration. Das sind die neuen Rockstars der Autobauer. Und damit zieht eine völlig andere *Arbeitsweise* ein. Entwickelt wird nicht mehr Schritt für Schritt und nicht von außen nach innen – sondern Sprint für Sprint, von innen nach außen.

Kurz: Die Autobranche, wie wir sie aus der Vergangenheit kennen, wird es in der Zukunft so nicht mehr geben. Alte Strukturen brechen auf, neue Strukturen entstehen; alte Player gehen unter, neue Player kommen ins Feld.

IV.
DIGITALISIERUNG

Warum wir mit Open Source gemeinsam weiterkommen

Mit Vollgas zurück zur Tachonadel: Weil im Frühjahr 2021 Halbleiter fehlen, baut der Autokonzern Stellantis statt der digitalen Version kurzerhand wieder analoge Zeiger-Tachometer ins Cockpit des Peugeot 308.[1] Und es geht nicht nur Stellantis so: Die ganze Branche ächzt unter dem Mangel an Elektronikbauteilen, überall wird die Produktion gedrosselt oder ganz gestoppt. Wie brutal ein kleines *Hardwareteil* einer Riesenbranche den Stecker ziehen kann, das hatte man bis dato gerne ausgeblendet.

Empfindliche Abhängigkeiten sind auch rund um die *Software* entstanden. Beispiel Huawei: Im Zuge des Handelskonflikts zwischen den USA und China musste Google dem chinesischen Unternehmen Huawei die Android-Lizenz entziehen; weitere US-Technologiekonzerne beschränkten ihre Handelsbeziehungen mit Huawei. Das führte zu Kurseinbrüchen und vor allem dazu, dass Huawei keine Smartphones mit Google-Diensten mehr verkaufen konnte. Das wiederum ließ die Verkaufszahlen so sehr einbrechen, dass Huawei sein Geschäftsmodell komplett verschob: von Smartphones auf selbstfahrende Autos. Auch bei Huawei machte also die Not erfinderisch. Dass es die US-Sanktionen waren, die das Unternehmen letztendlich zu Chip-Hamsterkäufen veranlasst hatten, und dass diese nun wiederum die ganze Branche lahmlegen – siehe oben – zeigt einmal mehr, wie sehr sowohl Telefon-

als auch Autobauer die Macht über ihre eigenen Bits und Bytes verloren haben. Und mehr noch: Wie sehr sie nicht nur unter dem Druck der globalen Märkte stehen, sondern auch unter dem der globalen Politik. Dieses Kapitel

- fragt nach den Gründen für den Machtverlust der Autobauer, wenn es um ihre eigenen Betriebssysteme geht,
- erklärt kurz, was ein Autobetriebssystem eigentlich ist,
- plädiert für die Vorteile von Open Source und sagt,
- wo wir jetzt Quantensprünge brauchen, um aus der Blechbiegerliga aufzusteigen.

Wie Autobauer die Macht über Bits und Bytes zurückgewinnen

Diese riskante Abhängigkeit von hochkomplexen Bauteilen hat es zu Beginn des Autobaus und auch zu Beginn meiner Karriere in diesem Ausmaß nicht gegeben. Die ersten Autos entsprachen noch dem Formprinzip der Kutsche: Antrieb und Fahrersitz vorne, Mitfahrer hinten, vier Räder drunter, Dach drauf, fertig. Schon in den Zehnerjahren hatte dann Graf Marco Ricotti einen schnittigen Alfa Romeo nach Vorbild eines Luftschiffs konstruieren lassen: genannt 40-60 HP Aerodinamica. In den Zwanzigern experimentierten Ingenieure mit neuen Formen – Torpedos, Tropfen – um die Autos noch windschnittiger zu machen. In den Fünfziger- bis Siebzigerjahren wurden die Modelle dann immer schlanker, immer eleganter – und Autodesign zum Kult.

Form follows function: Warum wir umgekehrt gedacht haben

Über Dekaden haben wir Prototypen aus Clay geformt, wir haben mit immer komplizierteren Geometrien gespielt und uns darin geübt, unsere Design-Ideen immer perfekter hinzubiegen. Das heißt: Wir arbeiteten grundsätzlich von außen nach innen. Von der Form zur Funktion. Dabei läuft Design eigentlich umgekehrt: »form *follows* function«. Um sicherzugehen, dass neue Modelle funktionieren, haben wir zwar in der Entwicklung alte Motoren in neue Prototypen oder neue Motoren in alte Fahrzeugtypen eingebaut. Wir haben Design und Motor Schritt für Schritt optimiert. Aber wir haben die Bauweise eines Autos lange Zeit nicht infrage gestellt.[2]

Zu Beginn haben wir Elon Musk nicht wirklich ernst genommen. Er kam nicht aus der »Auto-Denke«, er kam aus der »Smartphone-Denke« und machte vieles anders als wir: Er dachte von der Software aus, er setzte auf vertikale Integration, er baute eine eigene Ladeinfrastruktur auf und entwarf kein eigenes »Stromer-Design«. Das war Gegenwind! Uns hat dieser Gegenwind geholfen, alte Muster zu verlassen und neu zu denken. Nicht zuletzt mussten alle Autobauer einsehen: E-Autos müssen nicht hässlich sein!

Mit dem Durchbruch der E-Mobilität konnten wir dann unseren Anspruch auf die nächste Stufe heben: sinnvolle Berücksichtigung der Kundenbedürfnisse, einfache Produktion, einfache Reparatur, optimaler Verbrauch und das beste Design. Dieser evolutionäre Schritt ist uns gelungen.

Im Inneren des Autos liefen die Prozesse zunächst weiter nach der alten Logik: Den Lieferanten vorschreiben, was sie entwickeln sollen, und zwar mit Hunderten von Aktenordnern mit Spezifikationen. Software und Hardware wurden auf diese Weise immer enger miteinander verwoben. Over-the-air-Updates sind so nicht möglich. Wenn eine Funktion optimiert, repariert oder erweitert werden soll, braucht es ein neues Steuergerät.

Darum arbeiten viele Hersteller heute auch im Innern der Autos anders: In der Zusammenarbeit mit Zulieferern steht nicht mehr das Lastenheft im Mittelpunkt, sondern die User Experience. Was dazu führt, dass auch die Zulieferer anders arbeiten. Statt wie früher unsere Spezifikationen abzuarbeiten, setzen Zulieferer heute auf Rapid Prototyping. Damit nähern sie sich dem besten Nutzererlebnis Schritt für Schritt an. So entstehen dann Ideen wie die, dass mir mein Navigationssystem virtuelle Richtungspfeile auf die reale Straße projiziert und sich Stauzeiten mit »Drive-Live-Concerts« angenehmer gestalten lassen.[3]

»Looking from the inside out«

Hersteller geben heute gut 90 Prozent ihrer Software bei Zulieferern in Auftrag. In der Folge wird die interne Verknüpfung all dieser Systeme immer komplexer und immer aufwendiger. Schon heute ist eine Fahrzeug-IT zehn Mal komplexer als ein Smartphone, in Zukunft wird sie möglicherweise dreißigmal so komplex sein.[4]

Diese irrsinnige komplexe und damit fehleranfällige Vernetzung der Systeme ist ein Grund dafür, dass Volkswagen das Thema IT ins eigene Haus zurückholt. Konkret wollen die Wolfsburger ihren Eigenanteil bis 2025 auf 60 Prozent steigern. Bei anderen Herstellern geht der Trend in eine ähnliche Richtung.

Es geht zurück zur vertikalen Integration. Es geht zurück zu »form follows function«. Und weil jegliche Funktion eines Autos von Hard- und Software gesteuert wird, beginnt der Entwurf eines neuen Automodells heute mit der Analyse aller möglichen *Funktionen* des Autos. Dies aber nicht im Hinblick auf das, was technisch möglich ist – sondern im Hinblick auf *den Menschen am Steuer*, heute *User Experience* genannt. Bei Volvo hieß die Branding-Strategie schon im Jahr 2011 »Designed around you«. »We started looking from the inside out«, heißt es heute im aktuellen BMW-Werbespot zum iDrive digital interface. »Not just inside the car. But inside the passenger, inside the driver, and even inside how they feel.«

Für Benzin-im-Blut-Ingenieure mag dieses konsequente Vom-Kunden-aus-Denken ungewohnt klingen. Doch das ist es, was Tesla früh verstanden hatte. Daher der große Bildschirm als zentrales Element für den Fahrer. Daher die Idee, die Steuerung sämtlicher Systeme der Fahrerassistenz oder des Infotainments über einen Zentralrechner laufen zu lassen, der sich von außen mit Updates bespielen lässt.

Für den Kunden macht es einen fühlbaren Unterschied, wenn er sein Fahrzeug via Update jederzeit in einen besseren Wagen verändern kann. Es macht einen Unterschied, dass er immer wieder mit neuen Features überrascht wird, oder mit der Reparatur seines serienmäßig suboptimal eingestellten Scheibenwischers – so geschehen im Jahr 2018 bei Tesla.[5]

Die volle Kontrolle über alle Anwendungen und Kundendaten ist die Grundlage für perfekt abgestimmte Serviceangebote, mit denen sich – so die Hoffnung – jede Menge Geld verdienen lässt. Insofern ist es vielleicht Zeit für eine Erweiterung der Formel hin zu »profit follows form follows function«. Für Deutschlands Autobauer heißt das: Jeder OEM muss seinen Code kennen, er muss seine Kunden, deren Verhalten und deren Vorlieben kennen. Dann weiß er auch, für welchen zusätzlichen Code der Kunde in Zukunft zahlen wird. Erst dann ergibt Over-the-air als Geschäftsmodell wirklich Sinn.

Und deshalb meine ich: Strategische Partnerschaften, so wie sie Daimler mit Nvidia geschlossen hat, sind kurzfristig gedacht absolut richtig, können aber langfristig zu ungesunden Abhängigkeiten führen. Es funktioniert nicht, wenn sich OEMs zurücklehnen und auf ihr Kerngeschäft Autobau konzentrieren. So kommt kein Know-how- und IP-Transfer in Gang, so degradieren sich selbst große OEMs zu Blechbiegern. Das ist der falsche Weg.

Noch einmal ganz klar: Die Entwicklung jedes neuen Modells muss mit der Software starten. Das muss die Kernkompetenz jedes Automobilherstellers werden, und zwar schnell. Also das, womit er *für SEINEN Kunden* den Unterschied macht. Hier sind nicht nur technische Quantensprünge notwendig, sondern auch organisatorische und mentale.

Zukunft braucht Herkunft – auch in der IT

Mit »organisatorisch« meine ich, dass in vielen Unternehmen die Produktdokumentation immer noch auf vorsintflutlichen Cobol-Mainframes läuft, für die es kaum noch Ersatzteile gibt geschweige denn IT-Experten, die sich damit auskennen. Es ist dringend notwendig, sich von den veralteten Stücklistensystemen zu verabschieden und die ganze Sache in flexible Cloudumgebungen zu verlagern. Dann könnte die Unternehmens-IT zum Aufbau softwaregestützter Simulationstools beitragen. Ich bin überzeugt davon, dass man das über Jahrzehnte gewachsene Know-how der internen Unternehmens-IT viel intensiver nutzen sollte. Die Brücke zwischen Corporate-IT und den Fahrzeugsystemen ist unverzichtbar.

Aber man baut hier oftmals nicht evolutionär weiter, sondern stampft neue Riesenstrukturen aus dem Boden. Volkswagen, Bosch und Co ziehen im Moment ihre Software-Ressourcen in neuen Organisationseinheiten zusammen, die meinem Eindruck nach überdimensioniert sind. Braucht es wirklich 10 000 Menschen in einer Softwareschmiede, die andernorts – Beispiel Waymo mit vielleicht 1 500 Leuten – mit relativ wenigen hellen Köpfen Beachtliches erreicht? Ich meine, wir brauchen in der IT nicht möglichst viele, sondern die genau richtigen Menschen.

Bauen wir die Organisationsstrukturen zu groß, arbeiten hier statt kleiner autarker und agiler Teams dann noch wieder Tausende Mitarbeiter an Schnelldreherthemen. In Zeiten von Rapid

Prototyping scheint mir das wenig zielführend zu sein. Je größer eine Organisationseinheit wird, desto mehr beschäftigt sie sich mit den eigenen Befindlichkeiten statt mit dem, worauf es ankommt: Das ist der konkrete Use Case. Also das, was der Kunde am Ende im Auto erleben soll.

Dazu kommt noch ein Problem: Soweit ich das sehe, vergisst so mancher Konzern, den Link zwischen Vergangenheit und Zukunft zu setzen. Ich meine den Link im Sinne einer Schnittstelle zwischen Fahrzeug-IT und Unternehmens-IT. Der Philosoph Odo Marquard hat einmal gesagt: »Zukunft braucht Herkunft.« Das gilt eben auch für die Zusammenarbeit zwischen Konzern-IT und Entwicklung, zwischen Konzern und Start-up, zwischen Konzern und Hackathon. Es hilft den Konzernen nichts, wenn die Besatzung im Beiboot begeistert »Land in Sicht!« ruft, den großen Tanker dabei aber auf hoher See vergisst.

Form follows function: Die Funktion steckt in der Software und in den Chips. Darum müssen wir das Auto von hier aus denken – und auch die Organisation.

Wie das Auto zum Smart Device wird

Das Auto der Zukunft sei ein »Smartphone auf Rädern« – diese Analogie höre und lese ich häufig. Der Grundgedanke ist richtig, immerhin ist das Auto der Zukunft ein Smart Device. Technisch unterscheiden sich aber Smartphone und »Smartcar« so grundsätzlich voneinander, dass man ein smartes Auto eher ein rollendes Rechenzentrum nennen sollte.

Auf der untersten Ebene liegt die Hardware. Hier kommen Chips von Herstellern wie der ehemaligen Philips-Tochter NXP, von Qualcomm, Nvidia, Infineon und Bosch ins Spiel. Die Leistungsfähigkeit der Halbleiter definiert die Leistungsfähigkeit des Autos – deshalb beobachtet die gesamte Branche mit Argusaugen, wer in der elektrischen Architektur des Fahrzeugs welche Innovationen ins Spiel bringt. Wie Nvidia hat auch NXP bereits Technik für automatisiertes Fahren und Roboterautos im Programm. Qualcomms Chips stecken bislang vor allem in Smartphones; im Januar 2020 hatte der Halbleiter-Konzern angekündigt, bis 2023 eine eigene Plattform für Roboterautos entwickeln zu wollen. Das amerikanisch-deutsche Start-up Recogni wiederum entwickelt Prozessoren, die Daten der Sensoren und Kameras autonom fahrender Autos in nie dagewesener Geschwindigkeit bei minimalem Stromverbrauch verarbeiten – das Unternehmen bringt also die Themen in Serie, die das autonome Fahren revolutionieren.

Jetzt versucht jeder Player, zukunftssichere Strategiepartnerschaften einzufädeln: zum Beispiel Daimler mit Nvidia. In Recogni – das ist ein Novum in der Branche – haben die eigentlich in Konkurrenz zueinanderstehenden Player BMW, Toyota, Bosch und Continental gemeinsam investiert. Der Grund ist klar: Wer Zugang hat zu den leistungsfähigsten Chips, der fährt im Rennen um die beste User Experience im Auto und im Rennen um das autonome Auto ganz vorne mit. Was macht die Chips so stark?

Tops sind die neuen Pferdestärken

Während sich die Stärke eines Motors aus seinen PS definiert, ergibt sich die Stärke dieses Computers aus seinen TOPS – das sind je »Tera-Operationen pro Sekunde«. Es geht also darum, wie viele Rechenoperationen die Zentraleinheit (CPU) eines Computers in einer Sekunde durchführen kann. Zur Übersicht:

- MOPS: Millionen Operationen pro Sekunde
- GOPS: Giga = Milliarden Operationen pro Sekunde
- TOPS: Tera = Billionen Operationen pro Sekunde

Wenn Rechner sehr große oder sehr kleine Zahlen berechnen, nutzen sie zur Zahlendarstellung ein sogenanntes Gleitkomma (Floating Point). Daraus ergeben sich die Einheiten:

- FLOPS: »Floating Point Operations per Second«, gemeint sind Gleitkommaoperationen pro Sekunde
- MFLOPS: Millionen Gleitkommaoperationen pro Sekunde.

Zum Vergleich: Der legendäre Computer Zuse Z3 aus dem Jahr 1941 schaffte damals beachtliche zwei (!) Additionen pro Sekunde – konnte also 2 FLOPS realisieren. Teslas Chip fürs autonome Fahren liegt etwa bei 150 TOPS, also einer Rechenleistung von 150 Billionen Operationen pro Sekunde, und braucht etwa 300 Watt. Viel mehr, nämlich 1000 TOPS schafft der von Nvidia im April 2021 vorgestellte Computer »Atlan«, der ab 2025 als neues Gehirn des Autos zum Einsatz kommen soll. Damit ist er viermal leistungsfähiger als sein Vorgänger »Orin«, der heute noch gar nicht auf den Straßen unterwegs ist. Erst ab 2023 sollen Mercedes-Modelle mit »Orin« fahren. Und es geht weiter: Nvidia hat schon jetzt einen Chip angekündigt, der auf 2000 TOPS kommen soll – allerdings bei 800 Watt. Und hier kommt Recogni ins Spiel. Deren Chip wird beachtliche 1000 TOPS schaffen, dabei aber nur 10 bis 20 Watt verbrauchen, und lässt sich fast beliebig skalieren. Im Elektroauto ist diese Sparsamkeit entscheidend, weil sie Reichweite bringt. So viel an dieser Stelle zum Thema Hardware, mehr zu Recogni im Kapitel »Wo wir jetzt Quantensprünge brauchen«.

Auf der Software-Seite ist auf der untersten Ebene die Core OS (OS = Operating System) angesiedelt, also die primäre Softwareebene, über die jegliche Hardware angesteuert wird. Kurz: das Betriebssystem. Auf dieser Ebene konkurrieren Tech-Giganten, Open-Source-Konsortien, Zulieferer und OEMs. Darunter erstaunliche Namen.

Blackberry gilt vielen Menschen außerhalb der Industrie als Paradebeispiel für unternehmerische Fehlentscheidungen. Viel zu lange, so heißt es, habe der Hersteller Tasten in seine Smartphones gebaut – und sei dann plattgemacht worden von Apple. Das stimmt zwar, aber die Perspektive ist zu eng gesteckt. Tatsächlich hat Blackberry früh die richtigen Unternehmen akquiriert und fliegt heute unter dem Radar der Öffentlichkeit sehr erfolgreich mit seinem Autobetriebssystem: QNX ist heute einer der größten Anbieter von Betriebssystemen im Automobilbau – schätzungsweise ist die Software in mehr als 175 Millionen Fahrzeugen im Einsatz. Auf der Basis von QNX programmierte zum Beispiel BMW das iDrive-Navigationssystem CIC. Auch Volkswagen verwendet QNX. Auch der chinesische Hersteller Baidu nutzt QNX als Basis für seine offene Apollo-Plattform für selbstfahrende Autos. QNX muss per Lizenz erworben werden. Blackberry verdient also daran – eine relevante Information in einem von Open-Source-Software geprägten Markt.

Open-Source-Systeme: Alle und alles für alle

Während sich Googles »Android Auto« nur auf das Infotainmentsystem im Auto bezieht, bietet »Android Automotive« beziehungsweise »Google Automotive Services« (GAS) eine kostenlose und quelloffene Software an, die sowohl das Core OS als auch die darüberliegende Ebene (Middleware) umfasst. Mit Google Cloud ist der Tech-Gigant außerdem in der Lage, Automobilhersteller mit maschinellem Lernen, künstlicher Intelligenz und Datenanalyse zu unterstützen. Das heißt: Google sitzt nicht mehr nur mitten in unseren PCs und Smartphones, sondern auch in unseren Autos. Doch genau wie im Smartphone-Markt gibt es auch im Automobilmarkt Open-Source-Alternativen: Genivi, Automotive Grade Linux (AGL) und das in Asien verbreitete SmartDeviceLink. Daneben gibt es innerhalb der Autobranche weitere Anstrengungen, um die hohe Fehleranfälligkeit und Ausfallhäufigkeit der Bord-IT mit Standardisierungen in den Griff zu bekommen. Relevant ist hier das Konsortium »Automotive Open System Architecture« (AUTOSAR), das sich schon früh um eine Harmonisierung der gemeinsamen Schnittstellen bemüht hat.

Außerdem formieren sich aktuell neue Systeme für selbstfahrende Autos: Aus dem Hause Nvidia kommt Nvidia Drive (ja, kostenlos, aber nicht Open Source), aus China kommt Baidu mit Apollo und das vielleicht interessanteste Open-Source-Projekt stammt aus Japan: Autoware. Insgesamt laufen global rund 60 Open-Source-Projekte zum Thema autonomes Fahrzeug.[6] Hier bleibt es spannend. Genau hier findet Innovation statt. Und bei uns? Was tun zum Beispiel unsere Zulieferer? So einiges: Bosch baut gemeinsam mit Microsoft an einer neuen Plattform, über die OEMs Updates auf ihre Fahrzeuge aufspielen können. Continental hat sich den anderen globalen Cloud-Anbieter für seine Entwicklungskooperation ausgesucht: Amazon Web Services (AWS). Die OEMs dagegen schlagen Sonderwege ein.

Die Autobauer: Jeder kocht sein eigenes Süppchen

Volkswagen entwickelt sein eigenes Betriebssystem VW.OS, Mercedes-Benz baut sein eigenes MB.OS und BMW arbeitet an BMW OS 8. Die Idee dahinter: Jeder will möglichst unabhängig bleiben von Google und Apple, von Microsoft und Amazon. Jeder will sich mit seinem Betriebssystem am Markt durchsetzen – und damit möglicherweise ein neues Geschäftsfeld aufrollen. So bosselt jeder große deutsche Autobauer alleine vor sich hin: Er greift tief in seine »Kriegskasse«, baut eine riesige Abteilung auf, zieht Tausende Experten zusammen, entwickelt eine Einzellösung.

Dabei hatte die digitale Revolution mit Open-Source-Software und der entsprechenden Hardware längst begonnen, bevor die Autobauer auf die Idee kamen, ihre motorisierten Blechkarossen ans globale Datenhirn anzuschließen. Und das ist der Grund, warum die Rede vom »proprietären Betriebssystem« in die Irre führt.

Was vielen Entscheidern außerhalb der Industrie nicht klar ist: Der Anteil an (ursprünglich) frei verwendbarer Open-Source-Software ist in nahezu allen Anwendungen sehr groß, auch bei BMW, bei Daimler, bei VW. Praktisch jede Software-Applikation enthält auch Open-Source-Komponenten. Die großen mobilen Betriebssysteme Android und iOS tragen die Gene von UNIX in sich, des an den US-Universitäten in den Achtzigerjahren quelloffen entwickelten Computerbetriebssystems. Android ist Open Source. Ein Alphabet für alle. Es ist kein Zufall, dass die börsennotierte Dachgesellschaft der Google LLC heute exakt so heißt: Alphabet Inc.

Insbesondere Google hat sich mit Android ein Trojanisches Pferd geschaffen. Ist die freie Software im Herzen des Fahrzeugs installiert, greift der Konzern auf die Daten der Kunden zu. Auf Grundlage dieser Daten kann Google das Ökosystem rund um seine Dienste – Karten mit Werbung, Suchergebnisse mit Werbung – zunehmend ausweiten. Deshalb ist es klug, auf der OS-Ebene andere Wege zu gehen. Sonst verwandeln wir das Auto in einen fahrenden Datenstaubsauger mit integrierter Dauerwerbesendung.

Wie sieht es nun auf der nächsten Ebene im Autorechenzentrum aus? Um es gleich vorwegzunehmen: genauso.

»Hallo Auto!«: Was sich an der Schnittstelle tut

An der Kundenschnittstelle drängt immer mehr Sprachsteuerung ins Auto: Hier sind Unternehmen wie Nuance Communications tätig, die kaum jemand kennt, mit denen sich aber Apple-User gerne unterhalten: Siri stammt aus dem US-Unternehmen mit Sitz in Burlington, Massachusetts, das im April 2021 für fast 20 Milliarden Dollar von Microsoft übernommen worden ist. Aus diesem Hause stammen auch die intelligenten Sprachassistenten von BMW, Mercedes, Audi, Ford, GM und vielen anderen, die auf der Plattform Dragon Drive basieren.[7] Der größte Teil der

Autohersteller greift für Voice-Schnittstellen auf diese Plattform zurück. Benutzeroberflächen haben sich in den letzten Jahren hin zu Touchscreens und zur stärkeren Nutzung der menschlichen Sprache entwickelt. Cloudbasiert greift das System auf eine fast unendlich große Rechenleistung zu, es versteht schon heute sehr gut und in der Zukunft noch viel besser.

Mercedes-Benz zeigt jetzt schon, wo die Reise außerdem hingehen kann: In Zukunft lesen Kameras Kopf- und Augenbewegungen der Passagiere, um Licht und Fenster zu steuern und um Restauranttipps abzugeben, die zur aktuellen Stimmungslage passen. Ziel ist eine gewisse »Empathiefähigkeit« des Systems. Das mag beeindruckend sein, ich frage mich nur, ob der Autofahrer der Zukunft sein Fahrzeug wirklich mit Gesten steuern möchte. Im Vergleich zu Voice User Interfaces wirkt »natürliche Gestensteuerung« auf mich eher wie eine Antwort auf eine nicht gestellte Frage.

Auf der Infotainment-Ebene kommen noch einmal Google und Apple ins Spiel, und das wieder mit Trojanischen Pferden:

- Google bringt via Androidauto und Android Automotive spezifische Anwendungen ins Cockpit, die User bereits von anderen Smart Devices gewohnt sind – allem voran Google Maps. Aber es geht um mehr: Über seinen eigenen Appstore Google Play sichert sich Google Anteile am gesamten appbasierten Geschäft mit Services.
- Apple konkurriert hier mit CarPlay. Mittlerweile haben fast alle gängigen Automobilhersteller Fahrzeuge mit CarPlay im Angebot. Über CarPlay lassen sich heute auch Services anderer Tech-Konzerne abrufen, zum Beispiel Google Maps und WhatsApp. Im Zentrum steht allerdings Apples App Store. Und damit die User Experience, die Apple-Kunden von ihren anderen Smart Devices kennen. Und eine wichtige Einnahmequelle für Apple, weil das Unternehmen an jeder App mitverdient.

Beide Anbieter sichern sich auf dieser Infotainment-Ebene direkten Zugang zu ihren Kunden und steuern deren Zugang (oder Nicht-Zugang) zu je eigenen Servicewelten. Und weil beide Anbieter im Smartphone-Markt klar dominieren, beherrschen sie auch zukünftig den Auto-Infotainment-Markt.

Die Lichtorgel ist der neue Klingelton

Auf der Ebene der Integratoren haben sich bekannte Zulieferer positioniert wie Continental, Visteon, Harman, Aptiv oder Magna. Die Gesamtfahrzeugintegration übernimmt typischerweise jeder OEM selbst. Und bei den Applikationen und Services kommen wieder externe Player ins Spiel. Zum Beispiel »Here« für Karteninformationen, oder »Spotify« und »Amazon« für Podcasts und Musik – kurz: Apps.

Hier stellt sich für OEMs die Frage nach eigenen Angeboten: Zum einen, damit das eigene Auto nicht zur blechernen Smartphone-Hülle verkommt, und, wichtiger noch, damit an dieser Stelle gutes Geld verdient wird. Tatsächlich haben sich die OEMs hier einiges einfallen lassen. Über dessen Sinnhaftigkeit kann man sich jetzt natürlich so amüsieren, wie man sich in den 2000er-Jahren über den Erwerb von Handy-Klingeltönen mokiert hat. Fakt ist: Mit Zusatz-Features im und am Auto wird vielleicht noch nicht so viel Umsatz gemacht, aber hier werden wichtige Zeichen gesetzt. Im Wortsinne:

- *Licht:* Die neuesten Premiummodelle zum Beispiel von Audi begrüßen ihre Passagiere mit einem individuell einstellbaren Lichtspiel, das über LED-Bänder quer über Front und Heck läuft und in einer Art Augenaufschlag der Frontscheinwerfer kulminiert. Der A6 E-Tron Concept projiziert außerdem Zeichen auf den Boden, um mit den Fahrern der nachfolgenden Fahrzeuge zu kommunizieren, oder auch mit Fußgängern.

- *Sound:* BMW hat den preisgekrönten Filmkomponisten Hans Zimmer mit einem epischen Sound für seine E-Modelle beauftragt.[8] Fahrer des Elektro-Sportwagens iX hören im Auto anstelle der Motorengeräusche eine Klanglandschaft aus artifiziellen Windgeräuschen. Die Klänge reagieren auf Fahrstil und Außenwelt und werden über 24 Lautsprecher wiedergegeben. VW hat eine ähnliche Idee: Die Fahrzeuggeräusche für den neuen VW ID3 komponierte Dschinghis-Khan-Legende Leslie Mandoki, für Audi schrieb er ein Begrüßungsjingle. Eine »Qualitätsanmutung« nennt das der Musiker. Sie signalisiere »Ich bin angekommen«.[9]
- *Games:* Noch einmal Audi: Der »A6 E-Tron Concept« soll beim Laden an der Stromtankstelle Computerspiele auf Wände projizieren können – gespielt wird via Smartphone.[10] Die Ingolstädter haben sich außerdem am VR-Start-up Holoride beteiligt, einer Ausgründung ehemaliger Audi-Manager. Holoride verbindet Echtzeit-Fahrzeugdaten wie Ruckeln, Bremsen oder Beschleunigung mit den Inhalten des Videospiels, sodass sich die Gaming-Erfahrung »echt anfühlt«.[11]

Wie gesagt: Das kann man als Spielereien abtun. Aber man sollte dabei nicht vergessen, dass der Handel mit smarten Services blüht. 2020 gaben die Menschen 30 Prozent mehr aus für App-Abonnements, In-App-Käufe oder Premium-Apps. 111 Milliarden US-Dollar waren es laut Analyseplattform SensorTower insgesamt; 2019 lag dieser Wert noch bei gleichfalls beachtlichen 85,2 Milliarden US-Dollar. Dabei generierte Apples App Store deutlich mehr Umsatz (72,3 Milliarden US-Dollar) als Googles Play Store (38,6 Milliarden US-Dollar).[12]

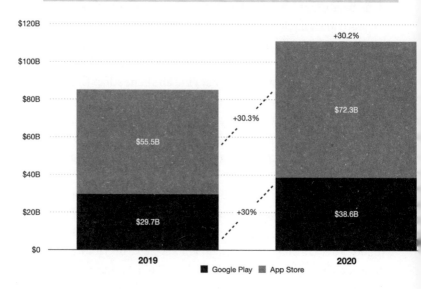

Abbildung 7: Verbraucher gaben 2020 fast 111 Milliarden US-Dollar für mobile Apps, Abonnements und In-App-Käufe aus, ein Anstieg von 30 Prozent im Vergleich zu 2019.

Auch Amazon betreibt seit 2011 einen eigenen Appstore für Android Apps und außerdem eigene Apps zum Beispiel um die Themen Shopping, Video, Foto, Musik, Hörbuch, E-Book, TV und Sprachsteuerung »Alexa«. Weil die eigenen Apps die Eingangspforten zu den Onlineplattformen des Handelsriesen darstellen, ist an dieser Stelle ein Blick auf den Gesamtumsatz interessant: Im Geschäftsjahr 2020 erreicht Amazon einen Rekordumsatz von rund 386,06 Milliarden US-Dollar. Das war im Vorjahresvergleich ein Plus von rund 38 Prozent. Den Löwenanteil setzt Amazon in Nordamerika um (236,28 Milliarden US-Dollar), rund 104,41 Milliarden US-Dollar international. Im Segment Amazon

Web Services (AWS) belief sich der Umsatz auf rund 45,37 Milliarden US-Dollar.[13] Was zeigt: dass Amazon für seine Präsenz an der Kundenschnittstelle im Auto alles tut, was nur möglich ist, liegt auf der Hand. Denn wer Zeit hat (Stau!), der vertreibt sich die Zeit mit Apps, und wer sich mit Apps beschäftigt, der lässt dort sein Geld. Und was, wenn gerade kein Stau ist? Dann kommt »Alexa« ins Spiel, Amazons Sprachassistentin. Und das ist das nächste Trojanische Pferd.

Wie analoge Autos digital werden

Mit einer neuen Idee entert Amazon die Schnittstelle in Fahrzeugen, die aus Altersgründen gar keine Schnittstelle haben. Mit dem eigenen Produkt »Amazon Echo« verspricht der Onlinehändler, alle bekannten Smart-Funktionen auch in Altautos zu bringen, und das für rund 60 Euro. Im Moment lassen sich Tankfüllungen und Parkzeiten noch nicht via »Echo« bezahlen, das soll aber kommen. Als Nachrüstgerät kann »Echo« zwar nicht auf interne Fahrzeugdaten zugreifen und auch weder Heizung noch Scheibenwischer steuern. Aber eine komplette Integration ins Fahrzeug kann man sich bei Amazon vorstellen – und genau das ist es, was sich unsere Autobauer jahrelang nicht haben vorstellen können. Jetzt stehen sie vor der Situation, dass sich ein äußerst potenter Partner mit hoch attraktiver Cloud-Kompetenz mitten in ihre Autosoftware setzt, dass er außerdem das Geschäft mit Gebrauchtwagen abgreift und auch im Neukundengeschäft manchen Käufer zu dem Gedanken verleiten könnte, das integrierte Infotainment zu sparen und sich dafür einen kleinen »Echo« ins Auto zu holen.[14]

Ganz ehrlich: Hier haben wir Autobauer tief geschlafen, nicht nur in Deutschland. Ist es nun zu spät zum Aufwachen? Haben sich die Tech-Konzerne in den Tiefen unserer Bordcomputer und Bordnetze so festgezeckt, dass ohne sie gar nichts mehr geht? Noch einmal: Faktisch ist das so. Technisch müsste es nicht so sein. Und perspektivisch wird sich die Abhängigkeit noch vergrößern.

Warum wir nur mit Open Source aufholen

Zum Zeitpunkt der Emerton-Studie im Jahr 2016 ließen die OEMs noch große Vorsicht gegenüber Google walten. Die Autoexperten beschrieben damals drei Wege, über die die Hersteller versuchten, ihr Abhängigkeitsrisiko zu steuern:

- »*Join them*«: Eine Gruppe von OEMs, wie damals zum Beispiel FCA (heute Stellantis), Volvo, Polestar und in geringerem Maße auch Renault, waren (und sind) offen für die Zusammenarbeit mit Google. Der Preis für den kostenlosen Erhalt des Betriebssystems besteht im Verlust über die Kontrolle der Kundendaten.
- »*Pivot to digital*«: Eine zweite OEM-Gruppe setzte stattdessen auf den Aufbau leistungsfähiger Lösungen, die oft auf QNX basieren. Das ist dann proprietär und teuer.
- »*Build an alternative open ecosystem*«: Eine dritte Gruppe von OEMs, damals zum Beispiel Ford und PSA, förderten das GENIVI-Konsortium, um Industriestandards festzulegen und eine industriebasierte Open-Source-Lösung vorzuschlagen. Dies gilt heute als gescheitert.

Der dritte Weg beschreibt dennoch den Open-Source-Gedanken, den ich auch heute noch als außerordentlich attraktiv einstufe. 2016 überschlugen sich die Emerton-Experten Jean-Edmond Coutris und Ayoul Grouvel geradezu vor Begeisterung mit ihrer Einschätzung der deutschen Autobauer: »Dank ihrer starken Partnerschaftskultur und der Fähigkeit, sich mit Unternehmen zusammenzutun oder in diese zu investieren, die in der Lage sind, wichtige technologische Bausteine zu liefern, beweisen die deutschen Premium-OEMs, dass ein unabhängiger Weg möglich ist.«[15] Leider ist seitdem nichts passiert.

Der Weg *war* möglich. Die OEMs sind ihn nicht gegangen. Sowohl Volkswagen als auch Mercedes-Benz und auch BMW schrauben gerade an ihren eigenen Lösungen. Von Partnerschaftskultur ist da nicht viel zu sehen – obwohl genau solche Lösungen alle gemeinsam weiterbringen können, als es jeder allein jemals erreichen kann.

Auch Wolfgang Reitzle, Aufsichtsratsvorsitzender der Continental AG, hält die Alleingänge der deutschen Autobauer für falsch. Gegenüber dem Nachrichtenmagazin *Spiegel* machte er aus seiner Haltung keinen Hehl: »Es ist ein historischer Fehler, wenn jeder Hersteller versucht, seine eigene Softwareplattform zu entwickeln.«[16]

In einigen Jahren, so ist er sicher, werde es weltweit ohnehin nur noch drei oder vier Auto-Betriebssysteme geben. Dann trete der »Amazon-Effekt« ein: Große Plattformen werden immer größer, kleine haben das Nachsehen. Deshalb plädiert Reitzle für eine Lösung, die auch ich für naheliegend halte: eine standardisierte, europäische Plattform, die jeder Hersteller nach Gusto durch seine eigenen Module ergänzen kann.

Es kann nicht der Weisheit letzter Schluss sein, dass nun jeder Hersteller versucht, ein eigenes Betriebssystem für seine Pkw-Marken aus dem Boden zu stampfen. Und das nur, um die Googles und Huaweis dieser Welt aus dem Spiel zu halten. Schauen wir uns die Nachbarbranchen an: Smartphones, Games, Streamingangebote – egal, welches Segment Sie sich ansehen: Überall finden Sie nur zwei bis drei starke Player, die sich am Markt durchgesetzt haben. Und das aus gutem Grund: All die heterogenen Systeme, die jetzt entstehen sollen, müssen gepflegt und kontinuierlich weiterentwickelt werden. Das verschlingt Unsummen von Geld, ohne dass Profit erwirtschaftet wird. Deshalb wünsche ich mir eine Open-Source-Entwicklungsinitiative der deutschen Automobilindustrie, besser noch eine auf europäischer Ebene. Es ist mir bewusst, dass die in den Unternehmen eingeschlagenen Pfade gerade nicht in diese Richtung zeigen – dennoch ist dieses Szenario wichtig. Der gemeinsame Ansatz ist der einzige wirklich Erfolg versprechende.

Dabei muss man wissen: Eine solche Plattform kann heute nicht mehr aus der Autoindustrie allein kommen. Eine breite Kooperation innerhalb der Branche ist zwar ein guter Anfang, aber ohne das Know-how aus anderen Branchen – Hardware, Software, Datenmanagement – wird das nichts. Und dieses Wissen haben wir in Europa: Wir haben die Telekom, wir haben Telefónica und France Telekom. Wir haben SAP und zahllose Hidden Champions wie etwa den nordfranzösischen Anbieter OVH, der neuerdings mit Google ein Cloud-Angebot baut.

Auch die deutschen Autohersteller müssten nun eng kooperieren, untereinander, mit den großen Zulieferern wie Bosch, Continental, ZF und – wichtig! – mit relevanten Start-ups, um noch ein konkurrenzfähiges System auf die Beine zu stellen, das nicht sofort wieder über die eigenen Füße stolpert. Damit sind wir wieder beim »alternative open ecosystem«, das Emerton schon vor fünf Jahren angemahnt hatte. Nur: Was ist eigentlich Open Source?

Woher Open Source kommt und was es Autobauern bringt

Das unternehmerische Handeln des Maschinenzeitalters orientierte sich an dem Grundsatz: Wer etwas erfindet oder in eine Technologie investiert, der hat die Rechte daran, und der verdient Geld damit. Das Open-Source-Paradigma funktioniert fundamental anders: Ein Produkt – etwa eine Software – wird im Rahmen bestimmter Regeln und Sicherheitsvorgaben von einer »Community« gemeinsam entwickelt. Viele Teilnehmer tragen freiwillig und unentgeltlich zum gemeinsamen Ergebnis bei und am Schluss können alle das kollektive geistige Eigentum nutzen. Das heißt auch: damit Geld verdienen.

Open Source punktet immer, wenn es um viel Coding-Arbeit und um eine große Zahl von Nutzungsmodellen geht – und wenn dabei die Zeit rennt. Im Idealfall bietet Open Source eine stabile Grundlage für die gesamte Community, die auf dieser Struktur Geschäftsmodelle aufbaut, mit denen sich der Einzelne im Markt differenziert, und mit denen er Geld verdient. Für Autobauer heißt das: ein quasi unendlich großer Zugriff auf Entwickler. Eine brillante Idee – doch wie jede glänzende Medaille hat auch diese eine Kehrseite. Sie kann auch zum Brandbeschleuniger werden:

Problematisch ist Open Source immer dann, wenn Differenzierung und Monetarisierung *nicht* gelingen. Oder wenn ein relevanter Player plötzlich einen anderen, besseren Weg einschlägt und die Open-Source-Community damit abhängt. Oder, dritte Möglichkeit, wenn sich Player gegenseitig blockieren: So phasenweise geschehen bei IBM mit Linux gegenüber Microsoft. Und auch bei Google mit Android gegenüber Apple. Und auch dann, vierte Variante, wenn es zu geopolitischen Weichenstellungen kommt, die die freie Verwendung einstmals freier Software plötzlich verbieten: Beispiel Huawei, das im Zuge des chinesisch-US-amerikanischen Handelsstreits Android nicht mehr nutzen durfte.[17]

Dazu kommt das Thema Sicherheit: Bei einem Open-Source-Ansatz für Automotive müssen natürlich Sicherheitsprinzipien (»Cybersecurity«) und geschützte Bereiche eine entscheidende Rolle spielen. Bei einer Softwarepanne im Smartphone sind vielleicht die persönlichen Kontakte weg, im Auto können solche Pannen zum Tode führen. Von außen manipulierbare, autonome Fahrzeuge würden den Super-GAU bedeuten und für die Autoindustrie den Schaden in der Dimension des Dieselskandals um ein Vielfaches übertreffen.

Das Horrorszenario insbesondere für Premiumhersteller ist dieses: Mit qualitativ hochwertiger Open-Source-Software – vom Betriebssystem bis zur Kundenschnittstelle mit hervorragender

User Experience – kann jetzt im Prinzip *jeder* Premiumautos bauen. Das macht es für Player wie Mercedes, BMW und zum Beispiel Audi schwerer, sich im Markt zu differenzieren. Wenn Mitbewerber die gleichen Leistungen zu einem deutlich geringeren Preis anbieten, wird es für Aufpreislisten nur noch wenig Verständnis geben. Gewonnen hätten dann aber nicht einmal diese aus dem Nichts auftauchenden Hersteller – sondern auch hier wieder die Hyperscaler Google, Apple und Co, die mit ihren Appstores Milliarden verdienen. Es ist ihnen schlicht und ergreifend egal, in welcher Automarke der User sitzt, während er sein Geld im Appstore lässt.

Es ist das gleiche Prinzip wie im Smartphone-Markt. Letztendlich geht es hier gar nicht um Nur-noch-Blechbieger oder Mehr-als-nur-Blechbieger. Es geht hier auch nicht mehr um die Automotive-Branche – sondern um den neuen Kampf um die Kundenzeit. Sprich, die neue Ökonomie der Aufmerksamkeit, die unsere Autobauer noch immer nicht überall auf dem Schirm haben.

Was Deutschlands Autobauer jetzt noch tun können

Diesen Schattenseiten zum Trotz halte ich Open Source prinzipiell für den richtigen Weg. Es würde allen Herstellern beim Aufstieg, besser noch: Ausstieg aus der Blechliga helfen, wenn es eine europäische Initiative gäbe und man den sehr amerikanisch dominierten Konzernen und Entwicklungen etwas entgegensetzen könnte. Mindestens ein Start der deutschen Premiumhersteller würde ein wichtiges Zeichen für alle setzen.

Dabei ist Pragmatismus gefordert statt des üblichen Kleinkleins. Es wird nichts mit der gemeinsamen Sache, wenn man zu viel Zeit mit irgendwelchen Vertragsgestaltungen und Risikokoordinationsgremien verbringt. Da koordiniert man sich zu Tode. Es braucht jetzt eher eine kleine Truppe von ein paar hundert bis tausend Leuten – und das finde ich schon eine große Zahl. Qualität geht vor Quantität.

Ich denke, die Autoindustrie geht das zu traditionell an und es fehlt ein gemeinschaftlicher Ansatz. Ohne den wird es kaum möglich sein, ein eigenes Betriebssystem zu entwickeln und zu pflegen, das auch nur halb so leistungsfähig ist wie Android oder etwas Vergleichbares. Softwareentwicklung kann man nicht wie eine Fabrik organisieren. Hier braucht es superflache Strukturen, wenig Überbau und viele kleinere, autarke Teams, mit Topleuten.

In der Softwareindustrie ist »Open Source« das zentrale Prinzip. Dahinter verbirgt sich nicht nur eine Strategie der Softwareentwicklung – es ist eine Grassroots-Philosophie einer ganzen Generation von Hunderttausenden Softwareentwicklern, die sich das gemeinsame Arbeiten am gemeinsamen Projekt zum Prinzip gemacht haben. Sie steht für bestimmte Formen der Zusammenarbeit, und wie Projekte vorangetrieben werden. Sie steht für eine besondere Haltung des »Sharings«, die in der traditionellen Autobranche oft nicht recht kompatibel scheint.

Wie könnte nun eine an Open-Source-Prinzipien angelehnte Strategie der Zusammenarbeit für die europäische Autoindustrie aussehen? Hier die Stichpunkte:

- In einer gemeinsamen Anstrengung muss die europäische Autoindustrie die Schichten eines *Open-Source-Systems* definieren und umsetzen. Erst in den obersten Schichten, zum User hin, verlässt jeder OEM die Open-Source-Basis und schafft sein eigenes Markenerlebnis.
- Dazu sollte – unter Einhaltung der Kartellregeln – eine *Konsortialstruktur* geschaffen werden. Software-Architekten, aber auch in der Open-Source-Lizenzierung erfahrene Juristen schaffen Strukturen, die zukunftsfähig sind und nebenbei den Entwicklungszyklus von Automodellen flexibler gestalten, also verkürzen. Das Konsortium ist gegründet von den OEMs, muss aber unabhängig agieren und entscheiden kön-

nen. Die Zahl der darin beschäftigten Experten muss nicht groß sein. Im Konsortium gelten flache Hierarchien und in seiner Arbeitsweise richtet es sich nach der gewohnten Arbeitsweise von Softwareentwicklern, mit kleinen Teams und agiler Entwicklung in Sprints beispielsweise. Die Teams sind geografisch verteilt, arbeiten virtuell zusammen und ihr Ziel muss eine unabhängige europäische Gesamtlösung inklusive Cybersecurity sein.

- Um diesen Vorstoß erfolgreich zu machen, ist ein *radikaler Schnitt* notwendig. Schluss mit den ewigen Selbsthilfegruppen der Hersteller, in denen jeder Vertreter doch wieder nur der Loyalität zu seinem OEM, in kleinlichen Eigeninteressen und in den Animositäten gegenüber den Wettbewerbern verhaftet bleibt. So wird nie mehr gefunden als ein kleinster gemeinsamer Nenner. So schaffen wir keinen großen Schritt nach vorn. Davon müssen wir wegkommen. Es muss doch möglich sein, gemeinsam das Big Picture in den Blick zu nehmen, um eine optimale Ausgangsbasis für alle zu schaffen? Wie erfolgreicher wären alle, wenn sich die wichtigsten Player an einen Tisch setzen, miteinander reden und miteinander handeln? Ich meine: OEMs sollten gemeinsame Sache machen. Endlich größer und weiter denken. Und zwar schnell.

Konzernübergreifende Kooperation fällt den Automobilherstellern traditionell sehr schwer. Angesichts der Herausforderungen sollten die Vorstände der europäischen Hersteller sich jedoch zu einem Strategie-Hackathon treffen und dazu Ideengeber aus vielversprechenden Start-ups einladen.

Ich meine: Es ist noch nicht zu spät.

Wer jetzt die richtigen Entscheidungen trifft, hat die Chance, seinen Markenkern zu wahren, die Marktposition zu sichern und sogar auszubauen.

Wo wir jetzt Quantensprünge brauchen

Es braucht allerdings Mut, sich zu fokussieren und die Budgets entsprechend neu auszurichten. Software spielt dabei die Schlüsselrolle – das haben die Entscheider in der Autoindustrie schon verstanden. Fragt sich nur, ob es ihnen gelingt, sich aus ungesunden Abhängigkeiten zu befreien und notwendige Kooperationen sinnvoll und fair zu gestalten. Ob das gelingt, hängt davon ab, ob jetzt Quantensprünge bei relevanten Engpässen gelingen: bei Chips, beim Thema Autonomie, bei der Datenübertragung, beim Thema Energieverbrauch und bei der Frage nach der richtigen Cloud-Lösung.

Chips: Wir brauchen in Silizium gegossene KI

Was ein Fahrzeug kann oder nicht kann, hängt direkt davon ab, was seine Chips können oder nicht können. Was viele nicht wissen: Das Können bezieht sich auf mehrere Dimensionen. Erstens geht es darum, wie viel ein Chip in welcher Zeit rechnen kann – also um seine Leistungsfähigkeit. Zweitens geht es darum, welches Maß an Temperaturschwankungen und Vibrationen ein Chip aushalten kann – also um die Widerstandsfähigkeit und um den Schutz der Chips, die im Auto sowohl Frost als auch Hitze standhalten müssen. Und drittens beeinflusst sein Energieverbrauch die Leistungsfähigkeit des Autos insgesamt.

Wir stehen aktuell vor der Herausforderung, dass wir auf dem Weg zu Zentralrechnern im Auto zwar die richtige Richtung eingeschlagen haben. Aber die Rechner sind immer noch nicht in der Lage, um die Petabytes an Daten zu verarbeiten, die zum Beispiel mehrere hochauflösende Kameras von der Umgebung erzeugen. Dass die Rechner hier überfordert sind, ist wenig erstaunlich: Viele der Systeme waren nie für den mobilen Einsatz vorgesehen, sondern lediglich für PCs. Natürlich kann man immer mehr Systeme aufeinanderpacken, um sie leistungsfähiger zu machen. Aber dann werden die Rechner so groß, dass sie Package-Probleme verursachen und aktive Kühlungen brauchen.

Wo muss jetzt der Quantensprung passieren – im Gesamtsystem oder im Chip? Ich sage: beides. Und das ist der Grund, warum ich mich beim amerikanisch-deutschen Start-up Recogni intensiv engagiere.

Der Recogni-Chip wurde von Beginn an auf die Anforderungen im Automobil hin ausgelegt. Es ist der weltweit erste Automotive Chip, der nicht mit Gleitkommazahlen, sondern logarithmisch rechnet. Erstaunlicherweise stammt die Idee des logarithmischen Rechnens aus dem 17. Jahrhundert und bis zur Erfindung des ersten Taschenrechners durch Texas Instruments im Jahr 1967 war auch hierzulande noch das logarithmische Rechnen Alltag. Heute liegen die »Rechenschieber« im Museum, mit denen sich schwierige Punkt- (mal, geteilt) in einfache Strichrechnungen (plus, minus) verwandeln ließen. Und wir bauen Chips, die auf Basis logarithmischen Rechnens sehr schnell mit sehr großen Zahlen operieren.

Was der Recogni-Chip anders macht: Er speichert Daten mit Cluster Compression: Dabei werden alle Objekte zunächst einmal auf gemeinsame Merkmale untersucht und deren Parameter nur einmal gespeichert, also komprimiert. Die verbleibenden Beschreibungsparameter werden um einen Nucleus herum angeordnet, also geclustert. Deshalb kommt der Chip mit viel weniger Daten aus und kann mit einem integrierten Speicher arbeiten, der direkt an den Bildsensoren sitzt. Weil so die Brücke in den Memory Chip entfällt, ist er in der Lage, Daten in Echtzeit zu liefern. Ein weiterer Vorteil: Trainiert wird der Chip mit synthetischen Daten statt im realen Verkehr. Die Entwickler können ihm in der Lernphase theoretisch alles vor die Nase setzen: Papiertüten, Kühe, Flugdrohnen. Je mehr seltene (»Edge«-) Fälle er kennt, desto besser und sicherer wird der Chip. Das ist in Silizium gegossene künstliche Intelligenz. [18]

Wie gesagt: Sinn des Ganzen ist hohe Leistung bei geringem Stromverbrauch. Recognis Chip erreicht bei 10 Watt Stromverbrauch 1 000 TOPS Rechenleistung, also 1 000 Billionen Rechenoperationen pro Sekunde und ist zukünftig gegebenenfalls sogar skalierbar auf 8 000 TOPS bei 50 Watt. Aktuelle Hochleistungschips im Automobil kommen auf etwa 150 TOPS bei 300 Watt oder mehr Stromverbrauch. Wir brauchen diesen Quantensprung im Elektroauto: Je sparsamer die Rechner, desto größer die Reichweite.

Und das ist auch ein Grund dafür, dass wir uns von der aktuellen Fahrzeugarchitektur mit gerne einmal 180 stromfressenden Steuergeräten verabschieden müssen. Alles, was das Bordnetz belastet, muss raus aus dem Auto. Und das gilt auch für das Thema autonomes Fahren.

Autonomes Fahren: Endlich machen, was geht

Eigentlich können wir, aber wir dürfen nicht. Das ist die Lage beim Thema autonomes Fahren, zumindest auf Level 3. Kurz zur Erinnerung:

- *Level 0:* »driver only«. Supportsysteme geben Alarm, greifen aber nicht ein,
- *Level 1:* »feet or hands off«, Spurhalteassistent und andere greifen aktiv in die Lenkung ein,
- *Level 2*: »feet and hands off«, Auto parkt zum Beispiel selbstständig ein, Kontrolle liegt aber weiter beim Fahrer,
- *Level 3:* »eyes off«, zum Beispiel Traffic-Jam-Chauffeur, Fahrer muss innerhalb von 10 Sekunden wieder übernehmen können,
- *Level 4:* »brain off«, Fahrzeug parkt zum Beispiel selbstständig ein, ohne Verantwortung durch den Fahrer,
- *Level 5:* »driver off«, Fahrzeug fährt komplett selbstständig. Es gibt keinen Fahrersitz und kein Lenkrad; das Eingreifen durch einen Fahrer ist nicht möglich.

Technisch ist es heute möglich, in bestimmten Situationen autonomes Fahren nach Level 3 zuzulassen. Das konnten wir auch schon demonstrieren, und das wurde kürzlich vom Gesetzgeber erlaubt. Perspektivisch wird es mit autonomem Fahren weniger Unfälle geben, das ist ein wichtiger Pluspunkt. Autonomie wird sich darüber hinaus in bestimmten Bereichen bezahlt machen. Dazu ein Rechenbeispiel: Im Lkw-Verkehr müssen Fahrer alle vier Stunden eine einstündige Pause einlegen. Wenn der Lkw während der Pausen nun autonom weiterfährt, gewinnen Unternehmen pro Tag eine signifikante Zahl an zusätzlich gefahrenen Kilometern.[19]

Allerdings sollen autonome Fahrzeuge zunächst nur da eingesetzt werden, wo nicht so viel passieren kann. »Wir wollen jetzt Fahrzeuge, die selbstständig Waren von der Produktion zum Verteilzentrum bringen. Genauso wie autonome Autos und Busse, die Fahrgäste sicher und bedarfsgenau transportieren«, erklärte Verkehrsminister Andreas Scheuer im Frühjahr 2021 den entsprechenden Gesetzentwurf und legte die Latte hoch: Deutschland soll seiner Vorstellung nach die »Nummer 1« beim autonomen Fahren werden und »international den Takt vorgeben«. Als erstes Land der Welt hole man jetzt also die autonomen Autos aus den Laboren und bringe sie ab 2022 im Regelbetrieb auf die Straße. Zumindest da, wo sie keinem wehtun. Was heißt das? Es geht voran, aber ein Quantensprung ist das nicht. Der im autonomen Auto über die Autobahn fahrende Privatnutzer wird noch sehr lange auf sich warten lassen. Die Unternehmensberatung McKinsey jedenfalls rechnet für das Jahr 2030 damit, dass von hundert Autos lediglich zwei autonom unterwegs sein werden. Und das nicht einmal in Deutschland, sondern weltweit.[20]

Neben dem rechtlichen Rahmen, der in ganz Europa einen großen Schritt vorwärtsgemacht hat, fehlt uns immer noch einiges an Rechenpower. Hier wird und hier muss noch viel passieren, damit das Auto sich in seiner Umgebung zurechtfindet und die Daten der Sensoren verarbeiten kann. Hier muss mancher Autobauer auch umdenken: Die Themen Updates und 5G sind zwar

Prognose: Anteil der Fahrzeuge nach Autonomie-Level (weltweit in Prozent)

	2020	2025	2030
Level 0	60 %	27 %	13 %
Level 1	25 %	25 %	20 %
Level 2	13 %	38 %	22 %
Level 2+	–	7 %	35 %
Level 3 Autobahnassistent	–	2 %	6 %
Level 4 Hochautomatisiert	–	–	2 %
Level 4+	–	1 %	2 %

Abbildung 8: Levelkategorien von 0 = einfache Fahrunterstützung (z. B. Spurhalte-Assistent) bis 4+ = vollständiges autonomes Fahren.

wichtig fürs autonome Fahren. Es wäre aber unsinnig, nur dort automatisiert fahren zu können, wo es 5G gibt. Ich meine, das lässt sich anders lösen. Denn im Prinzip ist es nicht nötig, ständig unzählig viele Kartendaten über die Luft zu transportieren, um sie vor Ort zu verarbeiten. Das muss autonomer und autarker gehen. Das Auto muss selbst verstehen, wo es ist und wie sein Umfeld aussieht – was wiederum die Anforderungen an Sensorik, Rechenleistung und Kommunikation innerhalb des Autos erhöht. Und da gibt es für unsere Autobauer noch einiges zu tun, um die Vorteile des autonomen Fahrens für sich zu nutzen. Diese Vorteile liegen vor allem für die Truck-Sparte auf der Hand: Weniger Unfälle, mehr Kilometer pro Zeit, neue Business Cases, rascher Return on Investment.

Szenenwechsel: China. Baidu schickt seit Mai 2021 autonome Apollo Robotaxis durch Pekings Shougang Park. Mitfahren können alle, die via Apollo Go App ein Robotaxi bestellen und zahlen. Peking ist für Baidu nur der Anfang, in Zukunft sollen Baidus Robotaxis in weiteren chinesischen Städten rollen.[21] Und Baidu ist nicht der einzige Player auf diesem Feld: Das von Alibaba unterstützte Unternehmen AutoX bietet offenbar schon seit Anfang 2020 fahrerlose Taxifahrten an; das von Nissan unterstützte chinesische Start-up WeRide ist mit fahrerlosen Testautos unterwegs. Daneben haben auch Tencent, Didi und Sony Technologie für autonomes Fahren entwickelt. Asien ist hier also sehr weit.

Doch die Technik ist komplex, und sie ist sehr teuer. Vor diesem Hintergrund lässt sich in den USA derzeit so etwas wie ein Robotaxi-Karussell beobachten: Lyft verkauft seine Roboterwagensparte an Toyota;[22] die Toyota-Tochter Woven Planet darf im Gegenzug Lyfts Flottendaten auswerten. Uber übergibt seine Roboterautos an Aurora. Der Robotaxi-Dienst Voyage – im Einsatz in US-amerikanischen Seniorenanlagen – geht an die GM-Tochter Cruise, an der sich auch Microsoft finanziell beteiligt.[23] Amazon kauft Zoox und die Intel-Tochterfirma respektive der BMW-Sidekick Mobileye wünscht sich den Start seines ersten Robotaxi-Dienstes in Deutschland 2022.[24] Vorreiter in Sachen autonomes Fahren ist und bleibt allerdings die Google-Tochter Waymo. Und Tesla? Bastelt an einer eigenen »Robotaxi«-Funktion, die sich per Abo zukaufen lässt. Eine Idee, die auch VW verfolgt, die aber wohl erst in etlichen Jahren startklar sein wird.

Die Entwicklung von autonomem Fahren kostet enorm viel Geld. Bisher gibt es kein serienreifes Auto, das sich lückenlos mit allen anderen Autos verbinden kann. Es gibt nur wenige Autos, die sich mit einer smarten Stadt-Infrastruktur verbinden, um an jeder Kreuzung rechtzeitig zu wissen, wer gleich mit welchem

Tempo um welche Ecke kommt. Dafür braucht es ein flächendeckendes 5G-Netz, und das haben wir noch nicht. Die Realität ist, dass selbstfahrende Autos auch bis heute nicht in der Lage sind, fallende Herbstblätter von Steinschlag zu unterscheiden. Wir sind noch nicht so weit. Ich meine, wir sollten uns hier nicht von Fantasien leiten lassen und uns nicht unnötig verzetteln. Nicht alles, was technisch machbar ist, das ist im Alltag auch sinnvoll. Und erst recht nicht als Geschäftsmodell.

Wir sollten auch nicht vergessen, dass komplett selbstfahrende Autos und Robotaxis nur der Extrempunkt einer insgesamt spannenden Entwicklung sind. Unsere Autos sind längst so weit, dass sie bei zu geringem Abstand auf der Autobahn bremsen, dass sie uns auf der Spur und beim Parken auf Abstand vom nächsten Poller halten und beim Überholen helfen. Je günstiger Kameras und Lidare in Zukunft werden und je besser wir den Datentransport im Auto lösen, desto lukrativer werden solche Zusatzangebote als kostenpflichtige Over-the-Air-Updates. Das ist keine Zukunftsmusik, das geht. Um von Fortschritten in Sachen Autonomie zu profitieren, muss nicht jeder seine eigenen Robotaxis durch Parks kurven lassen. Es ist aber an der Zeit, Level 3 (»Hands Free«) in die Produktion zu bringen.

Datenübertragung: Viel mehr Tempo, viel mehr Sicherheit

Lidare und hochauflösende Kameras rund um das Auto machen autonomes oder teilautonomes Fahren möglich – sie legen die Anforderungslatte für die Kabelbäume im Auto aber auch deutlich höher. Lidare scannen 3D, hochauflösende Kameras produzieren 60 Bilder pro Sekunde. Da kommen schnell Petabytes von Daten zusammen – wobei ein Petabyte ungefähr dem Speichervolumen von 1000 Notebooks entspricht. 1000![25]

Wie lassen sich diese Datenmassen nun mit Latenzzeiten von weniger als zehn Millisekunden quer durchs Auto transportieren?

Viele Hersteller setzen an dieser Stelle auf das sogenannte Automotive Ethernet. Einfach gesagt, ist Ethernet eine Familie von Netzwerktechniken, die überwiegend in lokalen Netzwerken (LAN) zum Zuge kommen. Und zwar immer dann, wenn große Datenpakete transportiert werden müssen. Laut einer Recherche von *Automobilwoche* sehen immer mehr Automobilhersteller in Automotive Ethernet den neuen Übertragungsstandard für Fahrzeuge.[26] Herkömmliche Bussysteme (Bus = Binary Unit System) sollen damit abgelöst werden. Ich sage: Was wie eine gute Idee klingt, funktioniert in der Praxis zurzeit nicht überzeugend.

Es funktioniert nicht, weil selbst Gigabit-Ethernet zu langsam ist, also zu wenig Bandbreite bietet. Zudem ist auch damit keine ausreichende Systemsicherheit (»Functional Safety«) realisierbar; das Fehlerrisiko bei der Datenübertragung ist zu hoch. Hier ist es ähnlich wie bei den Chips. Man versucht, einen Physical Layer (PHY) aus einem ganz anderen Bereich anzupassen, der nie für Automobilanwendungen entwickelt wurde.

Der Hintergrund ist folgender: Ethernet transportiert Daten in Paketen und ohne festes Zugriffsraster. Das machen andere Systeme anders, die mit festen Rastern und Mindestbandbreiten arbeiten. Wenn Ethernet nicht genug Bandbreite hat, dann liefert es einfach nicht alle Datenpakete aus. Der Erfolg einer Übertragung ist daher immer nur wahrscheinlich, aber nicht sicher. Damit Ethernet trotzdem funktioniert, braucht es eine Unterstützung durch höhere Protokolle, die Fehler ausmerzen. Dazu kommt noch ein Problem: Ethernet ist physisch alterungsanfällig und damit störanfällig.

Immer wieder kommt Bewegung in diese Entwicklungen – derzeit halte ich eine solche Technik im Auto aber für unzureichend. Hier brauchen wir also den nächsten Quantensprung. Und der ist bereits passiert: Der israelische Chiphersteller Valens – auch hier engagiere ich mich intensiv – setzt auf den Konnektivitätsstandard HDBaseT. Dieser Standard kommt aus dem Audiovisual (AV)-Bereich und ist dort lange etabliert. Anders als Ethernet bietet dieser Standard extrem hohe Durchsatzraten und eine sehr hohe Sicherheit von nur einem Fehler auf 10 000 Fahrzeuglebensdauern. Das ist es, was wir bei Fahrerassistenzsystemen und beim automatisierten Fahren brauchen. Auf dieser Grundlage können wir die Systeme entwickeln, die heute noch schwer zu realisieren sind.

HDBaseT kann tatsächlich bis zu 16 Gigabit übertragen, und zwar latenzfrei, zuverlässig und sogar unempfindlich gegenüber elektromagnetischen Strahlungen anderer Bordnetze, die durchaus zu Störungen führen können. Der erste Automobilhersteller, bei dem Valens mit diesem Ansatz in Serie geht, ist Daimler. Die nächsten Monate werden zeigen, ob diese richtungsweisende Entscheidung von weiteren OEMs übernommen wird.

Standards: Weniger streiten, mehr machen

Und damit sind wir bei einem neuralgischen Punkt für Deutschlands Autobauer: Standards. Proprietäre Lösungen sind oftmals hoch attraktiv, weil sie Differenzierung im Markt versprechen. Auf der anderen Seite werden Standards immer wichtiger. Wenn es um Datenübertragung geht, kommt die Autobranche an MIPI nicht mehr vorbei (MIPI = Mobile Industry Processor Interface Alliance).

MIPI ist ein Kommunikationsstandard der Telekommunikationsbranche, der für einheitliche Interfaces zwischen Chips, Sensoren und Baugruppen sorgt. Zur Non-Profit-Organisation MIPI Alliance zählen mehr als 300 Mitglieder aus den Bereichen Mobilgeräte, Halbleiter und Autobau, darunter große Player wie Apple, ARM, Dell, Google, Sony, Samsung und auch OEMs. Kurz: Hier sind die ganz großen Spieler unterwegs. Ziel ist, bei hohen Stückzahlen zu niedrigen Kosten zu kommen. Und weil die Autoindustrie im Vergleich zu Consumer Electronics bezogen auf die Stückzahl eine kleine Branche ist, orientieren wir uns an MIPI, um die benötigten Features auf hohem Niveau schnell und günstig abzudecken. Das passt gut zusammen: Die HDBaseT-Technologie ist die Basis dieses Standards für PHY.

Dass Valens und Daimler gute Gründe für MIPI sehen, heißt aber nicht, dass andere Autohersteller das genauso sehen. Tatsächlich haben sich gut 36 Hersteller und OEMs in der »Automotive SerDes Alliance« (ASA) organisiert und sich offen gegen MIPI gestellt.

Im Ringen um Standards haben wir es also mit MIPI, ASA und auch mit dem oben schon erwähnten AUTOSAR zu tun, und das sind nur Beispiele. Warum Deutschlands Autobauer nicht an einem Strang ziehen? Ganz einfach: Überall, wo Standards definiert werden, da wird auch Kuchen aufgeteilt. Und hier sieht immer noch jeder einzelne Player seine eigene Nase zuerst – auch wenn diese Perspektive der gesamten Branche schadet. Und letztendlich auch ihm selbst. Warum es nicht mehr Mut gibt unter den Herstellern? Mehr Weitsicht? Mehr Community? Vielleicht geht es der Branche immer noch zu gut. Mehr Mut zur Zusammenarbeit gibt es immerhin beim Thema Cloud.

Cloud für alle: Damit Europa keine Digitalkolonie wird

Wer Autos effizient bauen, wer sie vernetzen, teilen oder autonom fahren lassen will, der kommt ohne Cloud nicht weit. Und Cloud heißt für die meisten Autobauer: AWS von Amazon, Azure von Microsoft oder die Clouds der Hyperscaler Google oder Alibaba. Hier lässt sich alles buchen, was Fabriken vernetzt und Autos smart macht: Networking und Robotic, Security und Collaboration, Database und Analytics, Internet of Things (IoT) und künstliche Intelligenz (KI), Media-Streaming und Blockchain. Zwei Drittel des Cloud-Marktes teilen die Großen unter sich auf – wobei die ältesten Anbieter AWS (laut Canalys-Marktforschung 31 Prozent) und Azure (20 Prozent) auch die größten sind. Google (7 Prozent) kam etwas später auf den Markt, da waren die größten

Stücke schon verteilt. Das restliche Drittel teilen sich mittlere und kleine Provider – darunter auch die Deutsche Telekom (Open Telekom Cloud), OVH oder Wortmann (Terra Cloud).[27] Big Data und maschinelles Lernen können Anbieter wie OVH zwar auch – aber keiner dieser Player, so ehrlich müssen wir sein, kann den US-amerikanischen und chinesischen Hyperscalern das Wasser reichen.

Und deshalb ruft auch BMW nicht die Telekom an, wenn es eine »Open Manufacturing Platform« braucht, sondern Microsoft. Deshalb nimmt Toyota Amazon ins Boot, wenn es seine »Mobility Services Platform« (MSPF) entwickeln will. Deshalb hat VW schon 2019 zusammen mit Amazon die »Volkswagen Industrial Cloud« gezimmert, und parallel dazu mit Microsoft die »Automated Driving Platform« in Arbeit.[28]

Jede große Plattform arbeitet mit eigenen Architekturen, die mit denen anderer Provider nicht unbedingt kompatibel sind. Gleichzeitig kommen immer mehr große Autohersteller an den Punkt, an dem die Zusammenarbeit mit nur einem Hyperscaler nicht ausreicht. Multicloud-Nutzung liegt im Trend, und je größer ein OEM, desto mehr Clouds nutzt er parallel. Das sind leider nicht die Clouds der europäischen Anbieter – und das gefällt europäischen Unternehmen wie der Telekom nicht.

Nun hat der Datenschutzbeirat der Deutschen Telekom ein Papier verfasst, man könnte auch sagen: einen Brandbrief. Der Beiratsvorsitzende Lothar Schröder erklärt das Anliegen der Gruppe um Telekom-Chef Tim Höttges gegenüber dem *Handelsblatt* so: »Ich möchte nicht, dass wir in Europa von China oder den USA abhängig werden. China könnte die Daten für Spitzeleien nutzen, und einige große Technologiefirmen aus den USA sind reinste Datenkraken.« Die Datenschützer sorgen sich, Europa könne zu einer »digitalen Kolonie« verkommen, »in der amerikanische und chinesische Unternehmen mittels personalisierter Geschäftsmodelle personenbezogene Daten schürfen und auf fragwürdiger rechtlicher Grundlage nutzen.«[29]

Dazu muss man wissen, dass selbstverständlich auch die Telekom und die Deutsche Bahn oder die Deutsche Bank mit Hyperscaler-Clouds arbeiten und zumindest einen Teil ihrer Geschäfte damit und darauf laufen lassen. Dies mangels Alternativen – und offenbar mit Bauchschmerzen.

An dieser Stelle kommt das europäische Cloud-Projekt »Gaia-X« ins Spiel. Nach dem Prinzip der vielen kleinen Fische, die im Verbund den großen Fisch dann doch noch Paroli bieten, verbünden sich hier Cloud-Anbieter aus ganz Europa in einer gemeinsamen IT-Infrastruktur, mit gemeinsamen Standards, auf der Basis – das ist der entscheidende Punkt – der DSGVO und mit dem Ansinnen, sich von außereuropäischen regulatorischen Eingriffen unabhängig zu machen. Es geht um nicht weniger als die digitale Souveränität Europas. Um diese zu sichern, arbeitet Gaia-X auf drei Ebenen:

- *Daten*: Hier geht es um sicheren Datenaustausch und das Management von Identitäten
- *Services:* Auf dieser Ebene können verschiedene Provider ihrer Services plattformübergreifend anbieten
- *Infrastruktur:* Auf dieser untersten Ebene, genannt Sovereign Cloud Stack (SCS) sitzen Open-Source-Projekte. Hier laufen alle Daten offen, um jedem Mitglied maximale Freiheit und Unabhängigkeit zu ermöglichen.

Kurt Garloff, CTO dieser Open-Source-Ebene, stellte gegenüber dem Fachmedium it-business.de dar, warum sich Gaia-X zum Gamechanger entwickeln könnte. Mit dieser Europa-Cloud bietet sich europäischen Providern die Chance, eine vollständige und technologisch konkurrenzfähige Daten-Infrastruktur zu bauen, »die unseren Regeln und Werten hinsichtlich Datenschutz und Datensouveränität entsprechen.«[30] Und das wird langsam konkret.

Ein wichtiger Teil der digitalen Infrastruktur »Gaia-X« ist neuerdings das Projekt »Catena-X«. Während sich »Gaia-X«

offenbar noch überwiegend in der Konzeptionsphase befindet, wird es bei »Catena-X« schon konkret: Die im Dezember 2020 gegründete Initiative strebt einen unternehmensübergreifenden Datenaustausch an, sie will OEMs eng mit Zulieferern vernetzen und noch 2021 erste Anwendungen an den Start bringen. Das Interesse der Autobranche ist groß: Neben BMW und Daimler hat sich mittlerweile auch Volkswagen in der Allianz angemeldet. Auch SAP und die Telekom sind dabei, außerdem Bosch, ZF Friedrichshafen, Schaeffler und viele mehr. Ziel ist nicht zuletzt eine engere Kontrolle des Ressourcenverbrauchs entlang der Wertschöpfungskette, um schneller und effektiver zusammenzuarbeiten, und um mit den dabei entstehenden Produktivitätsgewinnen das bezahlen zu können, was sich alle deutschen Autobauer auf die Fahnen geschrieben haben: die elektromobile Zukunft.

Hier zeigt sich, dass Europas Unternehmer den viel gefürchteten Hyperscalern aus Ost und West durchaus die Stirn bieten können. Zwar nicht mit gigantischen Börsenwerten und auch nicht mit monströsen Bergen an Kundendaten – aber mit Brüssel. So sehr man hierzulande über die Datenschutzverordnung auch geklagt hat, im Binnenmarkt hat man damit eine Benchmark gesetzt. Das war 2016. Als im Jahr 2020 der Europäische Gerichtshof EuGH das EU-US-Datenschutzabkommen »Privacy Shield« kassierte, rüttelte das die ganze Industrie wach – immerhin drohten empfindliche Bußgelder. Nun stehen neue Verhandlungen rund um den »Digital Services Act« und den »Digital Markets Act« an. Und nicht nur Europa macht sich Gedanken um das Thema Datenschutz. Auch die USA sind daran interessiert, dass sensible Daten ihrer Bürger und ihrer Unternehmen nicht einfach so in aller Welt gespeichert und ausgeschlachtet werden dürfen und dass das Europageschäft ihrer IT-Giganten erfolgreich weiterläuft.

Die Chancen stehen also gar nicht schlecht, dass Europa in Sachen Datensicherheit einmal mehr den Rahmen setzt: Dass es hohe technische Standards als Grundlage für Open-Source-Projekte definiert, dass es einen über Gesetze abgesicherten Möglichkeitsraum für alle Player schafft und darüber hinaus datengestütztes Monitoring entlang der Lieferketten – was Kooperationen nicht nur effizienter macht, sondern auch sparsamer und damit nachhaltiger.

Warum ich das glaube? Warum ich meine, dass Handelspartner aus den USA und China eine neue Konkurrenz in den Bereichen Autosoftware und Clouds durch vernetzte europäische Unternehmen akzeptieren? Warum sie nicht gegen neu geschaffene Rechte und Gesetze aus Brüssel kämpfen, sondern diese gegebenenfalls in eigenes, nationales Recht umsetzen werden?

Weil Europa zwar vielleicht eine kleinteilige und manchmal eine etwas verschlafene Unternehmenslandschaft hat – aber immer noch die stärksten Automarken, immer noch eine Reihe der besten Köpfe in der gesamten Branche und vor allem: eine Bevölkerung von gut 700 Millionen Menschen mit einem hohen Anteil an »Premiumkunden«, auf die Hyperscaler nicht verzichten werden.

Fazit: Das neue Paradigma heißt »Microelectronics first«

Seit Autos sich in Smart Devices verwandelt haben, muss die Entwicklung neuer Fahrzeuge von innen nach außen laufen: zuerst die Software, dann das Fahrzeugdesign. Der neuralgische Punkt der Fahrzeugsoftware ist die Kundenschnittstelle. Hier ist es Tech-Giganten wie Google, Apple und Amazon gelungen, den Autobauern ihr je eigenes »Trojanisches Pferd« ins Fahrzeug zu schieben. Diese Formulierung stammt von der Unternehmensberatung Emerton und aus dem Jahr 2016, hat aber an Aktualität nichts eingebüßt. Im Gegenteil. Wenn wir verstehen wollen, wie ihnen das gelungen ist, müssen wir den Aufbau einer Infotainmentplattform einmal genauer anschauen. Wir sehen hier mehrere Ebenen: Das

Betriebssystem baut derzeit jeder OEM selbst, auf der Ebene der Middleware kommen Apple und Google ins Spiel und in Zukunft möglicherweise auch Amazon. Sie steuern den Kundenzugang zu Apps und Services – also zu dem Punkt, an dem Geld verdient wird. Die Tech-Giganten sitzen also längst in der Autosoftware und es ist nicht unwahrscheinlich, dass wir eines Tages extra zahlen, um unsere Autos werbefrei zu halten.

Open Source lohnt sich bei viel Coding-Aufwand, vielen Nutzungsmodellen und wenig Zeit. Zwar wird es mit Open Source für jedes Unternehmen schwerer, sich am Markt zu differenzieren. Andererseits ist dies die einzige Möglichkeit, sich unabhängig von US-amerikanischen oder asiatischen Hyperscalern im Markt zu behaupten.

Was unsere Autobauer so schnell wie möglich brauchen, sind Chips aus europäischer Produktion, bessere Chips, mehr Chips – erst auf dieser Grundlage ist das Auto als Smart Device erst voll handlungsfähig. Wir brauchen mehr Tempo und Sicherheit in der Datenübertragung, wir brauchen technische Standards und wir brauchen eine sichere Cloud.

Ich sage: Es ist noch nicht zu spät. Die Chips der nächsten Generation sind da, neue Standards für schnelle und sichere Datenübertragung im Auto liegen vor. Es braucht jetzt einen Ruck in der Branche, um sich von den Legacy-Architekturen zu verabschieden, die uns in der Autoentwicklung am Bein hängen wie Klötze. Es ergibt keinen Sinn, an diesen Strukturen festzuhalten.

Perspektivisch führt kein Weg vorbei an gemeinsamen Standards, an rechtssicheren Clouds, an Hochleistungscomputern im Auto und in Europa entwickeltem und produziertem Infotainment und Connectivity-Technologien. Wenn Daten das neue Öl sind, dann sind Apps und Updates das neue Geschäftsmodell. Und damit meine ich nicht mehr WhatsApp im Auto, sondern mehr signifikante Funktionen rund um Fahrsicherheit, Fahrkomfort, Fahrvergnügen. Letztendlich geht es darum, was der Fahrer im Auto erleben will – und was ihm das wert ist.

Und hier haben Deutschlands Autobauer die Wahl: Sie können dieses Geschäft den Tech-Giganten aus den USA und aus China überlassen. Oder es selbst steuern. Die Technik ist da, das Wissen ist da – jetzt geht es darum, die Einzelkämpfermentalität zu überwinden und im globalen Kampf um das Auto der Zukunft als Team zu spielen.

V.
AUTO

Warum wir Auto und Fahrer komplett neu denken müssen

Es sieht aus wie ein Sturmvogel auf drei Rädern, es erreicht ein Spitzentempo von 177 Stundenkilometern, es braucht an sonnigen Tagen keinen Extrastrom und es schafft 1600 Kilometer mit einer Batterieladung: Aptera, das Leichtfahrzeug aus den USA, ist nach seiner ersten Pleite 2011 jetzt zurück auf dem Markt und bereits ausverkauft. Dabei ist Aptera nicht das einzige superinnovative E-Mobil, das statt auf Luxus und SUV-Anmutung konsequent auf die Problemzone der Elektromobilität setzt: Reichweite. Ist das die Zukunft? Was tut sich in Sachen Fahrzeugmodelle? Dieses Kapitel zeigt,

- warum es Leichtfahrzeuge am Markt nicht leicht haben,
- wie es kommt, dass sich am Ende immer SUVs durchsetzen, und
- warum sich das Auto der Zukunft nicht mehr nur durch Leistung und Design auszeichnet, sondern durch Updates, Apps und Services,
- und wie sich der klassische »Driver« mehr und mehr in einen »User« verwandelt.

Jetzt kommt die Variantenvielfalt wieder ... nicht

Überall auf der Welt bauen Start-ups an Prototypen, und auch die großen Player schrauben seit mehr als einer Dekade an fantasievollen Elektrogefährten: VW feierte mit dem E-Einsitzer Nils ein Messedebut im Jahr 2011, Renault mit dem Nicht-Auto Twizy, Opel versuchte sich an der Studie RAK e mit zwei Sitzplätzen hintereinander nach dem Prinzip des Messerschmitt-Kabinenrollers aus den Fünfzigerjahren. Seitdem hat man von diesen leichten und kompakten Konzepten nicht mehr viel gehört. Keines hat die Autobranche revolutioniert.

Und doch geht es jetzt genau da weiter: Im spanischen Malaga läuft eine Neuauflage des froschgesichtigen Messerschmitt-Kultmobils mit Elektromotor vom Band, der Schweizer Tretrollerhersteller Micro baut das elektrische Comeback der Isetta (»Microlino«) und PSA tüftelt aktuell an einer Dreiradstudie – allerdings nicht in Retro-Anmutung, sondern futuristisch.[1] Und dies sogar im Auftrag der EU: PSA ist der Automobilpartner im EU-LIVE (Efficient Urban Light Vehicle)-Konsortium, dem auch Continental, der Batterielieferant Samsung-SDI, der Bremsenbauer Brembo und acht weitere Unternehmen angehören. Mit 6,7 Millionen Euro fördert die Europäische Kommission dieses Vorhaben. Kommt jetzt die große Variantenvielfalt? Eher nicht. Bisher ist es jedenfalls noch keinem Start-up gelungen, einen massentauglichen Stromer auf die Straße zu bringen. Außer Tesla. Und neuerdings Nio.

Was oft vergessen wird: Die Automobilgeschichte hat schon immer die erstaunlichsten Blüten hervorgebracht, und nach jeder neuen Phase der Variantenvielfalt kam es zu einem Artensterben. Der erste Aufschwung der Autoindustrie ging schon 1908 zu Ende. Die Zahl der Hersteller war von zwölf auf 53 angestiegen und die 12 500 Mitarbeiter in den Manufakturen produzierten jährlich mehr Wagen, als die ersten Autofans kaufen konnten. So brachten Deutschlands Autobauer in den frühen Jahren eine Vielzahl von Kleinserien hervor, sie bauten Prototypen, die nie in Serie gingen, etliche Marken – Sphinx, Lauer, Lipsia – verschwanden nach wenigen Jahren wieder, unzählige Hersteller kamen über die Start-up-Phase nicht hinaus. Und doch waren es wichtige Aufbruchsjahre, und schon damals bauten Marken wie Dux, Horch, Audi, Daimler und Benz die besten Autos der Welt.[2]

Der Erste Weltkrieg brachte eine jähe Zäsur und damit einen Rückschlag, den die Branche erst Mitte der Zwanzigerjahre aufholte. Die wirtschaftspolitische Lage, die Inflation und wohl auch die Spanische Grippe hatten zu einer Situation geführt, in der sich – anders als in den USA – hiesige Mittelschichtsfamilien zumeist kein eigenes Auto leisten konnten. Stattdessen fuhr man Motorrad; Läden kauften billige Dreiradtransporter wie das »Görke Mobil«, für die man seit 1928 nur die Steuern zahlte, die auch für ein Motorrad fällig wurden. Dass öffentliche Stellen wie die Feuerwehr oder die Stadtwerke auf elektrisch betriebene Nutzfahrzeuge setzten, hatte wirtschaftspolitische Gründe und stand unter dem Motto »Devisen sparen. Elektrisch fahren«.

Kleinwagen und SUVs: Das Brot-und-Butter-Geschäft

Die Artenvielfalt der Automobile ging einher mit einer unübersichtlichen Vielfalt an Einzelteilen: darunter 55 verschiedene Pkw-Reifentypen, 113 verschiedene Anlasser, 269 verschiedene Glühlampen und 300 unterschiedliche Batterietröge.[3] Dem setzte die NS-Führung ein Ende – und so stand die Berliner Automobilausstellung 1935 für eine neue Effizienz. Seitdem fuhren Deutschlands »Stromwagen« mit einer ersten »Einheitsbatterie«.[4] Bis 1939 wurden dann auch die Anlassertypen auf zehn begrenzt und die Glühlampen auf 26 – um nur wenige Beispiele zu nennen. Die neue Normierung brachte nicht nur den erwünschten Skaleneffekt, den die Autoindustrie auch heute etwa mit Standards für Batterie und Plattformen anstrebt, sondern war schlicht und ergreifend Voraussetzung für die Mobilmachung – die Geschichte ist bekannt.

Nach Kriegsende war im zerstörten Deutschland an hochwertige Familienautos wieder nicht zu denken. Und wieder machte die Not erfinderisch: 1950 brachte Paul Kleinschnittger ein Mini-Cabriolet auf den Markt – mit 6 PS und ohne Rückwärtsgang. Wer die Richtung wechseln wollte, stieg aus, hob den Wagen an und drehte ihn um. Um 1955 rollten die ersten Goggomobile vom Band, mit immerhin 13,6 PS, Anfang der Sechzigerjahre folgte ein Minisportwagen – der »Ferrari des kleinen Mannes«. Was gern in Vergessenheit gerät: Es war das Goggomobil, das in den Sechzigerjahren BMW aus der Krise rettete. Denn mit der Übernahme des Goggo-Herstellers Glas GmbH konnte BMW seine große Lücke schließen, die zwischen der winzigen Isetta und dem barocken 501/502 klaffte.[5]

Genau hier stehen wir heute wieder vor massiven Herausforderungen: Die kleinen Elektroautos, die leistungsmäßig perfekt in die Innenstädte passen, sind für den Kunden zu teuer – das ist das erste Problem. Dass hier der Staat mit einer Kaufprämie hilft, ist eine richtige Idee, mit der schon Tokio Ende der Vierzigerjahre seine ultrakompakten »Kei-Cars« unterstützte. Aber es löst das grundsätzliche Problem nicht: Mit der Produktion von massentauglichen Elektroautos verdienen Hersteller kaum Geld – zum Teil haben wir es hier sogar mit negativen Business Cases zu tun. Das gilt für elektrische Klein- und Kleinstwagen genauso wie für motorisierte. Und so wundert es nicht, dass selbst Klassiker längst auf der Streichliste der Konzerne stehen: Fiat 500, Fiat Panda, Opel Adam, Opel Karl, Ford Ka+ und die gesamte Up-Familie von Volkswagen.

Fakt ist: Je mehr Größe, Luxus und Leistung, desto mehr Marge für den Autobauer. Und bei aller Kultigkeit: Kleinstwagen wie die Isetta sind auch heute fast ausschließlich ein Fall für fahrvergnügte Konzeptfans, die über mangelnden Komfort, mangelnde Sicherheit und auch über den mangelnden Gebrauchswert ihres Fahrzeugs großzügig hinwegsehen. Zur Markenbildung tragen solche Konzepte durchaus bei, das Zeug zum Massenprodukt haben sie in den meisten Fällen nicht. Ich sage: Wenn schon Retro, dann richtig. Nach dem Ende der Kutschen wurden Pferde ein Hobby. Warum sollte nach dem Ende der Verbrenner-Ära nicht auch der Oldtimer ein Hobby bleiben? Angetrieben mit E-Fuels könnte dieses Hobby sich eines Tages zu einem »Spaß ohne Reue« entwickeln.

Was heißt das für Deutschlands Autobauer? Eine große Menge kleiner und wenig rentabler Stromer braucht es für das Klimaziel, eine kleinere Menge großer Premiumwagen braucht es für die Marge. Mit den Kleinen allein funktioniert das Geschäft nicht, den Großen allein fehlt es an Masse und an Markenakzeptanz. Wie kommt man nun raus aus diesem Dilemma? Genau so, meine ich, wie es in der Autogeschichte schon immer passiert ist: Mit Skaleneffekten und Servicekonzepten.

Warum der Skaleneffekt nicht zum Einheitsauto führt

Baukastensysteme für E-Fahrzeuge bringen großen Herstellern die dringend notwendigen Skaleneffekte – kleineren Herstellern oder sogar Newcomern ermöglichen sie den schnellen und relativ günstigen Einstieg in den Markt. Genauso können aber auch große SUV auf vorgefertigten Plattformen aufgebaut werden – das »Rolling Chassis« von Bosch und Benteler ist ein gutes Beispiel und das neue »Skateboard« von Foxconn. Je besser es gelingt, den teuersten und kritischsten Teil eines Fahrzeugs in großen Volumen zu produzieren, desto effektiver wird letzten Endes die Produktion *aller* Fahrzeuge.[6]

Wenn Gleichteile eine ausartende Variantenvielfalt zurückdrängen, und zu Effektivitätsgewinnen führen – verschwindet dann das Besondere einer jeden Marke? Führen Plattformstrategien mit vielen Gleichteilen zu einem Einheitsbrei auf dem Automarkt? Ja, diese Frage ist berechtigt. Aber die Antwort heißt: Nein. Die Differenzierung der Marken gelingt durch Design, Apps und Features.

Plattformen sind ein wichtiges Instrument, um profitabel zu sein, aber nicht das einzige. Gerade bei den E-Autos gibt es Einschränkungen, etwa wegen der Rohstoffe. Es verhält sich manches Mal sogar umgekehrt: Je mehr Rohstoffe man braucht, umso eher steigen die Preise. Insofern lässt sich nicht jeder Skaleneffekt so realisieren, wie er einmal geplant war. Der Effekt ist kein Allheilmittel. Unabhängig von der Antriebsart werden sich Plattformen in Zukunft auch nicht mehr an Länge, Breite, Höhe orientieren, sondern am Use Case: also dem wesentlichen Einsatzgebiet des Fahrzeugs und den sich daraus ableitenden Services.

Das heißt: Wer heute Autos konzipiert, muss weiterdenken. Im Automarkt geht es zwar auch noch um Spitzenmotoren und Spitzengeschwindigkeiten, doch emotional besetzt ist heute vor allem das Thema »Reichweite«. Es ist so wichtig geworden, dass Hersteller wie Volvo und Renault mittlerweile entschieden haben, Höchstgeschwindigkeiten werksseitig zu deckeln. Die individuelle Differenzierung findet auch nach wie vor statt – über Marke und Design. Und hier punkten die »alten« Namen hiesiger Hersteller immer noch, vor allem China. Emotional besetzt sind aber auch hier neue Themen wie Updates und Services.

Upgrades sind die neuen Statusmarker

Seit Autos zu Smart Devices geworden sind, lassen sie sich mit Updates permanent auf einen neuen, besseren Stand bringen – ähnlich wie Smartphones. Hersteller können so *Qualitätsprobleme* beheben, sie können ganz neue *Funktionen* aufspielen wie etwa neue Fahrgeräusche oder erweitertes Automated Driving. Auch *temporäre Features* sind möglich, etwa ein Extraboost für ein paar sportliche Runden über den Nürburgring. Zentral ist das Thema *Sicherheit*: Das Geschäft mit Updates rund um Einparkhilfen, Navigation, Fernlichtassistenten, Tempomaten läuft bereits. Dazu kommen *Experience-Extras,* die zunächst anmuten wie Spielereien: Lichtstimmung, Soundeffekte, Massageprogramme.[7]

Es sind solche Updates, die das Auto heute in einen multioptionalen Privatraum verwandeln: Club oder Arbeitszimmer, rollender Wellnesstempel, Konzertsaal, Kino oder Gamingzone, alles lässt sich Over-the-air einrichten. Mercedes zum Beispiel plant einen »Party-Mode« und einen »Romance-Mode«, Tesla entzündet auf Wunsch schon jetzt ein virtuelles Lagerfeuer auf dem Cockpit-Bildschirm. Ich meine: Hier sind auch Antworten auf Fragen gefunden worden, die eher nicht gestellt wurden.

Das alles, und deshalb sind diese Ideen trotzdem ernst zu nehmen, ermöglicht eine User Experience, die das Smartphone allein nicht bieten kann: Es ist ein Ganzkörpererlebnis in einem abgeschlossenen Privatraum, der sich weitgehend der eigenen Kontrolle fügt. Die Metaphern rund um das »rollende Smartphone«, die schon auf der Ebene der Betriebssysteme zu einfach gedacht waren, stimmen also auch hier nicht.

Bei aller Begeisterung für Mobilitätskonzepte, für Carsharing und autonome Taxidienste: Ein Auto wird immer sehr viel mehr sein als ein Smartphone mit Blechhülle. Ich bin überzeugt davon, dass das Auto als smarter, (viren-)sicherer und multioptionaler Privatraum auch in Zukunft eine so hohe Bedeutung für den Einzelnen haben wird, dass die Ära der individuellen Mobilität noch lange nicht zu Ende ist. Und das ist der für Deutschlands Autobauer entscheidende Punkt: »Connected Services« sind eines der wichtigsten Geschäftsfelder der Zukunft. Die Branche rechnet mit einem Milliardengeschäft – allein Mercedes kalkuliert mit einer Milliarde zusätzlichem Gewinn bis 2025,[8] was ich für optimistisch halte.

Das ist erst der Anfang. Denn anders als im Neuwagengeschäft, das mit der Auslieferung an den Kunden abgeschlossen ist, verdienen Hersteller mit Updates jedes Mal, wenn ein Kunde Auto fährt. Erstmals haben Hersteller damit die Möglichkeit, auch mit den Kunden Umsätze zu erwirtschaften, die sie bisher höchstens über die Werkstätten erreichen: Gebrauchtwagenfahrer. Hier ergibt sich also eine Ausweitung der Value Chain.

Und an dieser Stelle erschließt sich Herstellern ein weiteres Geschäftsfeld, mit dem sie bisher eher gefremdelt hatten: Video Conferencing, Streaming, Games. Der Verkauf von Computerspielen wird spätestens dann für die Autobranche relevant, wenn die Fahrer autonomer Fahrzeuge sich die Zeit so vertreiben wollen, wie sie es von zu Hause gewohnt sind. Die riesigen intelligenten Bildschirme von Fahrzeugen wie dem EQS (1,41 Meter Breite) bieten hier sensationelle Möglichkeiten,[9] ganz zu schweigen von der Nutzung der Windschutzscheibe als Smart Screen.

Weil diese Entwicklung meiner Einschätzung nach noch viele Jahre dauern wird, sind Autobauer wie Stellantis zwischenzeitlich auf ein anderes, aber verwandtes Konzept ausgewichen: Gamification. Fahrer neuer Fiat-500-Modelle können sich mit umweltfreundlichem Fahrstil Krypto-Coins erfahren. Wer 10 000 Kilometer umweltvernünftig fährt, bekommt einen Gegenwert von rund 150 Euro, den er zum Beispiel in Jeans von Zalando umsetzen kann. Die im Landesvergleich besten Fahrer werden zusätzlich mit Prämien von Plattformpartnern wie Amazon oder Netflix belohnt. Auch der Gamification-Ansatz wird sich aller Wahrscheinlichkeit nach langfristig von einer Spielerei zu einer durchaus ernst zu nehmenden Businessstrategie entwickeln.[10]

Wie das Auto der Zukunft aussehen wird

Die über viele Fahrzeuggenerationen hinweg etablierten Kriterien *Karosserietyp* (wie Coupé, SUV) und *Fahrzeugklasse* (Kleinwagen, Mittelklasse, Oberklasse) werden sich wohl nicht verändern – auch wenn an den Rändern immer wieder extrem kleine Leichtfahrzeuge auftauchen oder extrem große Premiumwagen, mit denen so niemand gerechnet hatte. Im Bereich der Standardfahrzeuge rechne ich eher mit einer zunehmenden Normierung, die allerdings durch eine Vielzahl an Zusatzfunktionen rund um »User Experience«, Fahrsicherheit und Fahrkomfort aufgebrochen wird. Genau diese Updates machen das individuelle Fahrzeug zu etwas Besonderem. Wobei natürlich auch denkbar ist, dass Zusatzdienste nicht an das Fahrzeug gebunden werden, sondern an den Fahrer – sodass er bestimmte Features immer in das Fahrzeug mitnimmt, das er gerade fährt. So behält das Auto seine Funktion als Marker von Identität und Lebensgefühl, während sich zeitgleich um die individuell gebuchten Servicekonzepte herum neue Varianten der Mobilität ausbilden.

Möglicherweise interessieren uns Länge, Breite, Marke und Motorleistung unserer Autos eines Tages nicht mehr und stattdessen »Use-Case-getriebene Fahrzeugkonzepte«. Gemeint ist die Unterscheidung von Fahrer-Auto oder Mitfahrer-Auto, Shopping-Auto für den Wochenendeinkauf oder Office-Auto für die Langstrecke. Ein Blick auf die aktuelle Bandbreite der Konsumwünsche und Use Cases zeigt einmal mehr: Ein Zukunftsszenario ist schnell entwickelt – doch dann kommt es doch wieder anders als gedacht.

Die neue alte Zukunft der Mobilität

In der Debatte um die Mobilität der Zukunft steht seit mehr als 100 Jahren oft mehr der Wunsch im Mittelpunkt als das Wissen. So skizziert eine für die Pariser Weltausstellung im Jahr 1900 in Auftrag gegebene Postkartenserie eine Zukunft mit fliegenden Bussen, an Luftschiffen hängenden Kreuzfahrtdampfern und geflügelte Polizisten. Eine sowjetische Vision aus dem Jahr 1930 fügt der Vielfalt der Szenarien eine fliegende Straßenbahn hinzu, in den Sechzigern tauchte in Italien die Vision fahrender Glaskapseln für je eine stehende Person auf und in den USA die oft publizierte Version der autonom fahrenden Limousine, in der sich eine Kleinfamilie die

Zeit mit Dominos vertreibt. Viele dieser Zukunftsvisionen zielten auf das gefühlt in unendlicher Ferne liegende Jahr 2000 – keine der Visionen ist exakt so wahr geworden wie gedacht, viele sind anders wahr geworden, manche sogar besser.[11]

Ein Blick zurück auf historische Blicke nach vorn hilft, unsere heutigen Zukunftsvisionen zu relativieren, die auch heute oft mehr über die Wunschwelten der Autoren aussagen als über das, was dann tatsächlich geschieht. So sieht das Zukunftsinsitut.de zum Beispiel ein »neues Mobilitätsparadigma« im »Kontext der vernetzten (Wissens-)Gesellschaft« und formuliert »Vier Zukunftsthesen zum Megatrend Mobilität«:[12]

- »Das Auto zieht sich aus der Stadt zurück«. Stattdessen dominieren verschiedene Sorten Fahrräder und Last Mile Concepts das Stadtbild. Die durch den Rückgang der Parkflächen frei werdenden Stadträume werden »zum neuen urbanen Wohnzimmer«.
- »Seamless Mobility integriert private und öffentliche Angebote«. Dank Echtzeitdatenanalyse entfallen Umstiege und Wartezeiten.
- »Autonomes Fahren verändert die Rolle des Autos.« Da das aktive Fahren entfällt, wird Zeit frei zum Arbeiten und Entspannen.
- »Erleben wird wichtiger als Besitzen.« Statt sich einzuschränken, durch den Besitz eines einzigen Autos, entscheiden sich immer mehr Menschen für den »flexiblen Zugriff« auf eine große Vielfalt unterschiedlicher Mobilitätsangebote. Das Auto spielt innerhalb dieses Spektrums zwar eine Rolle, steht aber nicht mehr im Mittelpunkt.

Rund um diesen Zukunftsentwurf lassen sich zahllose ähnliche anfügen. Hier gibt es, vereinfacht gesagt, zwei Szenarien, die ich kurz vorstellen möchte, bevor ich sie bewerte:

- *Die techno-futuristischen Szenarien* sehen den Menschen als User von Mobilität, der sich intuitiv zwischen Elektrotretroller, autonom fahrendem Auto, Hochgeschwindigkeitsbahn und Flugdrohne bewegt.
- *Die Zurück-zur-Natur-Ansätze* setzen eher auf Regionalität und Nahversorgung, Homeoffice, Fahrrad, Fußwege und damit auf insgesamt weniger Mobilität.

Was beide Perspektiven vereint, ist die Hoffnung auf eine lebenswertere Welt und auf die Abwendung der drohenden Klimakatastrophe. Im Zentrum beider Perspektiven steht der Versuch, das Auto neu zu denken. In der ersten, futuristischen Version al vernetztes, autonomes und deshalb sparsames Auto. Und in der zweiten Version als überflüssiges oder sogar »verbotenes« Auto. Es wird sie nicht erstaunen, dass mir die erste Version näher liegt als die zweite. Und da geht es nicht um »Ideologie«. Es geht um technische Machbarkeit und um sinnvolle Entscheidungen. Ich bin überzeugt davon, dass wir Autos bauen können, die eine klimagerechte, individuelle Mobilität möglich machen. Das können wir nicht nur, das müssen wir auch tun, wenn wir als Autobauer in Zukunft unter den relevanten Playern sein wollen. Es ist daher wichtig zu fragen:

- warum das Auto für so viele Menschen eine so wichtige Rolle spielt, und wie sich diese Rolle seit der Coronapandemie verändert hat,
- welche alternativen Mobilitätsmodelle zur Verfügung stehen, und warum sich so viele von ihnen nicht am Markt durchsetzen, und
- wie Autobauer das Thema multimodale und intermodale Mobilität als gemeinsame Chance verstehen können.

Warum das Auto immer noch die Hauptrolle spielt

Dass das Auto seine Hauptrolle in Sachen Mobilität schon heute und in Zukunft erst recht abgeben wird, ist eine These, die gerne mit der Zahl der Führerscheine und mit Millennial-Umfragen belegt wird: Betrachtet man Deutschland allein, so zeigt sich tatsächlich eine abnehmende Zahl an Führerscheinprüfungen unter jungen Menschen: Im Jahr 2020 wurden bundesweit 1,5 Millionen praktische Fahrerlaubnisprüfungen durchgeführt, das waren rund 11 Prozent weniger als im Vorjahr.[13] Und es zeigt sich ein abnehmendes Interesse am eigenen Auto: Laut einer Studie von Ford und dem Zukunftsinstitut empfinden nur 10 Prozent der Millennials »ein tolles Auto« als wichtiges persönliches Ziel – allerdings war das 2014, vor Corona.[14]

Doch weder 2014 noch aktuell schlagen sich diese Tendenzen in der Gesamtzahl der Autos nieder, die in Deutschland gefahren werden: Der »Kraftfahrzeugbestand« in Deutschland wird kontinuierlich größer. Seit 2007 ist die Zahl der Pkw um 17 Prozent gestiegen, die Zahl der Lkw wuchs um enorme 45 Prozent.[15]

Der Trend geht nicht nur in Deutschland zu immer mehr Autos, sondern weltweit: So kommt der 2020 EY Mobility Consumer Index[16] in einer Befragung von mehr als 3 300 Konsumenten in neun Ländern (China, Deutschland, Indien, Italien, Singapur, Südkorea, Schweden, Großbritannien und USA) zu dem Ergebnis, dass fast ein Drittel derjenigen, die kein eigenes Auto besitzen, innerhalb der kommenden sechs Monate eins kaufen wollen. Darunter 45 Prozent Neukunden zwischen 34 und 39 Jahren. Hauptgrund: Covid-19. Ich sehe vor allem in China den starken Wunsch vieler Menschen nach einem eigenen Auto.

Zwar erlebt aus dem gleichen Grund die Fahrradindustrie weltweit einen nie dagewesenen Boom. Während der Lockdowns sind in Europas Städten tatsächlich eine Menge neuer Infrastrukturen gewachsen: für den Radverkehr und auch für Fußgänger. Die neue Politik der verkehrsberuhigten »Superinsel«-Stadtviertel in

Barcelona wurde breit diskutiert, der radikale Umbau der französischen Hauptstadt ebenfalls: Hier sollen in den nächsten Jahren 70 000 Parkplätze aus der Stadt neuen Grünflächen und Radwegen weichen. In Wien und Berlin, in New York und Vancouver, in Mexiko City und Budapest entstanden unter dem Eindruck der Pandemie neue Frischluft-Begegnungszonen, neue Rad- und Spazierwege. Auf dem Land aber bleibt weiterhin das Auto Favorit. Und in der Coronakrise hat das private Auto auch in der Stadt an Bedeutung gewonnen.

Die Mobilitätswende findet also nur langsam statt – hier müssen wir schneller werden. Und im Moment gilt die These vom »Nutzen statt Besitzen« noch nicht. Die Zahlen sprechen eine andere Sprache. Immer und immer wieder treffen die Zukunftsvisionen rund um Carsharing, Carpooling oder Ridepooling und Co nicht so zu wie gedacht. Ich meine: Das liegt an den Themen Sicherheit, Freiheit und Individualität, die auf der Prioritätenliste der meisten Menschen oben stehen. Wie lässt sich das erklären?

Sicherheit: Ein oft unterschätztes Thema

Die Automobilindustrie verzeichnet einen Trend zu immer mehr SUVs (Sport Utility Vehicles). Allein im Jahr 2019 wurden laut Kraftfahrt-Bundesamt 762 490 SUVs in Deutschland neu zugelassen, was einem Plus von 21 Prozent gegenüber dem Vorjahr entspricht. Der Rückgang im Jahr 2020 erklärt sich allein durch die Coronapandemie, in der die Zahl der Neuzulassungen insgesamt massiv zurückgegangen war. Insgesamt bleibt es dabei: SUVs sind Wunschautos – mit weiterhin steigender Tendenz.[17]

Warum ist das so? Ich meine, es geht hier vor allem um das Sicherheitsgefühl in einem immer ruppiger werdenden Straßenverkehr. Wer einen SUV fährt, der fährt tatsächlich sicherer, und der erlebt oftmals auch weniger Aggressionen durch andere Verkehrsteilnehmer. Ein solches Auto bietet eine mobile private

Schutzzone. Dabei geht es nicht einmal nur um den Schutz bei Verkehrsunfällen, sondern auch um den Schutz vor Übergriffen. Es ist kein Wunder, dass insbesondere Frauen gerne SUVs fahren. Das Auto ist – ähnlich wie die Privatwohnung – eine Art dritte Haut. Wir haben es hier mit einer *Aufenthaltsqualität* im Auto zu tun, die sich in offeneren Mobilitätskonzepten heute oft noch nicht herstellen lässt.

Um einen SUV sicher zu machen, muss er nicht zwingend besonders groß sein. Tatsächlich haben sich die SUV-Dimensionen in jüngster Zeit verkleinert: Laut einer Studie des Duisburger CAR-Zentrums unterscheiden sich die in der ersten Jahreshälfte 2020 zugelassenen SUVs bei Breite, Länge und Gewicht nur noch wenig von anderen Neuwagen. Konkret: Sie sind durchschnittlich nur noch 4 Zentimeter breiter, 3 Zentimeter länger und 159 Kilogramm schwerer – in früheren Jahren waren SUVs noch bis zu 10 Zentimeter breiter, 30 Zentimeter länger und fast 600 Kilogramm schwerer. Laut Studienleiter Ferdinand Dudenhöffer werden 2 Mal 5 Meter mächtige SUVs zwar noch in China oder in den USA vertrieben, auf den deutschen Markt kommen dagegen immer mehr SUVs im Kleinwagen- und Kompaktformat.[18]

Die entscheidende Entwicklung im SUV-Segment liegt meiner Einschätzung nach aber nicht nur in der Optimierung und Variation der Größe, sondern in der Optimierung des Antriebs. Wir müssen Schluss machen mit dem Verbrenner. Wir brauchen mit grünem Strom elektrisch betriebene SUVs, wir brauchen vernünftig dimensionierte Batterien, wir brauchen einen vernünftigen Umgang mit Spitzengeschwindigkeiten und optimale Aerodynamik.

Freiheit: Der wichtigste Grund für das Auto

Die nächste Paradoxie bezieht sich auf das Thema Freiheit – einer der zentralen Gründe, die Menschen nennen, wenn es um ihre

Präferenz für das Auto geht. Paradox erscheint dieser Grund deshalb, weil jeder Stau, jedes volle Parkhaus und jede qualvolle Schrittgeschwindigkeitsfahrt hinter einem Traktor zeigen, wie eng die tatsächlichen Grenzen dieser Freiheit gesteckt sind.

Trotzdem: Wer Auto fährt, hat im Prinzip immer die Freiheit zu entscheiden, wann er fährt, wohin er fährt und wie er fährt. Er kann Abkürzungen und Umwege fahren, er kann Fahrten kombinieren, er kann Dinge transportieren. Es ist diese *Potenzialqualität*, die uns trotz unserer Klimasorge am Auto festhalten lässt. Und das Auto bietet noch mehr:

Individualität: Meine Marke, mein Fahrstil, mein Lebensstil

Fabrikneuer Q8 oder alter VW-Bus: Auch heute noch spiegeln Auto und Fahrstil, wer man ist oder wer man sein möchte. Die Wahl von Automarke und Fahrzeugklasse definieren soziale Zugehörigkeit, ähnlich wie auch Smartphone, Haus und Urlaubsziel anzeigen, wo der Einzelne als »Player« im Spielfeld steht.

Dieser Effekt lässt sich als *Resonanzqualität* beschreiben. Eine positive Resonanz findet dann statt, wenn ich mich mit meinem Automodell und meinem Fahrstil stimmig fühle. Hier kommen das eigene Lebensgefühl und die eigenen Wertvorstellungen ins Spiel: Wenn mein Auto diese Faktoren perfekt zum Ausdruck bringt, dann passiert Fahrvergnügen. Es ist ein ähnlicher Effekt wie der, den der genau richtige Song im Autoradio auslöst: Man fühlt sich verstanden, bestätigt, ist gut gelaunt. Daniel Miller, Professor für Anthropologie am University College London, schreibt dazu: »Ich behaupte, dass wir in vielerlei Hinsicht ein Produkt der Dinge sind.«[19] Das heißt: Das Auto ist ein von Menschen gemachtes, hoch emotionales Produkt. Und der Mensch ist mit seinem persönlichen Lebensstil nicht zuletzt auch ein Produkt seines Autos.

Fahrvergnügen hat also nicht nur etwas mit der technischen Perfektion eines Autos zu tun, sondern vor allem mit dem damit verbundenen Wertehorizont des Fahrers. Und auch hier gilt wieder: Mobilitätskonzepte müssen dieses Bedürfnis nach Stimmigkeit bedienen, wenn sie erfolgreich sein wollen.

Vor dem Hintergrund dieser eher fahrpsychologischen Überlegungen wird es verständlich, warum – trotz aller rational absolut nachvollziehbaren Fakten rund um klimagerechtes Fahren – etliche Mobilitätskonzepte floppen und andere erfolgreich sind.

Vom Driver zum User: Welche Mobilitätskonzepte für Autobauer erfolgreich sind

Beginnen wir mit einem Konzept, das sich schon vor der Pandemie als nicht übermäßig erfolgreich erwiesen hatte, und das sich durch die Mobilitätszurückhaltung und Hygienesorgen während der Pandemie noch zurückhaltender entwickelte: Carsharing.

Carsharing: Der Hype ist vorerst vorbei

Drei verschiedene Sharing-Typen lassen sich unterscheiden: Bei *stationsbasierten* Modellen dominieren Marken aus dem Feld der Autovermieter wie Zipcar (Avis), Sixt und Hertz, daneben die Deutsche Bahn (Flinkster) und einige regionale Anbieter. Unter den Herstellern wagt sich nun BMW mit »on demand« in diesen Bereich vor und Renault mit »Mobility«. Ohne feste Parkplätze *(Free-Floating)* arbeiten einige Sharing-Anbieter aus dem Feld der Autobauer. Hervorgetan hat sich hier das gemeinsam von Daimler und BMW betriebene Joint Venture Share Now. Auch hier ist Ernüchterung eingetreten, ablesbar an verkleinerten Flotten und dem Rückzug aus einigen Gebieten. Daneben versuchen sich Renault mit »Zity« und Toyota mit »Kinto Share« – allerdings ohne größere Relevanz in Deutschland. Rund um das private Auto-

Sharing *(Peer-to-Peer-Sharing)* schließlich engagieren sich etliche Player wie zum Beispiel Getaway oder Snappcar, doch der Bereich boomt unter dem Eindruck der Pandemie eher nicht. Im Peer-to-Peer-Geschäft versuchen sich Geely mit »Lynk & Co« sowie Mercedes-Benz mit »Me Carsharing«. Relevant im Markt oder für die Bilanz der Hersteller sind auch diese Angebote wohl nicht.

Was heißt das für Deutschlands Autobauer? Der Markt ist bereits dominiert von Share Now – die größten Wachstumschancen ergeben sich hier im Moment weniger. Dennoch hat dieser Bereich eine Perspektive als Bestandteil von Mobilitätskonzepten, mit denen Kunden längere Strecken mit einer Reihe unterschiedlicher Fahrzeugtypen zurücklegen, dabei aber nur mit einer Plattform interagieren und nur einmal zahlen. Die Entwicklung zeigt durchaus in diese Richtung. Bis sich hier ein Markt etabliert hat, in dem sich Autohersteller relevante Umsätze erwirtschaften, wird es wohl noch einige Zeit dauern. Was jetzt schon boomt, ist etwas anderes: Auto-Abos.

Abomodelle: »Enorme Wachstumsdynamik«

Die absoluten Zahlen der Auto-Abonnenten sind zwar klein, allerdings erlebt das Auto-Abo nach Einschätzung von Prof. Stefan Bratzel vom Center of Automotive Management der FH Bergisch Gladbach eine »enorme Wachstumsdynamik«. In diesem Bereich sind viele neue Anbieter aktiv, neben Automobilherstellern zum Beispiel Autovermieter und etliche Start-ups. Es sind vor allem die Premiumhersteller – BMW mit »Access«, Audi mit »Select«, Volvo mit »Care by Volvo« und Porsche mit »Drive-Subscription« – die mit hochpreisigen Rundum-Angeboten hier ein neues Geschäftsfeld besetzen. Bratzel sieht zwei Fokusgruppen: Zum einen »Auto-Begeisterte mit hoher Preisbereitschaft, die ihr Auto öfters wechseln wollen«, und zum anderen »Kunden, die ein Fahrzeug nur für einen begrenzten Zeitraum im Bereich weniger Wochen/Monate benötigen«.[20]

Daimler hatte seinen Abo-Service zwar eingestellt und auch einen entsprechenden Dienst von GM gibt es nicht mehr. Trotzdem haben Autohersteller hier die Möglichkeit, in Zeiten geringerer Kaufbereitschaft Umsätze zu generieren. In seinem Buch »Die digitale Transformation der Automobilindustrie« (2021) spinnt Autoexperte Uwe Winkelhake diese Idee unter dem Titel »Branded Mobility« noch weiter: Er stellt sich »Packages« vor, die »neben Golfen und Restaurantbesuch auch Mobilitätsservices unter Nutzung eines entsprechenden Fahrzeugs in angemessener Klasse« umfassen. Auf diese Weise werde »Mobilität zur brandspezifischen Erfahrung«, wichtigstes Kaufkriterium sei das »Image« einer Marke. Im Unterschied dazu sieht er die Attraktivität von Dienstleistungen rund um »Company Mobility« weniger an eine bestimmte Marke gebunden, sondern eher an die Kaufkriterien Flexibilität und Preis. Mit »Mobility Flat« hat Europcar einen solchen Service bereits im Portfolio.[21]

Was diese Abomodelle so erfolgreich macht? Ich meine: Sie bieten das Mehr an Sicherheit (vor allem hinsichtlich der Hygiene), an Freiheit (im Sinn von Flexibilität) und an Individualität, das anderen Carsharing-Modellen fehlt. Die im Unterschied zu herkömmlichen Leasingverträgen höheren Monatsraten begrenzen diesen Markt zwar tendenziell auf Premiumkunden, aber der dürfte lukrativ sein. Weil der Abonnent lediglich den Kraftstoff zahlt und für alles andere der Dienstleister sorgt, erinnert das Modell etwas an Cluburlaub: hervorragende Auswahl, exklusiver Zugang, all-inclusive.

Da Automobilhersteller in den Geschäftsfeldern Fahrdienstvermittlung, Micromobility (Leihroller und -fahrräder) und Urban Air Mobility (Flugtaxis) keine relevante Rolle spielen, möchte ich an dieser Stelle nicht näher auf diese an sich sehr dynamischen Entwicklungen eingehen und gleich auf das Thema schauen, auf das sich in einigen Jahren möglicherweise alles konzentriert: multimodale und intermodale Mobilität.

Ein Mobilitätskonzept ist kein Autobauer-Solo

Der größte Anbieter von Mobilitätsservices wird möglicherweise tatsächlich einmal so etwas sein wie das Amazon des Fahrens. Die Idee ist so bestechend wie einfach: Auf einer einzigen Plattform lassen sich sämtliche Verkehrsmittel von A nach B planen, buchen und zahlen. Und das unabhängig davon, ob es sich um Schiffe oder Tretroller, Flugzeuge oder Autos, Regionalbahnen oder Elektrofahrräder handelt. Mit einer solchen Plattform ergeben sich für den Nutzer erhebliche Vorteile: Mehr Planungssicherheit, mehr Flexibilität, mehr Reisetempo, eine möglicherweise individuell abgestimmte Erlebnisdichte – und das bei geringeren Kosten, geringerem Pflegeaufwand für Fahrzeuge und im Idealfall auch bei einer geringeren Belastung des Klimas.

Die Analyse »Mobility SERVICES Report (MSR) 2020« von 85 multimodalen Services zeigt, »dass sich das Mobilitätsfeld insgesamt noch in einer Frühphase der Serviceentwicklung befindet«. Als Entwicklungsherausforderung sieht Studienautor Prof. Stefan Bratzel hauptsächlich fehlende Daten. Denn erst mit validen Bewegungs- und Mobilitätsinformationen lassen sich Services kundenspezifisch formatieren. Derartige Daten liegen bei Google, sie liegen zum Teil bei regionalen Stellen, aber sie sind nicht im großen Stil verknüpft und für Automobilhersteller auch nicht abrufbar. Immerhin gibt es einige regionale Anbieter, die in ihren Apps schon heute externe Services integriert haben. Der Rhein-Main-Verkehrsverbund (RMV) zum Beispiel bietet über seine Fahrkarten-App derzeit neun weiteren Mobilitätsanbietern eine Plattform, darunter Carsharing, Leihfahrräder, Mietroller und Taxis. In Bad Soden-Salmünster testet der RMV seit Mai 2021 sein erstes autonomes Fahrzeug des Pilotprojekts EASY (kurz für Electric Autonomous Shuttle for You). Es ist mit einem »Operator« und einer Geschwindigkeit von 11 km/h auf einem Rundkurs im Einsatz – der aktuellen Infektionslage wegen allerdings ohne Fahrgäste.

Laut Stefan Bratzel spielen derzeit nur fünf von 30 untersuchten globalen Herstellern eine relevante Rolle als Mobilitätsdienstleister: BMW, Daimler, Toyota, VW Group und Hyundai – dabei wurden auch Kooperationen und Investments berücksichtigt. Noch ist es unklar, wie sich dieser Markt aufteilen wird. Klar ist lediglich: Wer sich hier etablieren will, der kann nicht im Alleingang gewinnen. Es führt kein Weg vorbei an Kooperationen mit Mobility-Anbietern entlang aller denkbaren Fahrzeugtypen und Streckenabschnitte, mit Digital Playern rund um Echtzeit-Mobilitätsdaten und Kundenprofile und auch mit Städten und Kommunen – sprich: mit dem öffentlichen Nahverkehr.

Es ist also notwendig, weit über das Auto hinauszudenken und Mobilität als Plattform-Business zu verstehen. Im Ringen um diese Plattform setzt sich möglicherweise der Player durch, der mir eben nicht nur die Strecke von A nach B in einem möglichst attraktiven Fahrzeug anbietet, sondern zusätzlich Co-Working-Spaces, Konferenzräume, Restaurants und Hotels bucht, die nächste Ladesäule reserviert und mir für jeden Zielort die richtigen Visa und Impfdokumente in den digitalen Speicher spielt. Wer hier als Erstes das größte und attraktivste Service-Ökosystem aufspannt, der wird das Rennen gewinnen. Wer das sein wird, ist unklar; klar ist nur, das Ringen wird hart. »Insgesamt«, schreibt jedenfalls Bratzel, »wird es rund um das neue Mobility Services Universe zu einem Kampf der Welten zwischen Automobilherstellern, Mobility Providern und großen Digital Playern kommen.«

Ich meine: Für den Kunden und auch für das Klima wäre es klug, wenn alle relevanten Player ihre Energie nicht in einem solchen »Kampf der Welten« verschwenden, sondern ihre Ökosysteme und Datenwelten öffnen für übergeordnete Kooperationen. Auch hier wieder: Open Source. Mobilität ist als Solo nicht spielbar – erst recht nicht für Deutschlands Autobauer.

Noch ist es nicht so weit. Noch bieten Mobilitätskonzepte über private Anbieter und öffentliche Verkehrsmittel hinweg nicht das gleiche Maß an gefühlter Sicherheit, Freiheit und Individualität wie das eigene oder das abonnierte Auto. Doch möglicherweise ist es nur eine Frage der Zeit, bis sich mehr Innenstädte umstellen auf intelligente Verkehrskonzepte – Pilotprojekte gibt es genug –, bis auch öffentlicher Nahverkehr in Kombination mit KI und Micromobility und Mietwagen smarter, schneller, sicherer und sauberer wird, oder bis wir Autos nur noch auf Abruf wollen. Lassen wir uns überraschen.

Die Coronapandemie in Kombination mit der immer greifbarer werdenden Klimakatastrophe hat die Autoindustrie jedenfalls in einen Druckkessel verwandelt. Nicht jeder hat diesem Druck standgehalten, darunter auch etliche Ideen rund um die Mobilität der Zukunft nicht. Noch ist unklar, wie wir in zehn, in zwanzig oder dreißig Jahren fahren werden. Nur eins ist klar: Fahrzeuge immer größer, aber nicht wirklich besser zu bauen, ist nicht Teil der Überlebensstrategie der Hersteller. Da müssen andere Ideen her. Ideen, die das Auto als multioptionalen Erlebnisraum für den Fahrenden begreifen und als *sichere, klimagerechte und individuelle Möglichkeit der Mobilität,* mit weiteren Dienstleistungen über das Fahren hinaus.

Fazit: Für eine individuelle und klimagerechte Mobilität

Skaleneffekte machen sowohl kleinere als auch größere Fahrzeuge profitabel, wobei als Orientierungsrahmen nicht mehr nur Längen, Breiten und Höhen dienen, sondern zunehmend der Use Case. Was ein Auto ist, entscheidet sich also nicht mehr nur nach seiner Form, sondern nach seinem Nutzen. Vollends zur »Servicemaschine« wird das Auto, wenn es sich mehr und mehr über Updates und Services differenziert. Damit bleibt das Auto wie bisher ein wichtiger Marker von Identität und Lebensgefühl. Wichtiger als die Frage, welches Auto ich fahre, wird in Zukunft die Frage sein, wie ich individuelle Mobilität für mich definiere – und ob es mir gelingt, individuell und klimaneutral unterwegs zu sein.

Der große Trend weg vom »Besitzen« und hin zum »Nutzen« hat bisher nicht stattgefunden. Zukunftsvisionen rund um Carsharing, Carpooling und Ridepooling blieben Visionen und rechneten sich oftmals nicht so wie erhofft. Dahinter steht, so meine ich, die besondere Aufenthaltsqualität, die ein eigenes Auto (noch) in einem viel höheren Maße bietet als ein geteiltes oder öffentliches Verkehrsmittel. Dahinter steht auch die Potenzialqualität eines Autos, das mich theoretisch jederzeit zu jedem Ziel bringen kann, und das in meinem Fahrstil. Dahinter steht nicht zuletzt die Resonanzqualität meiner eigenen Fahrzeugmarke, die mein individuelles Lebensgefühl zum Ausdruck bringt. Vor diesem Hintergrund wird es vielleicht verständlich, dass Mobilitätskonzepte in der Realität weniger erfolgreich sind, als es aus Gründen des Klimaschutzes sinnvoll wäre. Und das erklärt möglicherweise auch, warum genau das Mobilitätskonzept besonders viel Wachstum zeigt, das diese Faktoren berücksichtigt: das Auto-Abo.

Für einen Abgesang auf Mobilitätskonzepte ist es viel zu früh. Die Erfahrung der Coronapandemie hat das eigene Auto zwar erneut zum bevorzugten Verkehrsmittel gemacht. In Zukunft könnte sich das Blatt aber wenden: Es ist denkbar, dass sich ein Anbieter als »Amazon des Transports« etabliert und damit das komplette Geschäft vom Mietroller über Robotaxis und Carsharing bis hin zu Bahn-, Schiffs- oder Flugreisen über eine einzige Plattform abwickelt. Es ist unklar, wie sich dieser Markt entwickeln wird.

Doch klar ist eins: Wenn Autobauer aus Deutschland und Europa in diesem Markt mitspielen wollen, müssen sie in großem Stil kooperieren. Sie müssen untereinander kooperieren, sie müssen mit Mobility-Anbietern kooperieren, mit Digital Playern, mit kreativen Start-ups und mit den Anbietern von öffentlichem Nahverkehr.

Im Fokus steht in Zukunft nicht mehr der traditionelle Ingenieur hinter dem Motor – sondern der User im Datenraum. Dieser Blickwechsel wird nicht nur Deutschlands Autobauer von den Füßen auf den Kopf stellen, sondern jede Industrie weltweit. Die Frage ist nun: Wie kommen wir dahin?

AUSBLICK

Aufbruch in eine neue Welt

Das Ende der Gewissheiten rund um den Verbrennermotor, das Auftauchen neuer, digitaler Player auf dem Spielfeld der Autobauer, die Lockdown-bedingten Risse in den Lieferketten, der drohende Klimakollaps und die damit verbundenen Forderungen aus Brüssel – all das hat eine Panikwelle unter Deutschlands Autobauern ausgelöst. Man stand mit dem Rücken zur Wand, man sah sich schon degradiert zu einem namenlosen Blechbieger, aber man hat es so weit nicht kommen lassen. Kurz, bevor es zu spät war, kamen Deutschlands Autobauer zurück. Zurück mit neuen Modellen, mit neuen Plänen, mit neuen Kooperationen. Unterstützt zwar durch staatliche Mittel – Umweltbonus, Kurzarbeit, Coronahilfen, Forschungsgelder – aber auch aus eigener Kraft fähig, sich mit neuen Konzepten zu behaupten.

»Die Apokalypse«, sagt der Historiker und Romanist Robert Folger von der Universität Heidelberg, »ist nicht einfach ein Untergang, ein Zusammenbruch eines Systems, sondern auch ein Moment der Erkenntnis. Das Ende der Welt bedeutet jedenfalls nicht das Ende aller Welten. Es endet eine Welt, aber es beginnt auch eine neue.«[1] Ja: Es gab Insolvenzen, es gab Verluste, es gab schlechte Ideen. Aber es gab keinen Untergang der deutschen Autobranche. Es gab keinen gemeinsamen Abstieg. Stattdessen ist der Aufstieg aus der Blechliga gelungen. Es geht weiter in der Autobranche, auch wenn es anders weitergeht.

Die Koordinaten haben sich verschoben: Wachstum und Profit sind nicht mehr die einzigen Ziele. Wettbewerbsfähigkeit steht heute in Zusammenhang mit Klimaneutralität. Da ist ein neues Denken notwendig. Da helfen aber auch frühere Erfahrungen. Ich meine die Erfahrung, dass es möglich ist, das Beste von allem zusammenzubringen: Kundenbedürfnisse und Produktionsbedingungen, Sicherheitsanforderungen und Designqualität, Rationalität der Technologie und Emotionalität des Fahrens.

Gelingt die perfekte Balance, entsteht am Ende etwas völlig anderes als ein Mittelweg, ein Kompromiss oder ein Durchschnitt. Es entsteht Charakter. Ein starkes Statement. Warum sollte das nicht möglich sein, wenn es um klimagerechte Mobilität geht?

Ich wünsche mir für die Zukunft meiner persönlichen Mobilität die Freiheit zu entscheiden, in welchen Streckenabschnitten ich mich fahren lasse, wo ich mitfahre und wann ich selbst fahre. Ich wünsche mir eine Mobilität, die nachhaltig, sicher und sozialverträglich ist. Und ich meine, dass das machbar ist.

Wir wissen zwar erst in vier oder fünf Jahren, welche Mobilitätskonzepte sich durchsetzen, mit welchen Fahrzeugkonzepten wir Geld verdienen, mit welchen Apps und Services. Wir wissen erst in zwei oder drei Jahren, welche Autobauer sich im globalen Markt behaupten werden und welche verschwinden.

Aber ich bin heute schon überzeugt: Wir werden eine Brücke in diese Zukunft bauen können. Wir werden einen Weg finden, mit dem wir klimagerechte, individuelle Mobilität möglich machen.

Mit der Betonung auf »wir« – denn ein einzelner Player allein wird es nicht schaffen. Und mit der Betonung auf »machen«.

Anmerkungen

Einleitung: Und sie bewegen sich doch

1 Fichtner, Ullrich, »Deutschland droht zu scheitern«, in: Spiegel vom 14.03.2021, unter: https://www.spiegel.de/politik/deutschland/deutschland-droht-zu-scheitern-der-sound-des-abstiegs-a-e6ca1788-0002-0001-0000-000176230896 (abgerufen am 15.05.2021)
2 Hage, Simon; Hesse, Martin: »Bytes gegen Blechkisten«, in: Spiegel vom 10.01.2021, unter: https://www.spiegel.de/wirtschaft/unternehmen/bmw-daimler-und-volkswagen-von-tesla-und-co-abgehaengt-zu-dumm-fuers-intelligente-fahren-a-00000000-0002-0001-0000-000174784630 (abgerufen am 12.05.2021)
3 Schäfer, Patrick: »Blackberry und Baidu bauen ihre Kooperation aus«, unter: https://www.springerprofessional.de/automatisiertes-fahren/automobilelektronik---software/blackberry-und-baidu-bauen-ihre-kooperation-aus/18816370 (abgerufen am 12.05.2021)
4 Zhu, Julie; Sun, Yilei: »Exclusive: China's Huawei, reeling from U.S. sanctions, plans foray into EVs - sources«, unter: https://www.reuters.com/article/us-huawei-electric-exclusive/exclusive-chinas-huawei-reeling-from-u-s-sanctions-plans-foray-into-evs-sources-idUSKBN2AQ0KD (abgerufen am 12.05.2021)
5 Conrad, Bernd, »Das Uber-Auto kommt«, in: Auto Motor Sport vom 08.05.2021, unter: https://www.auto-motor-und-sport.de/tech-zukunft/mobilitaetsservices/arrival-uber-ride-hailing-elektroauto/ (abgerufen am 27.05.2021)
6 Vgl. Kulturstiftung Leipzig (Hg.): Leipzig Automobil. Geschichte, Geschäfte und Leidenschaft. Passage Verlag 2020
7 Seibt, Torsten et al, »Die Ausstiegs-Fahrpläne der Länder«, in: Auto Motor Sport vom 27.04.2021, unter: https://www.auto-motor-und-sport.de/verkehr/verbrenner-aus-immer-mehr-verbote-zukunft-elektroauto/ (abgerufen am 15.05.2021)

Warum klimagerechte Autos eine gute Idee für Deutschlands Autobauer sind

1 Stephan, Susanne, »Das 73-Milliarden-Projekt oder: Die Teslafizierung von Volkswagen«, in: Focus H.12 2021, S. 50-53
2 Köllner, Christiane, »Faktencheck Elektroauto-Batterien«, unter: https://www.springerprofessional.de/batterie/elektrofahrzeuge/faktencheck-elektroauto-batterien/17624376 (abgerufen am 12.05.2021)
3 Handke, Klemens, »Der deutsche Mittelstand profitiert von Teslas Gigafactory – die Zusammenarbeit mit Musk könnte aber kompliziert werden«, unter https://www.businessinsider.de/wirtschaft/mobility/elon-musk-setzt-bei-gigafactory-auf-deutschen-mittelstand-a/ (abgerufen am 12.02.2021)
4 Frohn, Philipp, »Warum BMW und Daimler ihre Verbrenner-Produktion verlagern – und welche Risiken das birgt«, in: Handelsblatt vom 23.22.2020, unter: https://www.handelsblatt.com/unternehmen/industrie/autobranche-warum-bmw-und-daimler-ihre-verbrenner-produktion-verlagern-und-welche-risiken-das-birgt/26643870.html?ticket=ST-2779340-hFmnGsJ5WjRBUfKGqNIo-ap4 (abgerufen am 12.05.2021)
5 o.A.: »Fahrzeug-Gewicht: Vergleich 1980 und 2010«, unter: https://www.autobild.de/bilder/fahrzeug-gewicht-vergleich-1980-und-2010-1268045.html (abgerufen am 12.05.2021
6 o.A.: »Dickschiffe auf Diät«, in: Focus vom 19.08.2020, unter: https://www.focus.de/auto/news/gewicht-von-suv-dickschiffe-auf-diaet_id_12337744.html (abgerufen am 20.05.2021)
7 Janson, Matthias: »So viel mehr CO_2 stoßen SUVs aus«, unter: https://de.statista.com/infografik/19843/jaehrliche-co2-emissionen-von-pkw-im-vergleich/ (abgerufen am 20.05.2021)
8 Schäfer, Patrick, »Volvo veröffentlicht Ökobilanz des elektrischen XC40«, unter: https://www.springerprofessional.de/batterie/emissionen/volvo-veroeffentlicht-oekobilanz-des-elektrischen-xc40/18865982 (abgerufen am 12.05.2021)
9 Umweltbundesamt, Monitoringbericht 2019 zur Deutschen Anpassungsstrategie an den Klimawandel, Bericht der Interministeriellen Arbeitsgruppe Anpassungsstrategie der Bundesregierung, Bonn 2019, S. 7; DWD, »Klimawandel, ein Überblick«, unter: https://www.dwd.de/DE/klimaumwelt/klimawandel/ueberblick/ueberblick_node.html (abgerufen am 12.05.2021)
10 Gast, Robert, »Wenn der Hitzestress zu groß wird«, in: Spektrum der Wissenschaft vom 10.03.2021, unter: https://www.spektrum.de/news/klimaschutz-wenn-der-hitzestress-zu-gross-wird/1845667 (abgerufen am 12.05.2021)

11 Merlot, Julia, »Klimawandelleugner: Drei Stammtischparolen - und wie Sie ihnen Paroli bieten«, in: Spiegel vom 22.09.2012, unter: https://www.spiegel.de/wissenschaft/natur/klimawandel-antworten-auf-die-wichtigsten-argumente-der-leugner-a-1286437.html (abgerufen am 12.05.2021)
12 DWD: »Klimawandel – ein Überblick«, unter: https://rcc.dwd.de/DE/klimaumwelt/klimawandel/ueberblick/ueberblick_node.html (abgerufen am 16.05.2021)
13 Faurecia: »Capital Markets Day 2019: Transformation schreitet voran«, unter: https://www.faurecia.de/faurecia-capital-markets-day-2019-transformation-schreitet-voran (abgerufen am 14.05.2021)
14 Wappelhorst, Sandra; Cui, Hongyang, »Growing Momentum: Global overview of government Targets for phasing out Sales of new internal combustion Engine vehicles«, unter: https://theicct.org/blog/staff/global-ice-phaseout-nov2020 (abgerufen am 12.05.2021); Christiane Köllner, »Verbrenner-Ausstieg: die Pläne der Politik«, unter: https://www.springerprofessional.de/antriebsstrang/verkehrswende/verbrenner-ausstieg--die-plaene-der-politik/18893874 (abgerufen am 12.05.2021)
15 Ziegler, Marc: »Das viel zitierte Ende der Fahnenstange ist noch lange nicht erreicht«, in: MTZ H1 2021, S. 28-31
16 Rudschies, Wolfgang: »Sion von Sono Motors: Neuer Investor, neue Serienprototypen«, unter: https://www.adac.de/rund-ums-fahrzeug/autokatalog/marken-modelle/sono-motors/sono-motors-sion/ (abgerufen am 14.05.2021)
17 Schesswendter, Raimund: »Smart Grid: VW will mit bidirektionalem Laden Geld verdienen«, in: t3n vom 08.04.2021, unter: https://t3n.de/news/smart-grid-vw-bidirektionalem-1371187/ (abgerufen am 15.05.2021)
18 Hage, Simon; Hesse, Martin, »Plötzlich haben die Auto-Dinosaurier wieder eine Chance«, in: Spiegel vom 16.03.2021, unter: https://www.spiegel.de/wirtschaft/unternehmen/elektroautos-von-bmw-mercedes-und-vw-die-jagd-auf-tesla-ist-eroeffnet-a-cf5d71ad-e183-4ee3-85fa-c968fdaa3aa8 (abgerufen am 12.05.2021); Eckelt, Wolfgang, »Im Dialog mit Markus Schäfer«, unter: https://www.top-company-guide.de/im-dialog-mit-markus-schaefer/ (abgerufen am 12.05.2021)
19 Schäfer, Patrick, »Ford-Standort Köln wird Ford Cologne Electrification Center«, unter: https://www.springerprofessional.de/elektrofahrzeuge/automobilproduktion/ford-standort-koeln-wird-ford-cologne-electrification-center/18868544 (abgerufen am 12.05.2021)
20 fk; Roland Berger, »Index Elektromobilität 2021«, unter: https://www.fka.de/de/aktuell/publikationen/625-index-elektromobilit%C3%A4t-2021.html

21 Zitiert nach Backhaus, Richard, »Paradigmenwechsel in China: Die neue Antriebsvielfalt.« In: ATZ Elektronik H.9 2020, S. 8-13, hier S. 13
22 Bundesamt für Wirtschaft und Ausfuhrkontrolle: »Elektromobilität (Umweltbonus), Zwischenbilanz zum Antragstand vom 01. Mai 2021«, unter: http://www.bafa.de/SharedDocs/Downloads/DE/Energie/emob_zwi schenbilanz.pdf?__blob=publicationFile&v=17 (abgerufen am 14.05.2021)
23 Backhaus, a.a.O, S. 13
24 o.A., »Schleswig-Holstein will Vorreiter beim grünen Wasserstoff werden«, unter: https://www.ndr.de/nachrichten/schleswig-holstein/Schleswig-Holstein-will-Vorreiter-beim-gruenen-Wasserstoff-werden,wasserstoff284.html (abgerufen am 13.05.2021); Schaar, Jörn, »Lob und Kritik für Wasserstoffstrategie«, unter: https://www.ndr.de/nachrichten/schleswig-holstein/Lob-und-Kritik-fuer-Wasserstoff-strategie,wasserstoff244.html (abgerufen am 13.05.2021)
25 Köllner, Christiane, »Faktencheck Elektroauto-Batterie«, unter: https://www.springerprofessional.de/batterie/elektrofahrzeuge/faktencheck-elektroauto-batterien/17624376
26 Proff, Heike, Multinationale Automobilunternehmen in Zeiten des Umbruchs, Wiesbaden 2019, S. 16-17; o.A., »Gaslicht anderswo«, unter: http://www.gaslicht-ist-berlin.de/weltkulturerbe-gaslicht/argumente-fuer-weltkulturerbe/gaslicht-anderswo.html (abgerufen am 13.05.2021)
27 Weber, Julian, Bewegende Zeiten, Wiesbaden 2020, S. 34
28 Weber, Julian, a.a.O., S. 36
29 Weber, Julian, a.a.O., S. 40
30 Becker, Joachim: Warten auf die Superzelle, in: Süddeutsche Zeitung vom 02.03.2021, unter: https://www.sueddeutsche.de/auto/elektroauto-batterie-akkus-1.5214414 (abgerufen am 13.05.2021)
31 Weber, Julian, a.a.O., S. 44
32 Leicht, Luca; Stegmeier, Gerd, »Ex-Audi-Entwicklungschef Peter Mertens im Interview: Wir haben die Batterie alle unterschätzt«, in: Auto Motor Sport vom 20.09.2020, unter: https://www.auto-motor-und-sport.de/tech-zukunft/alternative-antriebe/ex-audi-entwicklungschef-peter-mertens/ (abgerufen am 13.05.2021); Becker, Joachim, »Warten auf die Superzelle«, in: Süddeutsche Zeitung vom 02.03.2021, unter: https://www.sueddeutsche.de/auto/elektroauto-batterie-akkus-1.5214414
33 Witsch, Kathrin, »VW und Quantumscape prüfen Bau von Feststoff-batteriefabrik in Deutschland«, in: Handelsblatt vom 14.05.2021, unter: https://www.handelsblatt.com/unternehmen/energie/elek tromobilitaet-vw-und-quantumscape-pruefen-bau-von-feststoff batteriefabrik-in-deutschland/27192042.html?ticket=ST-5739866-2d6Vde00q5e0GTfr6ihu-ap3 (abgerufen am 28.05.2021)
34 Motavalli, Jim, »The Eternal Promise of Solid-State Batteries", in: Auto-

week vom 01.2.2021, unter: https://www.autoweek.com/news/green-cars/a35367888/the-eternal-promise-of-solid-state-batteries/ (abgerufen am 21.05.2021)
35 Johannsen, Frank: »›Grünstes E-Auto der Welt‹: BMW will Feststoffbatterie bis 2030 in Serie bringen«, in: Automobilwoche vom 19.04.2021, unter: https://www.automobilwoche.de/article/20210419/NACH RICHTEN/210419935/gruenstes-e-auto-der-welt-bmw-will-feststoff batterie-bis--in-serie-bringen (abgerufen am 14.05.2021)
36 Bundesministerium für Wirtschaft und Energie: Altmaier: »Großer Erfolg für den Standort Deutschland und Europa! - Europäische Kommission genehmigt zweites europäisches Batterie-Projekt«, unter: https://www.bmwi.de/Redaktion/DE/Pressemitteilungen/2021/01/20210126-altmaier-grosser-erfolg-fuer-standort-deutschland-und-europa-eu-kommission-genehmigt-zweites-europaeisches-batterie-projekt.html (abgerufen am 13.05.2021)
37 Gelowicz, Svenja, »Fünf Trends der Autozulieferer für Elektromobilität«, in: Automobil Industrie vom 03.08.2020, unter: https://www.automobil-industrie.vogel.de/amp/fuenf-trends-der-autozulieferer-fuer-elektromobilitaet-a-953299/ (abgerufen am 13.05.2021)
38 Bundesministerium für Wirtschaft und Energie, »Erneuerbare Energien«, unter: https://www.bmwi.de/Redaktion/DE/Dossier/erneuerbare-energien.html (abgerufen am 13.05.2021)
39 Statista: »Bruttostromerzeugung in Deutschland in den Jahren 1991 bis 2020«, unter: https://de.statista.com/statistik/daten/studie/153267/umfrage/bruttostromerzeugung-in-deutschland-seit-1990/ (abgerufen am 13.05.2021)
40 Statista, »Höhe der CO_2-Emissionen durch die Stromerzeugung in Deutschland in den Jahren 1990 bis 2019«, unter: https://de.statista.com/statistik/daten/studie/38893/umfrage/co2-emissionen-durch-stromerzeugung-in-deutschland-seit-1990/ (abgerufen am 13.05.2021)
41 Bundesministerium für Umwelt, Naturschutz und nukleare Sicherheit, »Reicht der Strom aus Erneuerbaren Energien für die E-Mobilität?«, unter: https://www.bmu.de/themen/luft-laerm-verkehr/verkehr/elektromobilitaet/strombedarf-und-netze/ (abgerufen am 13.05.2021)
42 Schröder, Gerhard, »Deutschland braucht mehr grünen Strom«, in: Deutschlandfunk Kultur vom 28.07.2020, unter: https://www.deutsch landfunkkultur.de/energiewende-in-gefahr-deutschland-braucht-mehr-gruenen.976.de.html?dram:article_id=481356 (abgerufen am 14.05.2021)
43 Hajek, Stefan, »E-Autos: Wann Elektroautos sauberer sind als Verbrenner«, in: Wirtschaftswoche vom 05.08.2020, unter: https://www.wiwo.de/technologie/mobilitaet/blick-ins-archiv-hajeks-high-voltage-1-nach

gerechnet-wann-elektroautos-sauberer-sind-als-verbrenner/25218614-all.html (abgerufen am 13.05.2021)

44 o. A., »Wie viel CO_2 stoße ich bei einer Flugreise aus?«, in: Merkur vom 17.08.2017, unter: https://www.merkur.de/reise/wie-viel-co2-stosse-ich-bei-einer-flugreise-aus-zr-8602298.html (abgerufen am 13.05.2021); Umweltbundesamt: »Treibhausgasneutrales Deutschland im Jahr 2050«, unter: https://www.umweltbundesamt.de/sites/default/files/medien/376/publikationen/treibhausgasneutrales_deutschland_im_jahr_2050_langfassung.pdf (abgerufen am 13.05.2021)

45 Kunold, Heiner, »Pilotanlage für Lithiumgewinnung kommt nach Bruchsal«, in: SWR vom 15.12.2020, unter: https://www.swr.de/swraktuell/baden-wuerttemberg/karlsruhe/enbw-will-lithium-aus-geothermieanlage-bruchsal-gewinnen-100.html (abgerufen am 13.05.2021)

46 Weitere Informationen unter https://www.remondis-aktuell.de/032015/recycling/elektromobilitaet-zu-ende-gedacht/

47 Weitere Informationen unter https://start-green.net/netzwerk/gruenes-startup/circunomics-gmbh/

48 Gelovicz, Svenja, »Fünf Trends der Autozulieferer für Elektromobilität«, in: Automobil Industrie vom 03.02.2020, unter: https://www.automobil-industrie.vogel.de/amp/fuenf-trends-der-autozulieferer-fuer-elektromobilitaet-a-953299 (abgerufen am 13.02.2020); o. A., »Bosch erklärt die E-Achse«, in: Auto Motor Sport vom 03.11.2020, unter: https://www.auto-motor-und-sport.de/tech-zukunft/alternative-antriebe/e-achse-erklaert-von-bosch/ (abgerufen am 13.02.2021)

49 Scheiner, Jens, »ZF entwickelt nur noch für elektrifizierte Antriebe«, in: Automobil Industrie vom 30.07.2020, unter: https://www.automobil-industrie.vogel.de/zf-entwickelt-nur-noch-fuer-elektrifizierte-antriebe-a-952682/ (abgerufen am 13.02.2021)

50 Becker, Joachim, »Verbrenner vor dem Aus?«, in: Süddeutsche Zeitung vom 17.03.2021, unter: https://www.sueddeutsche.de/auto/abgasnorm-euro-7-verbrenner-1.5232553 (abgerufen am 13.02.2021)

51 Werwitzke, Cora, »Interesse an Matrix-Ladesystem von Easelink aus China«, unter: https://www.electrive.net/2020/12/01/interesse-an-matrix-ladesystem-von-easelink-aus-china/ (abgerufen am 13.02.2021)

52 Audi, »Audi h-tron quattro«, unter: https://www.audi.com/de/experience-audi/models-and-technology/concept-cars/audi-h-tron-quattro.html (abgerufen am 14.05.2021)

53 Huber, Andreas, »Brennstoffzelle für den MBW X5«, in: Auto Bild vom 06.05.2021, unter: https://www.autobild.de/artikel/bmw-i-hydrogen-next-2022-wasserstoff-studie-x5-toyota-15627547.html (abgerufen am 14.05.2021)

54 Daimler, »Mercedes-Benz GLC F-CELL: Elektromobiles Doppelherz: Batterie und Brennstoffzelle«, unter: https://media.daimler.com/mars

MediaSite/de/instance/ko/Mercedes-Benz-GLC-F-CELL-Elektro mobiles-Doppelherz-Batterie-und-Brennstoffzelle.xhtml?oid=41475770 (abgerufen am 14.05.2021)

55 Reitberger, Josef, »Wasserstoffauto: Deshalb wird sich die Technologie so schnell nicht durchsetzen«, in: Efahrer vom 24.03.2021, unter: https://efahrer.chip.de/e-wissen/wasserstoffauto-deshalb-wird-sich-die-techno logie-so-schnell-nicht-durchsetzen_101550 (abgerufen am 13.05.2021)

56 Pander, Jürgen, »Die neuen Dampfmaschinen«, in: Spiegel vom 18.03.2021, unter: https://www.spiegel.de/auto/wasserstoff-antrieb-fuer-lkw-die-neuen-dampfmaschinen-a-ea6b23f5-bd31-4b2e-8b78-7e16568d59c9 (abgerufen am 14.05.2021)

57 Heim, Rüdiger, »Weniger Emissionen im Schwerverkehr: Elektrisch angetriebener Lkw-Trailer spart 20 Prozent CO_2 ein«, unter: https://www.lbf.fraunhofer.de/de/presse/presseinformationen/elektrisch-angetriebener-lkw-trailer.html (abgerufen am 20.05.2021)

58 Bosch, »Bosch zeigt Elektromobilität für Lkw-Sattelanhänger«, unter: https://www.bosch-presse.de/pressportal/de/de/bosch-zeigt-elektromobilitaet-fuer-lkw-sattelanhaenger-168963.html (abgerufen am 20.05.2021)

59 Schesswendter, Raimund, »E-Fuels: Siemens baut Werk zur Massenproduktion auf«, in: t3n vom 02.03.2021, unter: https://t3n.de/news/e-fuels-siemens-baut-werk-wasserstoff-power-to-x-1363148 (abgerufen am 13.05.2021)

60 Audi, »Nachhaltige Produkte«, unter: https://www.audi.com/de/company/sustainability/core-topics/products-and-services/sustainable-products.html (abgerufen am 14.05.2021)

61 Gelowicz, Svenja, »Der Wasserstoffverbrennungsmotor ist der Brennstoffzelle deutlich überlegen«, in: Automobil Industrie vom 28.08.2020, unter: https://www.automobil-industrie.vogel.de/der-wasserstoffver brennungsmotor-ist-der-brennstoffzelle-deutlich-ueberlegen-a-959092/ (abgerufen am 13.05.2021)

62 Europäische Kommission, »A hydrogen strategy for a climate-neutral Europe«, Communication from the Commission to the European Parliament, the Council, the European Economic and Social Committee and the Committee of the Regions, Brüssel 2020; Carbeck, Jeff, Wasserstoffenergie ohne Treibhausgase, in: Spektrum der Wissenschaft vom 29.12.2021, unter: https://www.spektrum.de/news/oeko-energie-mit-wasserstoff/1806971 (abgerufen am 13.05.2021)

63 Kruse, Mirko; Wedemeier, Jan, »Potenzial grüner Wasserstoff: langer Weg der Entwicklung, kurze Zeit bis zur Umsetzung«, in: Wirtschaftsdienst, 101 2021, S. 26–32, unter: https://doi.org/10.1007/s10273-021-2821-9 (abgerufen am 13.05.2021)

64 Becker, Helmut, »Kann Wasserstoff die Autoindustrie retten?«, unter: https://www.n-tv.de/wirtschaft/Kann-Wasserstoff-die-Autoindustrie-retten-article21929712.html (abgerufen am 13.05.2021)
65 dpa, »Deutschland schafft 2020 das Klimaziel: Schulze will noch mehr Tempo beim Klimaschutz«, in: Automobilwoche vom 16.03.2021, unter: https://www.automobilwoche.de/article/20210316/AGENTURMEL DUNGEN/303169930/deutschland-schafft--das-klimaziel-schulze-will-noch-mehr-tempo-beim-klimaschutz (abgerufen am 13.05.2021); Bauchmüller, Michael, »Eine Pause, mehr nicht«, in: Süddeutsche Zeitung vom 16.03.2021, unter: https://www.sueddeutsche.de/meinung/klimaschutz-emissionen-corona-kohlekraft-co2-preis-klimabilanz-emissionshandel-1.5237387 (abgerufen am 13.05.2021)
66 Schulz, Christian, »Tesla macht erstmals Gewinn – aber nicht durch Autoverkäufe: So verdient Elon Musks Firma Geld«, in: Merkur vom 02.02.2021, unter: https://www.merkur.de/auto/tesla-gewinn-2020-elektro-verkauf-konkurrenz-hersteller-milliarde-emissionshandel-elon-musk-usa-zr-90189319.html (abgerufen am 12.05.2021)

Warum Deutschlands Autobauer in China gewinnen – und wie sie dabei unter die Räder kommen können

1 Mahler, Arnim, »Die Globalisierung, eine deutsche Erfolgsgeschichte«, in: Spiegel vom 02.09.2020, unter: https://www.spiegel.de/geschichte/die-globalisierung-eine-deutsche-erfolgsgeschichte-a-00000000-0002-0001-0000-000172131942 (abgerufen am 13.05.2021)
2 Statista, »Historische Anzahl an Kraftfahrzeugen und Personenkilometer nach Kfz-Typ in Deutschland in den Jahren 1906 bis 1959«, unter: https://de.statista.com/statistik/daten/studie/249900/umfrage/his torische-entwicklung-von-kraftfahrzeugen-in-deutschland/ (abgerufen am 13.05.2021); Statista: »Anzahl zugelassener Pkw in Deutschland von 1960 bis 2021«, unter: https://de.statista.com/statistik/daten/studie/12131/umfrage/pkw-bestand-in-deutschland/ (abgerufen am 14.05.2021)
3 Statista, »Auslandsumsatzanteil der Bosch Gruppe in den Jahren 2003 bis 2020«, unter: https://de.statista.com/statistik/daten/studie/257871/umfrage/auslandsumsatzanteil-von-bosch/ (abgerufen am 14.05.2021)
4 Karg, Detlev, »China wird Mitglied in der Welthandelsorganisation«, in: Deutsche Welle vom 08.11.2001, unter: https://www.dw.com/de/china-wird-mitglied-in-der-welthandelsorganisation/a-321262 (abgerufen am 14.05.2021)
5 Iwd: »Autoländer: China ist Spitzenreiter«, unter: https://www.iwd.de/arti kel/autolaender-china-ist-spitzenreiter-452662/ (abgerufen am 13.05.2021)

6 Dpa, »BMW meldet Rekordabsatz«, in: Süddeutsche Zeitung vom 09.04.2021, unter: https://www.sueddeutsche.de/bayern/auto-muenchen-bmw-meldet-rekordabsatz-dpa.urn-newsml-dpa-com-20090101-210408-99-123524 (abgerufen am 13.05.2021)

7 Kunz, Anne; Zwick, Daniel, »Chinas gefährlicher Autarkie-Plan – Deutschlands Abhängigkeit wird zur Falle«, in: Welt vom 09.03.2021, unter: https://www.welt.de/wirtschaft/plus227867925/Chinas-gefaehrlicher-Autarkie-Plan-Deutschlands-Abhaengigkeit-wird-zur-Falle.html (abgerufen am 13.05.2021)

8 Umweltbundesamt, »Autobestand in Deutschland und China«, unter: https://www.umweltbundesamt.de/bild/autobestand-in-deutschland-china (abgerufen am 13.05.2021)

9 VDA, »Automobilproduktion: Zahlen zur Automobilproduktion im In- und Ausland«, unter: https://www.vda.de/de/services/zahlen-und-daten/jahreszahlen/automobilproduktion.html (abgerufen am 14.05.2021)

10 Gropp, Martin; Peitsmeier, Henning, »Im Land der begrenzten Möglichkeiten«, in: Frankfurter Allgemeine Zeitung vom 27.10.2020, unter: https://www.faz.net/aktuell/wirtschaft/deutsche-autoindustrie-in-den-usa-das-vertrauen-ist-weg-17020933.html (abgerufen am 13.05.2021)

11 Janson, Matthias, »Deutsche Autobauer in den USA bei 7,8 Prozent Marktanteil«, unter: https://de.statista.com/infografik/16297/marktanteile-von-automobilherstellern-in-den-usa/ (abgerufen am 13.05.2021)

12 VDA, »Export«, unter: https://www.vda.de/de/services/zahlen-und-daten/jahreszahlen/export.html (abgerufen am 13.05.2021)

13 Zenglein, Max, J.; Holzmann, Anna, »Chinas Industriepolitische Strategie: Eine Gefahr oder Chance für Europa?«, in: WISO Direkt H7 2020, unter: http://library.fes.de/pdf-files/wiso/16787.pdf (abgerufen am 13.05.2021); Kunz, Anne; Zwick, Daniel, »Chinas gefährlicher Autarkie-Plan – Deutschlands Abhängigkeit wird zur Falle«, in: Die Welt vom 09.03.2021, unter: https://www.welt.de/wirtschaft/plus227867925/Chinas-gefaehrlicher-Autarkie-Plan-Deutschlands-Abhaengigkeit-wird-zur-Falle.html (abgerufen am 13.05.2021); Giesen, Christoph: »Ein Land zum Fürchten«, in: Süddeutsche Zeitung vom 10.03.2021, unter: https://www.sueddeutsche.de/meinung/china-militaer-wirtschaft-autonomie-1.5231053 (abgerufen am 13.05.2021); Glunz, Andreas, »USA und China: Was die ökonomische Entzweiung für Unternehmen bedeutet«, unter: https://klardenker.kpmg.de/usa-und-china-was-die-oekonomische-entzweiung-fuer-unternehmen-bedeutet/ (abgerufen am 13.05.2021)

14 Hamilton, Clive; Ohlberg, Mareike, *Die lautlose Eroberung, Wie China westliche Demokratien unterwandert und die Welt neu ordnet*, München 2020, S. 153

15 Deuber, Lea, »Chinas Einfluss auf Kultur und Medien im Westen«, in: Süddeutsche Zeitung vom 07.04.2021, unter: https://www.sueddeutsche.de/kultur/china-kultur-hollywood-einfluss-1.5257818 (abgerufen am 13.05.2021)

16 Hamilton, Clive; Ohlberg, Mareike, *Die lautlose Eroberung, Wie China westliche Demokratien unterwandert und die Welt neu ordnet*, München 2020, S. 153

17 Huotari, Mikko, »Automobil-Außenpolitik kann nicht Deutschlands Zukunft sein«, in: Manager Magazin vom 23.07.2021, unter: https://www.manager-magazin.de/politik/automobil-aussenpolitik-kann-nicht-deutschlands-zukunft-sein-a-b1f2fb7b-0002-0001-0000-000172133759 (abgerufen am 14.05.2021)

18 Klingbacher, Barbara, »Ich weiss nicht, auf welcher Seite jemand steht«, in: Neue Zürcher Zeitung vom 28.08.2021, unter: https://folio.nzz.ch/2020/september/ich-weiss-nicht-auf-welcher-seite-jemand-steht

19 Fahrion, Georg; Hecking, Claus; Pabst, Volker, »Projekt Seidenstraße: Chinas neuer Plan«, in: Capital vom 21.09.2018, unter: https://www.capital.de/wirtschaft-politik/projekt-seidenstrasse-chinas-neuer-plan (abgerufen am 13.05.2021)

20 Dpa, khe: »China bleibt auch 2020 Deutschlands wichtigster Handelspartner«, in: Zeit Online vom 22.02.2021, unter: https://www.zeit.de/wirtschaft/2021-02/statistisches-bundesamt-china-corona-krise-handelspartner-deutschland (abgerufen am 13.05.2021)

21 Destatis, »China wird immer wichtiger«, unter: https://www.destatis.de/Europa/DE/Thema/Aussenhandel/EU-Handelspartner.html (abgerufen am 14.05.2021)

22 Glunz, Andreas, »USA und China: Was die ökonomische Entzweiung für Unternehmen bedeutet«, unter: https://klardenker.kpmg.de/usa-und-china-was-die-oekonomische-entzweiung-fuer-unternehmen-bedeutet/ (abgerufen am 13.05.2021)

23 Huotari, Mikko et al, »Decoupling – Severed Ties and Patchwork Globalisation«, unter: https://merics.org/de/studie/decoupling-getrennte-wege-und-patchwork-globalisierung (abgerufen am 13.05.2021)

24 Weithmann, Sabrina, »Eine Einführung in die Autoindustrie China«, unter: https://weithmann.com/autoindustrie-china/#page-content (abgerufen am 13.05.2021)

25 Huotari, Mikko, »Automobil-Außenpolitik kann nicht Deutschlands Zukunft sein«, in: Manager Magazin vom 23.07.2020, unter: https://www.manager-magazin.de/politik/automobil-aussenpolitik-kann-nicht-deutschlands-zukunft-sein-a-b1f2fb7b-0002-0001-0000-000172133759 (abgerufen am 13.05.2021)

26 Zenglein, Max, J.; Holzmann, Anna, »Chinas Industriepolitische Strategie:

Eine Gefahr oder Chance für Europa?«, in: WISO Direkt H7 2020, unter: http://library.fes.de/pdf-files/wiso/16787.pdf (abgerufen am 13.05.2021)
27 Wed, »Kooperation bevorzugt – Volvo und Geely blasen Merger ab«, in: Manager Magazin vom 24.02.2021, unter: https://www.manager-magazin.de/unternehmen/autoindustrie/automarken-joint-venture-statt-fusion-volvo-und-geely-blasen-merger-ab-a-45400c5a-1cf9-4ec9-b6f1-9f0b46998b2f (abgerufen am 13.05.2021)
28 Bach, Markus, »Volvo-Mutter Geely plant neue Marke«, in: Autozeitung vom 22.03.2021, unter: https://www.autozeitung.de/geely-chef-li-shufu-194935.html (abgerufen am 13.05.2021)
29 Zwick, Daniel, »›China bewegt sich in die richtige Richtung‹, sagt der VW-Chef«, in: Welt vom 26.01.2021, unter: https://www.welt.de/wirtschaft/article225050877/VW-Chef-Diess-auf-dem-WEF-China-bewegt-sich-in-die-richtige-Richtung.html (abgerufen am 13.05.2021)
30 o. A., »CAI: Investitionsabkommen zwischen China und der EU«, in: Merkur vom 19.04.2021, unter: https://www.merkur.de/wirtschaft/cai-investitionsabkommen-eu-china-geschichte-ratifizierung-90466264.html (abgerufen am 15.05.2021)
31 Schöttle, Markus, »Dr. Peter Mertens spricht auf MTZ/ATZ-Kongress«, unter: https://www.springerprofessional.de/antriebsstrang/elektrifizierung/dr--peter-mertens-spricht-auf-mtz-atz-kongress/18684082 (abgerufen am 13.05.2021)
32 Dpa, »BMW-Partner in China kämpft mit Zahlungsschwierigkeiten«, in: Handelsblatt vom 27.10.2020, unter: https://www.handelsblatt.com/unternehmen/industrie/brilliance-bmw-partner-in-china-kaempft-mit-zahlungsschwierigkeiten/26311460.html?ticket=ST-294255-b3L2w7uUg3EjbgbaSWCz-ap4 (abgerufen am 13.05.2021)
33 KPMG, »Global Automotive Executive Survey 2020«, unter: https://automotive-institute.kpmg.de/GAES2020/ (abgerufen am 13.05.2021)
34 Backhaus, Richard, »Paradigmenwechsel in China: Die neue Antriebsvielfalt.« In: ATZ Elektronik H.9 2020, S. 8–13, hier S. 10
35 Pander, Jürgen: »Vorteil Deutschland«, in: Spiegel vom 06.10.2020, unter: https://www.spiegel.de/auto/auto-china-messe-in-peking-vorteil-deutschland-a-fc6a94fe-d0ad-49dc-b66f-560ddc815071 (abgerufen am 13.05.2021)
36 Ernst & Young Global Limited, »Zahl der chinesischen Firmenübernahmen in Europa sinkt auf Achtjahrestief«, unter: https://www.ey.com/de_de/news/2021/03/ey-chinesische-investoren-in-europa-2021 (abgerufen am 13.05.2021)
37 Kaleta, Philip, »Daimler: Die Aufspaltung ist auch ein Schutzschild gegen chinesische Investoren wie Li Shufu«, in: Business Insider vom

09.02.2021, unter: https://www.businessinsider.de/wirtschaft/mobility/daimler-die-aufspaltung-des-konzerns-ist-auch-ein-schutzschild-gegen-chinesische-investoren-wie-li-shufu-a/ (abgerufen am 13.05.2021)
38 Prantner, Christoph, »China versucht, Deutschland mit der Einheitsfront aufzurollen«, in: Neue Zürcher Zeitung vom 03.01.2021, unter: https://www.nzz.ch/international/china-rollt-deutschland-mit-der-einheitsfront-auf-ld.1593293 (abgerufen am 13.05.2021); Zenglein, Max, J.; Holzmann, Anna, »Chinas Industriepolitische Strategie: Eine Gefahr oder Chance für Europa?«, in: WISO Direkt H7 2020, unter: http://library.fes.de/pdf-files/wiso/16787.pdf (abgerufen am 13.05.2021)

Warum unsere Zulieferketten vor der Zerreißprobe stehen

1 Bertoncello, Michele; Möller, Timo, »Setting the framework for car connectivity and user experience«, McKinsey Quarterly vom 02.11.2018, unter: https://www.mckinsey.com/industries/automotive-and-assembly/our-insights/setting-the-framework-for-car-connectivity-and-user-experience (abgerufen am 13.05.2021)
2 ARK Invest, »Big Ideas Report 2021«, unter: https://ark-invest.com/big-ideas-2021/ (abgerufen am 15.05.2021)
3 Kacher, Georg, »Bitte nicht kaufen: das Abo-Auto«, in: Süddeutsche Zeitung vom 20.04.2021, unter: https://www.sueddeutsche.de/auto/lynk-co-auto-abo-carsharing-test-1.5265674 (abgerufen am 13.05.2021)
4 Schesswendter, Raimund, »Apple Car: Vertrag mit LG und Magna angeblich kurz vor Abschluss«, in: t3n vom 14.04.2021, unter: https://t3n.de/news/apple-car-magna-lg-icar-fertigung-2024-1372405/ (abgerufen am 13.05.2021)
5 Lange, Kersten, »Kooperationen in der Automobilindustrie: Analyse und Systematisierung«, Arbeitspapiere des Instituts für Genossenschaftswesen der Westfälischen Wilhelms-Universität Münster, H 94, Juli 2010, S. 7
6 Vgl. Nolting, Michael, *Künstliche Intelligenz in der Automobilindustrie*, Wiesbaden 2021, S. 149
7 VDA, »Mittelstand«, unter: https://www.vda.de/de/themen/automobilindustrie-und-maerkte/mittelstand/zulieferindustrie-und-mittelstand.html
8 Ritchie, Hannah, »Sector by sector: where do global greenhouse gas emissions come from?«, unter: https://ourworldindata.org/ghg-emissions-by-sector (abgerufen am 13.05.2021)
9 Wimmelbücker, Stefan, »VW, Audi und Porsche: KI soll Nachhaltigkeitsrisiken aufdecken«, in: Automobilwoche vom 03.03.2021, unter: https://www.automobilwoche.de/article/20210303/NACHRICHTEN/210309959/vw-audi-und-porsche-ki-soll-nachhaltigkeitsrisiken-aufdecken (abgerufen am 13.05.2021)

10 Gelowicz, Svenja, »Zerreißprobe für die Lieferkette«, in: Automobil Industrie vom 28.04.2020, unter:https://www.automobil-industrie.vogel.de/zerreissprobe-fuer-die-lieferkette-a-927931/ (abgerufen am 14.05.2021)
11 Hage, Simon; Hesse, Martin; Rosenbach, Marcel, »Die begehrtesten Chips der Welt«, in: Spiegel vom 22.01.2021, unter: https://www.spiegel.de/wirtschaft/unternehmen/halbleiter-mangel-laehmt-deutsche-industrie-die-begehrtesten-chips-der-welt-a-00000000-0002-0001-0000-000174972886 (abgerufen am 13.05.2021); Kremp, Matthias, »Chipknappheit könnte noch Jahre andauern«, in: Spiegel vom 16.04.2021, unter: https://www.spiegel.de/netzwelt/gadgets/chipknappheit-koennte-noch-jahre-andauern-warnen-intel-nvidia-und-tsmc-a-8237d7a6-6806-4cdd-a78b-47466f29fd4e?sara_ecid=soci_upd_wbMbjhOSvViISjc8RPU8NcCvtlFcJ (abgerufen am 13.05.2021)
12 Hage, Simon; Hesse, Martin; Rosenbach, Marcel, »Die begehrtesten Chips der Welt«, in: Spiegel vom 22.01.2021, unter: https://www.spiegel.de/wirtschaft/unternehmen/halbleiter-mangel-laehmt-deutsche-industrie-die-begehrtesten-chips-der-welt-a-00000000-0002-0001-0000-000174972886 (abgerufen am 13.05.2021)
13 Os, »Lieferengpässe bei Halbleitern: Boschs neue Chipfabrik in Dresden erreicht wichtigen Meilenstein«, in: Automobilwoche vom 08.03.2021, unter: https://www.automobilwoche.de/article/20210308/NACHRICHTEN/210309926/lieferengpaesse-bei-halbleitern-boschs-neue-chipfabrik-in-dresden-erreicht-wichtigen-meilenstein (abgerufen am 14.05.2021)
14 Hofer, Joachim; Hoppe, Till, »Siltronic-Chef zum Verkauf nach Taiwan: ›Verstehe die Diskussion um einen Ausverkauf, sehe das aber anders‹«, in: Handelsblatt vom 23.02.2021, unter: https://www.handelsblatt.com/technik/it-internet/chipindustrie-siltronic-chef-zum-verkauf-nach-taiwan-verstehe-die-diskussion-um-einen-ausverkauf-sehe-das-aber-anders/26938526.html?ticket=ST-4038485-tkawOhKchTTGJOC6UDZE-ap4 (abgerufen am 13.05.2021)
15 Hage, Simon; Hesse, Martin; Rosenbach, Marcel, »Die begehrtesten Chips der Welt«, in: Spiegel vom 22.01.2021, unter: https://www.spiegel.de/wirtschaft/unternehmen/halbleiter-mangel-laehmt-deutsche-industrie-die-begehrtesten-chips-der-welt-a-00000000-0002-0001-0000-000174972886 (abgerufen am 13.05.2021)
16 Delhaes, Daniel; Hoppe, Till, »Fraunhofer-Forscher warnen: Deutschland droht wachsende Abhängigkeit von USA und China bei Standardsetzung«, in: Handelsblatt vom 15.04.2021, unter: https://www.handelsblatt.com/politik/deutschland/standards-und-normen-fraunhofer-forscher-warnen-deutschland-droht-wachsende-abhaengigkeit-

von-usa-und-china-bei-standardsetzung/27095900.html (abgerufen am 13.05.2021)
17 Rtr, »13 EU-Länder wollen zusammen die Chipindustrie unterstützen«, in: Handelsblatt vom 07.12.2020, unter: https://www.handelsblatt.com/politik/international/industrie-allianzen-13-eu-laender-wollen-zusammen-die-chipindustrie-unterstuetzen/26694474.html?nlayer=Themen_11804704 (abgerufen am 13.05.2021)
18 Zitiert nach Gelowicz, »Zerreißprobe für die Lieferkette«, in: Automobil Industrie vom 28.04.2021, unter: https://www.automobil-industrie.vogel.de/zerreissprobe-fuer-die-lieferkette-a-927931/ (abgerufen am 14.05.2021)
19 Strategy&, »Thesen zur Zulieferindustrie von morgen. Studie zur Entwicklung der Automobilzulieferindustrie«, 2020, unter: https://www.strategyand.pwc.com/de/de/studien/2020/die-zulieferindustrie-von-morgen/thesen-zur-zulieferindustrie-von-morgen.pdf (abgerufen am 13.05.2021)
20 Petersen, Thies, »Globale Lieferketten zwischen Effizienz und Resilienz«. in: ifo Schnelldienst H.5 2020, 13. Mai 2020, S. 2–10
21 Harloff, Thomas; Stegmaier, Gerd, »Wer mit wem in der Autoindustrie«, in: Auto Motor Sport vom 21.03.2019, unter: https://www.auto-motor-und-sport.de/tech-zukunft/alternative-antriebe/welche-autohersteller-miteinander-kooperieren-ueberblick/ (abgerufen am 13.05.2021)
22 Fasse, Markus, »Mobilitätsdienst vor dem Umbruch: Share Now schafft es nicht allein, in: Handelsblatt vom 04.02.2021, unter: https://www.handelsblatt.com/unternehmen/flottenmanagement/carsharing-mobilitaetsdienst-vor-dem-umbruch-share-now-schafft-es-nicht-allein/26879246.html?ticket=ST-5552-fDTDRyCBB2kQswvaJfJE-ap4
23 Überblick unter https://de.wikipedia.org/wiki/Here_(Navigation)
24 Rest, Jonas, »Digitaler Kartendienst in der Sackgasse«, in: Manager Magazin vom 18.02.2021, unter: https://www.manager-magazin.de/unternehmen/here-der-digitale-kartendienst-von-bmw-audi-und-daimler-ist-ein-krisenfall-a-00000000-0002-0001-0000-000175390501 (abgerufen am 15.05.2021)
25 Barrett, Eamon, »New players are piling into the world's largest electric vehicle market—no auto experience required«, in: Fortune vom 10.04.2021, unter: https://fortune.com/2021/04/09/china-electric-vehicle-market-evs-tesla-huawei-didi-xiaomi-evergrande/ (abgerufen am 13.05.2021)
26 Leicht, Luca; Stegmaier, Gerd, »Wir haben die Batterie alle unterschätzt«, in: Auto Motor Sport vom 20.09.2020, unter: https://www.auto-motor-und-sport.de/tech-zukunft/alternative-antriebe/ex-audi-entwicklungschef-peter-mertens/ (abgerufen am 13.05.2021)

27 Floemer, Andreas, »Tesla Model 3 zerlegt: Elektronik 6 Jahre weiter als VW und Toyota«, in: t3n vom 21.02.2020, unter: https://t3n.de/news/tesla-model-3-zerlegt-elektronik-vorsprung-1254132/ (abgerufen am 13.05.2021); Rasch, Michael: »Tesla sammelt von seinen 800 000 verkauften Autos mehr Daten als VW mit seinen 100 Millionen – das soll sich ändern«, in: Neue Zürcher Zeitung vom 06.02.2021, unter: https://www.nzz.ch/wirtschaft/software-wird-zum-gehirn-und-zentralen-nervensystem-des-autos-ld.1599368 (abgerufen am 13.05.2021)

28 Fox, Eva, »Tesla bestellte wahrscheinlich nur eine 8.000-Tonne-IDRA-Giga-Presse zur Herstellung des ikonischen Cybertrucks«, unter: https://www.tesmanian.com/de/blogs/tesmanian-blog/tesla-orders-8-000-ton-giga-press-idra-for-the-production-of-the-iconic-cybertruck (abgerufen am 13.05.2021); Andrea, Thomas: »So soll das Apple-Auto aussehen – und so viel wird es kosten«, in: Welt vom 22.02.2021, unter: https://www.welt.de/wirtschaft/plus226831485/iCar-So-wird-das-Apple-Auto-aussehen.html (abgerufen am 13.05.2021)

29 Hage, Simon; Hesse, Martin, »Bytes gegen Blechkisten«, in: Spiegel vom 10.01.2021, unter: https://www.spiegel.de/wirtschaft/unternehmen/bmw-daimler-und-volkswagen-von-tesla-und-co-abgehaengt-zu-dumm-fuers-intelligente-fahren-a-00000000-0002-0001-0000-000174784630 (abgerufen am 13.05.2021)

30 Rasch, Michael, »Tesla sammelt von seinen 800 000 verkauften Autos mehr Daten als VW mit seinen 100 Millionen – das soll sich ändern«, in: Neue Zürcher Zeitung vom 06.02.2021, unter: https://www.nzz.ch/wirtschaft/software-wird-zum-gehirn-und-zentralen-nervensystem-des-autos-ld.1599368 (abgerufen am 13.05.2021)

31 Porsche, Projekt »'P' – Tabula rasa bei Audi«, unter: https://newsroom.porsche.com/de/2020/unternehmen/porsche-consulting-produktion-audi-organisation-22107.html (abgerufen am 13.05.2021)

32 Eckelt, Wolfgang:, »Im Dialog mit Sajjad Khan«, unter: https://www.top-company-guide.de/im-dialog-mit-sajjad-khan/ (abgerufen am 13.05.2021)

Warum wir mit Open Source gemeinsam weiterkommen

1 Dpa/swi, »Wegen Chipmangel: Peugeot 308 bekommt wieder analogen Tacho«, in: Automobilwoche vom 22.04.2021, unter: https://www.automobilwoche.de/article/20210422/AGENTURMELDUNGEN/304229928/wegen-chipmangel-peugeot--bekommt-wieder-analogen-tacho (abgerufen am 13.05.2021)

2 Bretting, Ralf, »Entwicklungspartnerschaften führen in den Untergang«, in: Automotive IT vom 24.08.2020, unter: https://www.

automotiveit.eu/interviews/entwicklungspartnerschaften-fuehren-in-den-untergang-213.html (abgerufen am 13.05.2021)

3 Pander, Jürgen, »Bitte ablenken lassen!«, in: Spiegel vom 11.01.2021, unter: https://www.spiegel.de/auto/ces-2021-neue-technik-fuers-auto-bitte-ablenken-lassen-a-fda7fff1-0951-4705-b6af-dd226d447d23 (abgerufen am 21.05.2021)

4 Flörecke, Klaus-Dieter; Gerster, Michael, »Betriebssysteme im Auto: Der Kampf um die Software-Hoheit«, in: Automobilwoche vom 14.02.2021, unter: https://www.automobilwoche.de/article/20200214/HEFTARCHIV/200209945/betriebssysteme-im-auto-der-kampf-um-die-software-hoheit (abgerufen am 13.05.2021)

5 Andrae, Thomas: »So soll das Apple-Auto aussehen – und so viel wird es kosten«, in: Welt.de vom 22.02.2021, unter: https://www.welt.de/wirtschaft/plus226831485/iCar-So-wird-das-Apple-Auto-aussehen.html (abgerufen am 13.05.2021)

6 Liste unter https://awesomeopensource.com/projects/autonomous-vehicles (abgerufen am 14.05.2021)

7 Hornig, Robin, »Das können die Sprachassistenten der Zukunft«, in: Autobild vom 14.01.2019, unter: https://www.autobild.de/artikel/ces-2019-sprachdienste-von-nuance-14455971.html (abgerufen am 13.05.2021); pbe: »Microsoft kauft Siri-Miterfinder Nuance für fast 20 Milliarden Dollar«, in: Spiegel vom 12.04.2021, unter: https://www.spiegel.de/netzwelt/gadgets/microsoft-kauft-siri-miterfinder-nuance-fuer-fast-20-milliarden-dollar-a-46b5d85a-8cf7-4223-ae2f-4a36744e7724 (abgerufen am 20.05.2021)

8 Hahn, Jennifer, »Hans Zimmer creates ›completely new symphony‹ of car sounds for electric BMW iX«, in: Dezeen vom 26.03.2021, unter: https://www.dezeen.com/2021/03/26/hans-zimmer-bmw-ix-electric-suv-sound-design/ (abgerufen am 13.05.2021)

9 Reek, Felix, »Ein Mann für alle Klänge«, in: Süddeutsche Zeitung vom 12.09.2019, unter: https://www.sueddeutsche.de/auto/leslie-mandoki-komponist-elektroautos-1.4596905 (abgerufen am 13.05.2021)

10 Donath, Andreas, »Audi A6 E-Tron projiziert Games an die Wand«, unter: https://www.golem.de/news/auto-shanghai-2021-audi-a6-e-tron-projiziert-games-an-die-wand-2104-155833.html (abgerufen am 13.05.2021)

11 Schwär, Hannah, »Ex-Audi-Manager holen sich 10 Millionen für ihr VR-Start-up«, in: Gründerszene vom 23.04.2021, unter: https://www.businessinsider.de/gruenderszene/automotive-mobility/ex-audi-manager-10-millionen-vr-startup-holoride/ (abgerufen am 28.05.2021)

12 Lewanczik, Niklas, »111 Milliarden US-Dollar: Consumer Spend in Apps erreichte 2020 neuen Höchstwert«, unter: https://onlinemarke

ting.de/mobile-marketing/111-milliarden-us-dollar-consumer-spend-in-apps-2020 (abgerufen am 13.05.2021)
13 Destatis, »Umsatz von Amazon weltweit in den Jahren 2004 bis 2020«, unter: https://de.statista.com/statistik/daten/studie/75292/umfrage/nettoumsatz-von-amazoncom-seit-2004/ (abgerufen am 13.05.2021)
14 Dahlmann, Don, »Nach Google will jetzt auch Amazon die Kontrolle über unsere Autos«, in: Business Insider vom 22.02.2021, unter: https://www.businessinsider.de/gruenderszene/automotive-mobility/amazon-google-auto-deutsche-hersteller-drehmoment/ (abgerufen am 13.05.2021)
15 Emerton, »Automotive infotainment: how the OEMs can contain the digital giants' surge into the cockpit«, Market insights, October 2016, unter: https://www.emerton.co/app/uploads/2016/10/Emerton-Connected-Mobility-Market-insights-Oct-2016.pdf (abgerufen am 13.05.2021)
16 Hage, Simon; Hesse, Martin, »Bytes gegen Blechkisten«, in: Spiegel, 10.01.2021, unter: https://www.spiegel.de/wirtschaft/unternehmen/bmw-daimler-und-volkswagen-von-tesla-und-co-abgehaengt-zu-dumm-fuers-intelligente-fahren-a-00000000-0002-0001-0000-000174784630 (abgerufen am 13.05.2021)
17 Razdan, Rahul, Linux, »Android And Autonomous Vehicles: Who Says Elephants Cannot Dance?«, in: Forbes vom 14.07.2020, unter: https://www.forbes.com/sites/rahulrazdan/2020/07/14/linux-android-and-autonomous-vehicles-who-says-elephants-cannot-dance-/?sh=-4f69748d1fa8 (abgerufen am 13.05.2021)
18 Yoshida, Junko, »Recogni to Push out High TOPS AI Chip to AV's Very Edge«, unter: https://www.eetimes.com/recogni-to-push-out-high-tops-ai-chip-to-avs-very-edge/ (abgerufen am 13.05.2021)
19 Gropp, Martin; Schäfers, Manfred, »Per Gesetzesentwurf zum klimaneutralen und autonomen Fahren«, in: Frankfurter Allgemeine Zeitung vom 10.02.2021, unter: https://www.faz.net/aktuell/wirtschaft/vorfahrt-fuer-autonome-autos-17191322.html (abgerufen am 13.05.2021)
20 Demling, Alexander; Tyborski, Roman, »›Rechenzentrum auf Rädern‹: Chipkonzern Nvidia will Autos autonom machen«, in: Handelsblatt vom 13.04.2021, unter: https://www.handelsblatt.com/unternehmen/industrie/gtc-konferenz-rechenzentrum-auf-raedern-chipkonzern-nvidia-will-autos-autonom-machen/27090898.html (abgerufen am 13.05.2021)
21 Reuters, »China's Baidu to launch paid driverless ride-hailing services in Beijing«, unter: https://www.reuters.com/article/us-baidu-apollo/chinas-baidu-to-launch-paid-driverless-ride-hailing-services-in-beijing-idUSKBN2CG09I (abgerufen am 13.05.2021)
22 Dpa, »Lyft verkauft Roboterwagen-Sparte an Toyota-Tochter«, in: Handelsblatt vom 27.04.2021, unter: https://www.handelsblatt.com/

technik/it-internet/robotaxis-lyft-verkauft-roboterwagen-sparte-an-toyota-tochter/27133958.html (abgerufen am 13.05.2021)
23 Dpa, »Microsoft steigt bei Robotaxi-Firma von GM ein«, in: Süddeutsche Zeitung vom 20.01.2021, unter: https://www.sueddeutsche.de/wirtschaft/auto-microsoft-steigt-bei-robotaxi-firma-von-gm-ein-dpa.urn-newsml-dpa-com-20090101-210119-99-88281 (abgerufen am 13.05.2021)
24 Dpa, »Intel-Tochter will 2022 Robotaxis einführen«, unter: https://www.t-online.de/finanzen/unternehmen-verbraucher/id_89865586/intel-tochter-mobileye-will-2022-robotaxis-einfuehren.html (abgerufen am 13.05.2021)
25 Knauer, Michael, »Vernetztes Fahren macht hohe Investitionen nötig: Datenlawine rollt auf Autobranche zu«, in: Automobilwoche vom 15.01.2021, unter: https://www.automobilwoche.de/article/20200115/HEFTARCHIV/200119962/vernetztes-fahren-macht-hohe-investitionen-noetig-datenlawine-rollt-auf-autobranche-zu (abgerufen am 13.05.2021)
26 Scholz, Gerd, »Im Software Defined Vehicle: Hersteller wollen Hoheit über die Software«, in: Automobilwoche vom 13.02.2020, unter: https://www.automobilwoche.de/article/20200213/NACHRICHTEN/200219975/im-software-defined-vehicle-hersteller-wollen-hoheit-ueber-die-software (abgerufen am 13.05.2021)
27 Hase, Michael, Böttcher, Sarah, »Gaia-X: Großer Wurf oder Mogelpackung?«, in: IT Business vom 05.02.2021, unter: https://www.it-business.de/gaia-x-grosser-wurf-oder-mogelpackung-a-1004966/ (abgerufen am 13.05.2021)
28 Fasse, Markus; Kerkmann, Christof, »›Catena-X‹: VW tritt deutscher Auto-Cloud bei«, in: Handelsblatt vom 26.04.2021, unter: https://www.handelsblatt.com/unternehmen/industrie/autoindustrie-catena-x-vw-tritt-deutscher-auto-cloud-bei/27129464.html (abgerufen am 13.05.2021); Schneidenbach, Philipp: »GAIA-X: Mammutprojekt EU-Cloud im Kontext Digitaler Realität«, unter: https://morethandigital.info/gaia-x-mammutprojekt-eu-cloud-im-kontext-digitaler-realitaet/ (abgerufen am 13.05.2021)
29 Murphy, Martin; Scheuer, Stephan, »Datenschutzbeirat der Telekom warnt: Europa droht zur ›digitalen Kolonie‹ zu werden«, in: Handelsblatt vom 27.04.2021, unter: https://www.handelsblatt.com/technik/it-internet/cloud-dienste-datenschutzbeirat-der-telekom-warnt-europa-droht-zur-digitalen-kolonie-zu-werden/27035912.html (abgerufen am 13.05.2021)
30 Hase, Michael, Böttcher, Sarah, »Gaia-X: Großer Wurf oder Mogelpackung?«, in: IT Business vom 05.02.2021, unter: https://www.it-business.de/gaia-x-grosser-wurf-oder-mogelpackung-a-1004966/ (abgerufen am 13.05.2021)

Warum wir Auto und Fahrer komplett neu denken müssen
1 Conrad, Bernd, »PSA zeigt einen kleinen Zweisitzer«, in: Auto Motor Sport vom 07.12.2017, unter: https://www.auto-motor-und-sport.de/news/psa-studie-eines-plug-in-hybrid-leichtfahrzeugs-fuer-urbanen-verkehr-in-der-zukunft/ (abgerufen am 14.05.2021)
2 Kulturstiftung Leipzig (Hg.), *Leipzig Automobil. Geschichte, Geschäfte und Leidenschaft*. Passage Verlage 2020, S. 38
3 Kulturstiftung Leipzig, a. a. O., S. 58
4 Kulturstiftung Leipzig, a. a. O., S. 76
5 Niedermeier, Ludwig Mario, »Googomobil rettet BMW«, unter: https://www.kues-magazin.de/goggomobil-rettet-bmw/ (abgerufen am 14.05.2021)
6 Wittler, Martin: »So könnte Apple ein iCar bauen«, in: Spiegel vom 16.02.2021, unter: https://www.spiegel.de/auto/apple-sony-pininfarina-und-co-elektroauto-technik-kommt-quereinsteigern-zugute-a-dc15fb5d-b051-499c-a128-c06f7fe46d35 (abgerufen am 14.05.2021)
7 Schmidbauer, Jan, »Wenn die Extras aus der Luft kommen«, in: Süddeutsche Zeitung vom 29.04.2021, unter: https://www.sueddeutsche.de/wirtschaft/updates-sonderausstattung-audi-mercedes-auto-kauf-1.5280165 (abgerufen am 14.05.2021)
8 Schmidbauer, Jan, »Wenn die Extras aus der Luft kommen«, in: Süddeutsch Zeitung vom 29.04.2021, unter: https://www.sueddeutsche.de/wirtschaft/updates-sonderausstattung-audi-mercedes-auto kauf-1.5280165 (abgerufen am 14.05.2021)
9 Pander, Jürgen, »Bitte ablenken lassen«, in: Spiegel vom 11.01.2021, unter :https://www.spiegel.de/auto/ces-2021-neue-technik-fuers-auto-bitte-ablenken-lassen-a-fda7fff1-0951-4705-b6af-dd226d447d23 (abgerufen am 21.05.2021)
10 Fiat, »e-Mobility by Stellantis und KIRI Technologies präsentieren einzigartiges Projekt: Fahrer des neuen Fiat 500 werden für umweltbewusste Fahrweise belohnt«, unter: https://www.media.stellantis.com/de-de/fiat/press/e-mobility-by-stellantis-und-kiri-technologies-prsentieren-einzigartiges-projekt-fahrer-des-neuen-fiat-500-werden-fr-umweltbewusste-fahrweise-belohnt (abgerufen am 14.05.2021)
11 Bilderserien unter: https://www.zukunft-mobilitaet.net/58230/vergangenheit-verkehrsgeschichte/frankreich-futurismus-blick-von-1900-auf-2000/, außerdem https://commons.wikimedia.org/wiki/Category:France_in_XXI_Century_(fiction) und https://www.demilked.com/future-predictions-from-the-past/ (abgerufen am 14.05.2021)
12 Zukunftsinstitut, »Megatrend Mobilität«, unter: https://www.zukunftsinstitut.de/dossier/megatrend-mobilitaet/ (abgerufen am 14.05.2021)

13 Kraftfahrtbundesamt, »Fahrerlaubnisprüfungen im Jahr 2020«, unter: https://www.kba.de/DE/Statistik/Kraftfahrer/Fahrerlaubnisse/Fahrerlaubnispruefungen/fahrerlaubnispruefungen_node.html (abgerufen am 14.05.2021)
14 Zukunftsinstitut; Ford, »Automotive Zeitgeist Studie 2.0«, unter: https://www.zukunftsinstitut.de/fileadmin/user_upload/Publikationen/Auftragsstudien/Ford_Automotive_Zeitgeist_Studie_2.pdf (abgerufen am 14.05.2021)
15 Umweltbundesamt, »Entwicklung des Kraftfahrzeugbestands«, unter: https://www.umweltbundesamt.de/daten/verkehr/verkehrsinfrastruktur-fahrzeugbestand#entwicklung-des-kraftfahrzeugbestands (abgerufen am 14.05.2021)
16 Ernst & Young Global Limited, »Millennials to lead COVID-induced car ownership boom – EY survey«, unter: https://www.ey.com/en_gl/news/2020/11/millennials-to-lead-covid-induced-car-ownership-boom-ey-survey (abgerufen am 14.05.2021)
17 Vgl. Statista unter: https://de.statista.com/infografik/19572/anzahl-der-neuzulassungen-von-suv-in-deutschland/ (abgerufen am 21.05.2021)
18 Dpa, »SUV-Modelle nach wie vor beliebt – Mehr Interesse an E-Autos«, in: Handelsblatt vom 19.07.2020, unter: https://www.handelsblatt.com/unternehmen/industrie/automarkt-suv-modelle-nach-wie-vor-beliebt-mehr-interesse-an-e-autos/26017372.html?ticket=ST-246265-GVhTne1v3URscjcyetw3-ap4 (abgerufen am 14.05.2021)
19 Daniel Miller, *Stuff*, Cambridge 2010, S. 10
20 Bratzel, Stefan; Tellermann, Ralf; Girardi, Luca, »Mobility Services Report (MSR) 2020«, unter: https://www.mobility-services-report.car-it.com/wp-content/uploads/2020/11/MobilityServicesReport_MSR2020_V.1.1.pdf (abgerufen am 14.05.2021)
21 Winkelhake, Uwe, *Die digitale Transformation der Automobilindustrie*, Wiesbaden 2021, S. 197

Aufbruch in eine neue Welt

1 Fischer, Lars, »Die Welt wird wieder untergehen«, in: Spektrum der Wissenschaft vom 06.05.2021, unter: https://www.spektrum.de/news/apokalypse-die-welt-wird-wieder-untergehen/1869820 (abgerufen am 15.05.2021)

Quellen

Abbildung 1: Deutscher Wetterdienst 2019
Abbildung 2: BMU
Abbildung 3: OICA, https://de.statista.com/infografik/22626/laender-mit-der-hoechsten-anzahl-an-produzierten-pkw/
Abbildung 4: Statistisches Bundesamt, https://de.statista.com/infografik/24467/umsatz-derdeutschen-automobilindustrie/
Abbildung 5: VDA
Abbildung 6: DB Research
Abbildung 7: Sensor Tower
Abbildung 8: McKinsey

Wolfgang Klein
Die CureVac-Story
Vom Risiko, die Medizin zu revolutionieren

2021. 247 Seiten. Gebunden

Auch als E-Book erhältlich

Die einzigartige Geschichte des Impfstoff-Pioniers

Alles begann mit einer Doktorarbeit und der Entdeckung des medizinischen Potenzials des Botenmoleküls messenger RNA. Am Ende stehen prominente Investoren wie Dietmar Hopp oder die Gates-Stiftung, Hunderte Millionen staatlicher Finanzierung, der Aufstieg zum Börsenstar und zum erfolgreichen Impfstoffentwickler. Dazwischen liegt ein steiniger Weg auf der Suche nach Unterstützung.

Biotech-Unternehmer *Wolfgang Klein* hat die Anfangszeit als Finanzchef von CureVac selbst miterlebt. Er erzählt die einzigartige und anekdotenreiche Geschichte auf dem Weg zum Weltunternehmen. Dabei gibt er Einblicke in eine faszinierende Technologie und beschreibt die Hürden für Innovation am Standort Deutschland. CureVac hat es trotzdem geschafft: Die in Tübingen erfundene Technologie ist dabei, die Medizin zu revolutionieren.

campus.de

Frankfurt. New York